社会福祉と日本の宗教思想

仏教・儒教・キリスト教の福祉思想

吉田久一 著

勁草書房

はしがき

社会福祉研究は社会科学が基本と思うが、社会福祉の社会科学が、太平洋戦争の中で混迷、破産したことを私は現場で見ている。僅かであったが、戦乱の中で、「利用者」を抱えながら、空襲の中を逃げまどう宗教慈善事業家を見て、「共感」を憶えたことがある。

一九三五（昭和一〇）年秋、社会事業を志してから、「大正デモクラシー残照期の社会事業」「戦時厚生事業期」「戦後社会事業期」「高度成長下の社会福祉期」「バブル～平成不況下の社会福祉期」の五期を経過した。ほとんど一〇～一五年ごとに、「社会福祉理論」が、浮んでは消えて行った。その中で、私は「理論」より「思想」の重要性を知った。「宗教」は「思想」の重要な柱の一つである。

八〇年代の「臨調・行革」が叫ばれるころから、社会福祉の不祥事件が連続しておこり、ジャーナリズムを賑わした。それは太平洋戦争前はほとんど見られなかった現象である。その原因は日本で「博愛《フィランソロフィー》」の「未熟」が挙げられる。「博愛」は「宗教的慈善《チャリティ》」の「世俗化」現象である。

むろん私は「慈善」や「博愛」の復活をいっているわけではない。仏教的「慈悲」も、キリスト教的「アガペー」も、本来「草の根」的存在で、「地域の福祉」に根づくことがその役割なのである。

日本の宗教福祉は歴史社会の中で、仏教・儒教・キリスト教の三者が鼎立し、時には前提なしの「寛容」、時には「雑居」をしてきた。これは西欧やイスラム圏では余りきかない。そして個々の宗教福祉研究は詳細となったが、三者の総合的研究はほとんどみられない。本書は多少でもその欠を埋めようと試みたもので、その点研究書より啓蒙書の役割を持たせている。

執筆者の私は残念ながら信仰というべきものも持っていない。沖縄戦争に従軍し、無数の沖縄びとや戦友の死を見、私も死地を経験している。また六〇歳代の終りに、脳外科手術で生死不明の境にあった。どちらも自分の力で生還したとは思わなかったが、それによって、「信仰」の機縁にはなっていない。恐らく「回心《コンバルジョン》」は、強烈な「個」に恵まれなくては不可能なのであろうと思っている。むしろ私は多くの「友情」（先輩・同僚・教え子等々）によって死地から生き返ったと思っている。もしも多少の仕事ができたとすれば、その「友情」に対する「お返し」であったと考えている。一生のテーマとなった「福祉―宗教―平和」もそれと無縁ではない。

執筆者としては、本書も多くの方がたに読んでいただきたいが、今春三月、図らずも仏教伝道協会から、功労賞として私としては多額の賞金をいただいた。現在八八歳まで長命を続けられ、多少の仕事ができたとすれば、多くの「友情」に支えられていると思い、巻末に「履歴」と「著作目録」を添えて、有縁の方がたに贈呈することにした。

生涯親鸞信仰に生き、それをてこに慈善に励んだ母マスは二〇〇四年、二七回忌を迎える。半世紀にわたり私の書物を刊行してくれた勁草書房、並びに編集者古田理史氏に感謝したい。私は年に相応して持病の糖尿病の糖値も高く、左眼や歩行が不自由であるが、三〇歳代から馴染んできた七つのテーマが、ここに一書として上梓されることを喜びたい。

二〇〇三年六月一〇日

初校校正の日　吉田久一　しるす

目次

目　次

第一部　仏教の福祉思想

捨世と福祉／無能と福祉

目　次

はじめに——執筆の意図と解題

一　執筆の意図

「失われた一〇年」の喧しい声の中で、社会福祉は「政策論」と「サービス論」に焦点を当てられながら改革が進んでいる。社会福祉の正確な歴史的地位を定め、その理論に誤りのないことを期するのが、社会科学や社会福祉を内面から支える思想や宗教の任務である。

第二次世界大戦後、先進資本主義諸国では、「福祉国家」が政策の第一次目標となったが、日本では明治以来「富の拡大」を目標とし、特に一九八〇年代からは「新自由主義」に基づく「市場主義」的グローバリズムや、「民営」化、「行政改革」、「小さな政府」を政策とした。加えて「経済戦略会議」は「個の強さ」を教育方針として強調した。

一方、福祉サービスには、イギリスや北欧その他の福祉先進国におけるトップ・レベルの「方法論」や、「地域の福祉」が導入された。いわば日本では、一階が多くの論者がいう「遅れた福祉国家」（福祉国家そのものへの批判は後で述べる）であり、二階だけがサービスとして高度化しているということになる。このチグハグな現象は、政治が行詰った場合、政策が容易に「福祉見直し」に転じ、福祉サービスが科学化し高度化しても、「人間の尊厳」を忘れがちになったことを、過去の歴史が示している。

政治が行詰った場合にナショナリズムに傾斜するのが、第一次的には政治の責任としても、それだけで済む問題ではない。それは国民「個々」が、どれだけ自己の「福祉」にアイデンティティを持つかという問題である。例えば一九七三年に、日本でも「福祉国家」へのキッカケはあったが、その年一〇月の第一次オイル・ショックで、福祉志向から方向転換した。国民個々が「福祉」にアイデンティティを形成するには、外側の社会科学とともに、すぐれて内面的問題の宗教が重要である。

西欧では政治や経済の発展とともに、内面的にそれを支えるギリシャ的「博愛」と、キリスト教的「隣人愛」が対峙しながら、西欧社会福祉を「連続」してきた。日本でも古代・中世は仏教的「慈悲」、近世では儒教的「仁愛」や「仁政」、明治時代はキリスト教的「慈善事業」がその「開拓」的役割を果したが、現在の社会福祉は、政策を支える内面的役割を担うエートスに乏しく、社会福祉の「不連続」性は否定しがたい。

ことわっておきたいのは、もともと「社会」と「宗教」はその任務を異にし、むしろ両者は「緊張」関係にあるといってよい。「社会」と「宗教」の単なる妥協が不幸な結果をもたらしたことは歴史が証明している。現代社会福祉の「閉塞」感、そしてその「混迷」打破に、宗教の「根元性《ラディカル》」

が一助にならないかという希望を持っている。

日本でも従来から仏教福祉思想史や、キリスト教福祉思想史の先行研究に恵まれている。しかし研究はおおむね個別研究に終り、儒教的福祉思想史を含めて、総合的に日本社会福祉思想史に果した宗教の役割は明らかにされてこなかった。本書はその欠を補う試みの一つである。

現在、仏教、キリスト教ともに社会福祉学会を持ち、それぞれの機関誌を発行している。また社会福祉系学科を持つ四年生大学、並びに大学院は九四校に達するが、その中で宗教系大学は四〇校に近く、また短大も十数校ある（『日本社会事業学校連盟名簿』二〇〇一年版）。本書が多くの学生・院生が「社会福祉と宗教」の関係を考えるよすがとなればと願っている。

二　解　題

日本の国民生活の深層に沈んでいる宗教福祉思想は、人類や世界の福祉に、そして明治以降の近現代社会福祉思想にも寄与できる一つと思われるので、それに光りをあててみたい。

序章「現代社会福祉と宗教思想――歴史的視点（一九七五～二〇〇二年）――」は、未だ歴史的評価も史資料的準備も揃っていない。しかし二〇世紀末と二一世紀当初の社会福祉の歴史を残しておくことは、歴史研究者の責任と思ったし、また二一世紀の社会福祉にバラ色の夢を画くより、いわゆる「経済大国」下の国策や、「失われた一〇年」の中で、苦闘している人びとの生活や人間により関心があったからである。

第一部「仏教の福祉思想」第1章「日本における『慈悲』的福祉思想の展開——仏教的「平等」と福祉——」。私は『日本仏教福祉思想史』（共著、二〇〇一年）を執筆している。その中で最も日本にふさわしく、また世界の福祉思想に地位の一つを持ち、現代の福祉にも問題提起できるのは行基—空也—一遍—無能の系列と思われた。仏教が被差別や貧困にどこまで「平等」を徹し得るかの証明になると思ったからである。それぞれの部の「まえがき」に簡単な解説を置いたのは、宗教は常に「原初」に立ち帰りつつ、新しい歴史状況に発言するからである。

第一部第2章「仏教社会事業思想の近代化」。日本社会事業の成立に先駆けて、渡辺海旭はドイツ社会事業の影響を受けながら、底辺労働者層の「防貧」を、矢吹慶輝はアメリカ社会事業の影響を受けながら日本社会事業の「組織化」を、そして長谷川良信は、大正社会事業の成立期に、両者の影響を受けながら、それらを実践した。三人ともに世界的視野の中で、豊かな仏教思想に裏付けられながら日本社会事業の近代化に貢献した。それはすでに「近代化」して日本に導入された、プロテスタントの福祉思想と相違する、今一つの日本社会事業思想近代化の途であった。

第二部「儒教の福祉思想」第3章「近世儒教の福祉思想」は、長く国民生活の深層にあり、近世に華開いたものであるが、それを社会事業の「近代化」という理由で除外しては、プロテスタントの近代社会事業の歴史的説明も困難となる。近世儒教については丸山真男らの先業がある。

私個人の経験でも、太平洋戦争中、多くの儒教的「志士仁人」思想に基づく「犠牲的」精神で活動した多くの先人を見ている。社会事業従事者ばかりでなく、儒教的「志」に養われた荒畑寒村・石川三四郎その他の社会主義者にも出会っている。

第三部「キリスト教の福祉思想」第4章「キリスト教社会福祉思想の展開」は、私の「素描」にすぎない。私が意図したのは「キリスト教福祉と儒教福祉思想の交渉」、「日本啓蒙思想とキリスト教福祉思想」、「日本キリスト教福祉思想の『日本近代化の発生』」、「キリスト教慈善事業思想の日本的性格」、「大正デモクラシー下のキリスト教社会事業思想」、「太平洋戦争下のキリスト教厚生事業思想」、「敗戦後のキリスト教社会福祉思想の出立」である。

日本のプロテスタント社会事業史は、古くは中断されたが、竹中勝男の『日本基督教社会事業史』、新しくは室田保夫『キリスト教社会福祉思想史の研究』その他の研究がある。ヘボン以下個人別研究が多く、特に石井十次、留岡幸助に至っては枚挙に暇がない。しかし私が石井・留岡に多くの頁数をさいたのは、二人の先覚者による『日記』(留岡は『著作集』を含めて)に直接触れて日本慈善事業の実態を見たかったからである。

私事であるが、年長の親友であり、日本プロテスタント史研究の開拓者小澤三郎氏に誘われて、日本プロテスタント史研究会の初期からの同人であったし、大久保利謙・谷昌恒両氏と東京留岡会の世話人もつとめたこともある。

第三部第5章「社会事業と労働運動の分岐——片山潜の場合——」は、『社会福祉研究』第六集(一九五四年)に発表した旧稿であるが、研究者に引用される場合が多く、今回修正して発表することにした。明治の社会主義者幸徳秋水・堺利彦らどちらかといえば「志士仁人」系列の人も多かったが、片山潜はクリスチャンであり、海外経験も長く、いわば「近代型」の社会主義者である。

第6章「福祉と信仰――内村鑑三――」は、私が一九四六年沖縄戦からの帰還後、内村の非戦論やその信仰の純粋性にひかれ、二、三の論文を発表したが(「内村鑑三の社会事業思想とその実践」『社会福祉研究』第一〇集、一九五五年、ほか)、これらの論文もよく研究に引用された。内村鑑三没後二五年記念講演会に出講したこともあった。福祉と平和の関係は、社会福祉の基本的命題であるが、福祉内部から問題提起がなされず、むしろ外部といえる内村からこの両者の関係が指摘されたことに関心を持った。今回はそれを補正しながら、「信仰と福祉」の観点から考えてみた。本稿には鈴木俊郎氏(旧版岩波版『内村鑑三全集』の編者)の指導があった。

注　歴史的用語はそのままとした。

序　章　現代社会福祉と宗教思想
――歴史的視点（一九七五～二〇〇二年）――

一　まえがき

本稿は二〇〇一年一月から二〇〇二年八月にかけて執筆した。現在社会福祉改革が進行中である。他方、社会経済では一九八〇年代からの新自由主義、市場経済のボーダーレス化、市場主義的行政改革、規制緩和等々が強行され（神野直彦『人間回復の経済学』二〇〇二年）、加えて平成不況で、経済・人間ともに危機が論じられ、『市場主義の終焉』（佐和隆光、二〇〇〇年）を唱える経済学者もいる。

日本は「無宗教国」としばしばいわれる。他方、人間の内面的空白に対し、新宗教が幕末維新期の第一次、敗戦後の第二次に続き、第三次の現在「神々のラッシュ」といわれるブームがおこり、それを「新々宗教」（宗教社会学者西山茂の名称）と呼ぶ研究者もいる。社会関係、人間関係の崩壊から、カルト的エネルギーが駆け込み寺や、ひいては「呪術」やオウム集団にその解決を求める人もいた。社会に閉塞感が満ち、隣人愛も薄れれば、オカルティズムや、占いが流行するであろう。特に二〇世紀終末期と相呼応して、宗教的原理主義や、エスニックなナショナリズムに繋りかねない。

われわれの試みは、このような社会状況や、新々宗教状況に対して、「哲学」や「宗教」から発言ができないかということである。混迷の度合いが深まれば、それに対してまた「新しい考え方」が生れるのを歴史的事例にみているし、またそこに期待するわけである。かつて大塚久雄は「経済的利害状況は一つの対極であり、それに対する今一つの対極が宗教あるいは思想、そしてこの両極のあいだの緊張関係が歴史を押し動かしていくダイナミックス」（『社会科学の方法――ヴェバーとマルクス――』一九六六年）と述べている。

ところで社会福祉を規定する第一次的要素は、社会的ないわゆる「社会福祉対象」である。それは抽象的な「対象」でなく、その社会に「生きた」具体的な「人間」である。この「社会」と「人間」は相関関係にあることはいうまでもない。現在社会福祉改革の中で、「社会福祉サービス」が単なる「福祉サービス」の方法となり、「社会性」が薄くなりがちである。一方「福祉サービス」も確かにその方法や技術が高度になったが、「生きた人間」がかげを薄くし、いわゆる「アイデンティティ・クライシスを招きがちである（河合隼雄『日本人の心のゆくえ』一九九八年、広井良典『ケアを問いなおす――〈深層の時間と高齢化社会〉――』一九九九年、等々）。

私は戦前社会事業が、太平洋戦争の中で「厚生」の名のもとに「社会」から離れ、「人的資源」

の命題の中で、「生きた人間」を否定し、そして社会事業自身が破産したことを、現場生活の中で見ている。

社会福祉の後発国として、日本社会福祉は明治以降つねに「モデル」をある種の「目的概念」で追求してきた。しかしこの「モデル」は「社会」的現実や「生きた人間」を離れては、国民生活に定着しようがない。現在の日本は混迷した社会であり、行き先に戸惑っているかにみえる。「生きた人間」を対象とする宗教的福祉が、そこへどう働きかけるかを検討するのがこの章のテーマである。

二　社会福祉問題を規定する社会的条件

1　社会福祉の「社会」的基盤

一九七五年前後からのスタグフレーション―経済大国―平成不況の中で、社会福祉の「対象」が大きく変った、その社会的条件を考えてみたい。ここで考察するのは、児童などの直接的な社会福祉「対象」論ではない。「対象」を規定する社会的要因である。その社会的要因は戦後期、高度成長期とは異る。したがって、社会の変容につれて社会福祉「対象」もそれ以前と異ってくる。

失業　執筆現在（二〇〇二年八月）までの最も新しい数字である二〇〇二年六月三〇日総務省発表労働力調査では、完全失業率（季節調整値）五・四％、完全失業者三六八万人、倒産や非自発的失業者一五三万人（過去最大）、有効求人倍率〇・五三倍、女性失業率五・二％、男性五・五％、非自発的失業者のうち、倒産やリストラでの離職一一六万人、世帯主の失業者九九万人、就業者数六三七三万人中正社員らフルタイム労働者一六〇万人減（前年同月比三・二％減）、パート等短時間労働者（週の就業時間三五時間未満）五二万人増となっている（『朝日新聞』二〇〇二年七月三〇日）。完全失業者中一年以上の長期失業者が多く、ついで一年未満である。身体障害者の就業率も二〇〇一年六月時点で二三・三％と一九六〇年以降最も低い（前掲朝日新聞）。

従前の低失業率から、一九九二年後半から高失業率に転じ、九五年には三％を越え、平成不況の中で、累年上昇を続けている。「高齢化」「女性化」「固定化」が特色となった（一九九八年『労働白書』）。しかし近年若年層の失業率も一〇％をこえ、一九九九年にはフリーターの人数も一五〇万人をこえたといわれている。それは求職活動を続けても不可能と思い、求職意欲を失って非労働者化し、最初からフリーターを望むからである。雇用保険の失業給付を受けているか、受ける予定は一〇一万人で三割に満たない。急激するパートやアルバイトなどの約七〇％が資格がないなどの理由で制度の恩恵を受けていない。

また外国人労働者も多く、一九九四年『労働白書』は、我が国の雇用者の一％以上というが、その失業問題も大きい。もともと日本の低失業は日本の「全部雇用」（野村正美『雇用不安』一九九八年）にあった。不況下の自営業等の第二次労働市場の潜在失業者を加えれば、失業率はその数倍に達するであろう。

失業の先端の一つにホームレス問題がある。二〇〇一年秋厚生労働省の集計概数では二万四〇〇〇人といわれ（『朝日新聞』二〇〇二年二月二六日）、東京、大阪、名古屋、横浜など都市部に集中しているが、都留民子の調査では、その原因は失業五五・四％、家族関係の崩壊一六・九％という報告もある（「『ホームレス』問題の所在」『社会福祉学』一九九九年一月号）。さらに失業の突端の一つに自殺がある。一九九九年の自殺者三万一四一三人（二〇〇一年『厚生労働白書』「人口動態統計」より）で、六〇代、五〇代に集中している。男性が多く、健康・経済問題が主である。失業の最後の砦は生活保護であるが、保護率の推移をみても、その役割を果していない（岡部卓「第四回社会事業史学会報告資料」より）。

環境汚染・破壊　大気汚染、森林破壊、砂漠化、地球温暖化、酸性雨、オゾン層破壊等々、それは高度成長期にみられた単なる公害ではない（米本昌平『地球環境問題とは何か』一九九四年）。それは自然破壊と環境破壊の二重破壊で、地球規模に留まらず、後世代にも影響を及ぼす。環境悪化には三つの型がある。第一は、富裕国の浪費（フロンガス等）である。第二は、新興工業国での経済発展のための環境軽視である。第三は、天然の資源を食い潰さなければ生きていけない発展途上の貧しい国である（石弘光『地球環境報告』I・II、一九八八・一九九八年）。そして日本は地球の総陸地面積の〇・二％にもかかわらず、石油等の最大輸入国であり、製造業では最大輸出国の一つである。大量採取→大量生産→大量消費→大量廃棄国である。

一九九八年『環境白書』は「二一世紀にむけた循環社会の構築のために」を特集し、「循環」と

「共生」を実現するライフスタイルを提示している。特にそこでは一九九七年一二月の地球温暖化防止の「京都会議」の議決である「21世紀の地球」を「序章」としている。そして国土を構成する自然的要素と、人間的要素の乖離を指摘している。

これら環境汚染・破壊、自然破壊が加速したのはここ三〇年来のことで、人類の歴史上からみれば、一瞬のことにすぎない。有限なる地球環境で、人類が生きていくためには、新しい環境倫理が問われている（加藤尚武『環境倫理学のすすめ』一九九一年）。加藤は同書で①自然の生存権の問題、②世代間倫理の問題、③地球全体主義の問題を論じている。また森岡正博は『生命観を問いなおす――エコロジーから脳死まで――』（一九九四年）でも、環境倫理学にふれている。作家石牟礼道子は『苦海浄土』（一九六九年）を著し、多くの読者を持った。過去では自然との共生は東洋人の伝統であった。

家族・地域　核家族や地域生活の変動・解体は共同体的扶養の低下を来した。世帯類型は核家族型、更に単独世帯型となり、生活内容も都市型、近代型となるとともに社会化した。こうした中で高齢者等が著しく住みにくくなり、社会保障の必要性が増加した（江口英一『生活分析から福祉へ』一九八九年）。世帯構造別にみた世帯数の推移は、単純世帯（一九七五年＝一八・二％、一九九二年＝二五・〇％）、核家族世帯（一九七五年＝五八・七％、一九九七年＝五八・〇％）、三代世帯（一九七五年＝一六・九％、一九九七年＝一一・二％）、高齢者世帯（一九七五年＝四・九％、一九九七年＝一四・六％）となっている。

一九九三年『国民生活白書』は、「豊かな交流――人と人とのふれあいの再発見」を主テーマに「核家族化の背景」を、高齢者の単身世帯の増加、家族の個別化、家族機能の縮少による少子化や非婚化を挙げている。晩婚化や独身志向、就労意欲、そして離婚も増加し、母子家庭や父子家庭も増加している。家族の変化は、家族内で行ってきた諸機能を外部から購入委託し、同居割合も低下し、出生率も減少した。そして家庭内暴力や児童虐待も多くみられた。

単身世帯は生活保護受給世帯の特徴となった。そして私生活主義が進む中で、消費生活中心主義のマイホーム主義となり、地域の連帯も低下し、社会連帯思想も薄くなっていった。因みに警察庁で捜索願を受理した家族離脱である家出人は一〇万二一三〇人にのぼっている（『朝日新聞』二〇〇二年七月二五日）。

地域では、第一次産業から第二次、第三次産業への流動化は、高度成長期と変りなかった。そして過疎、過密現象も変りなく続いた。農村では自主流通米価格が下落し、耕作放棄農地が増え、輸入外米におされて、特に山村が荒廃した。一九七〇年から一九九〇年までに二六〇〇の集落が消えたといわれる。

経済成長がさして高くない現在の人口流出は新過疎と呼ばれている。農村では求職件数が求人件数を大きく上まわり、賃金格差も拡大し、小・中学校減少の中で進学率が上昇、公共施設の整備水準も低く、また医療機関も少い。こうした中で高齢者問題その他が現れている（私事であるが、私は越後の豪雪地帯の山村に生活基盤の一つを持っているので、詳さにそれを体験している）。

都市は環境汚染や住居、そして通勤距離、生活の社会化に伴う日常生活の不備等々があり、特に都市老齢者にとって不便が著しい。

少子高齢化　少子高齢化は、単に社会福祉の問題というより、人口問題をはじめとする日本の社会全体の問題である。しかしその少子高齢化は、社会福祉の基礎構造改革を促すバネとなったことも事実である。

人口維持に必要な特殊出生率は二・〇八人といわれるが、二〇〇一年の特殊出生率は一・三三人、一一七万人で、平均初婚年齢男二九・〇歳、女二七・二歳の晩婚で、第一子出産年齢二八・二歳である（『厚生労働省二〇〇二年六月七日発表、『朝日新聞』二〇〇二年六月七日）。一九八二年から出生率は連続減り続けている。因みに先進国の特殊出生率は、日本一・三四（一九九九年）、アメリカ二・〇六（一九九八年）、イギリス一・六八（一九九九年）、フランス一・七七（一九九九年）、ドイツ一・三六（一九九九年）、イタリア一・一九（一九九九年）、スウェーデン一・五〇（一九九九年）である。これに対し平均寿命は日本は二〇〇〇年で、男七七・六四歳、女八四・六二歳、アメリカ一九九八年男七三・八歳、女七九・五歳、フランス一九九八年男七四・六歳、女八二・二歳、韓国一九九七年男七〇・五六歳、女七八・一二歳である。総務省が二〇〇二年四月一日でまとめた統計では、一五歳未満の子どもの総人口に占める割合は一四・三％で、一九六〇年代に比し、ほぼ半減している。

一九九四年一二月に「エンゼルプラン」で「今後子育て支援の基本的方向について」を示し、一九九五年六月の地方版「エンゼルプラン」で、「児童育成計画策定指針について」を示した。一九九六年一二月中央児童福祉審議会基本問題部会は「少子社会にふさわしい児童自立支援システム」その他を審議し、一九九七年六月に「児童福祉等の一部改正する法律」が出され、保護者の希望する保育所を選択できる仕組みに改めた。一九九八年『厚生白書』は、「少子社会を考える」を特集し、一九九七年一〇月人口問題審議会は「少子化に関する基本的考え方について」を審議した。その中で、二一世紀を通じて日本の人口は減少を続け、老人人口の割合は二一世紀半ばまで上昇を続けるとし、経済的影響や社会的影響について警告している。

少子化対策は保育その他があるが、特に児童虐待問題が二〇〇〇年前後から耳目をひき、二〇〇〇年四月防止法が施行された。二〇〇二年六月二〇日に行われた全国児童相談所長会議では、防止法施行後虐待で死亡六人、二〇〇一年児童虐待に関する相談件数二万四七九二件で、三歳未満七〇%以上と報告されている（『朝日新聞』二〇〇二年六月二一日朝刊）また一九九八年『犯罪白書』は、少年非行の特性として、規範意識や社会関係の希薄化、抑制力の不足化を挙げている、因みに警察庁が二〇〇二年上半期（一～六月）にまとめた刑法犯数は一三五万一七二七件で史上最悪となり、住居侵入窃盗が大幅に増えている（『朝日新聞』二〇〇二年八月九日）。

日本は先進国中六五歳以上の高齢化（七%から一四%に達する年齢）が誠に早い。推計であるが、二〇五〇年で六五歳以上の割合は、日本三二・三%、アメリカ二一・二%、イギリス二九・二%、スウェーデン二三・二%という数字がでている（一九九八年『厚生白書』）。六五歳以上世帯の構成割合は、単独世帯（一九九二年＝八・一%、一九九五年＝一七・三%）、夫婦のみの世帯（一九七二年＝一一・三％、一九九五年＝二四・二％）、三代世帯（一九七二年＝五五・八％、一九九五年＝三三・三％）である（一九九五年『国民生活基礎調査』）。また六五歳以上の世帯所得分布は一〇〇万円未満一三・一％、一〇〇〜二〇〇万円＝二四・三％で、二〇〇万円以下が三七・三％、六〇〇万円をこえる世帯一〇％強で、全体として二極分解がみえる（一九九九年厚生省統計情報部『国民生活基礎調査』（一八歳未満の未婚が加わる））。

一九八九年一二月「活力ある高齢者像の構築」をめざしてゴールドプランが策定され、一九九〇年六月「老人福祉法」等いわゆる「社会福祉八法改正」が行われた。次いで一九九四年「新ゴールドプラン」（利用者本位・自立支援・普遍主義・総合サービスの提供・地域主義）が策定された。二〇〇〇年四月に社会全体としての高齢者介護として、介護保険制度を導入し、一〇月より保険料を徴収、市町村ごとに全国共通の基本マニュアルを作制した。会社人間化と核家族化が進む中で、老人の居場所がないのである。ヨーロッパでは世代間連帯が進み、自助努力中心のアメリカは、高齢者にも「機会均等の論理」が進んでいる。行政は二〇〇一年三月末の要介護者二二四万人（推計）、寝たきり約三六万人（二〇〇一年『厚生労働白書』）と数字を出している。

阪神・淡路大地震ほか　日本は人災も含めて災害国である。一九九〇年以降だけでも、北海道南西地震（九三年一一月）、阪神・淡路大地震（九五年一月）、ナホトカ号流出油災害（九七年一月）、出水土石流災害（九七年七月）、北海道有珠山噴火災害（二〇〇〇年三〜七月）、三宅島噴火大災害（二〇〇〇年六月〜）、愛知県秋雨前線豪雨災害（二〇〇〇年九月）、鳥取県西部地震（二〇〇〇年一〇月）

その他である。

このうち最も被害が大きかったのは、九五年一月一七日の阪神・淡路大地震で、「経済大国」の先端都市神戸を中心に襲った戦後最大の災害であった。直下型地震で、震度六（烈震）、マグニチュード七・二、関連死者を含めて死者六四二五人、行方不明者二人、負傷者四万三七二二人、住宅全潰二〇万四五七棟（一八一万五九一七世帯）、半壊一四七万四三二棟（二七万四七一〇世帯）、一部破損二三〇万三三二世帯（消防庁一九九六年一二月二六日発表）である。

災害はいわゆる「災害弱者」といわれる高齢者、障害者、児童に集中している。復興は近代都市の再建に重点がおかれ、市民生活は第二次対策におかれた（内橋克人・鎌田慧『大震災復興への警鐘』一九九五年）。

世界の上位二〇％の富裕国が世界の所得八六％を占めるに対し、下位二〇％の最貧困はわずか一％を占めるにすぎない。一日一ドル以下の所得一二億人、七五セント以下の貧困層六億三〇〇〇万人（世銀）といわれる。「豊かな社会」がつくりだす飢である（見田宗助『現代社会の理論――消費社会・情報社会の現在と未来――』一九九六年）。

日本国内に六〇万人に達する外国人労働者問題がある。景気拡大の時代には労働者不足、不況の時代には失業の波にさらされ、社会福祉からの保障も欠け、人権問題となっている。

精神不安　日本の戦後は一貫して物資的富の拡大を追及し、いわゆる「豊かな社会」を実現し、現在「市場原理」のグローバリズムが展開している。それを競争、効率化、便利追求の社会で、その猛烈な業績主義下で膨大な「社会的弱者」を生んでいる。

「豊かな社会」の特色は消費社会・情報社会で、その「陰」の部分は見田宗助の前掲『現代社会の理論』に詳しい。この「豊かな社会」の「中流意識」は全生活的なものでなく、内容を点検すれば他律的なものであり、生活がアンバランスで、真の豊かさやゆとりからは遠く、足下に漂う不安と欠落感に絶えず悩まされている（中村達也『豊かな孤独』一九九二年）。そこでの「自由」にはいわゆるミーイズムが強く、その帰結は「生の空虚」や「閉塞感」を生み、福祉に必要な「連帯」の組織的紐帯の弛緩を招いている。「豊かな社会」が生むさまざまな人間疎外からくるアノミーや、逸脱現象等の病理現象についてはここでは一応課題から省いておく。

「豊かな社会」は、精神を荒廃させ、精神と物資のアンバランスを生じ、人格形成能力の破損を招いた。「保健福祉動向調査」（二〇〇〇年）によれば、「ストレスが大いにある」一一・八%、「ストレスが多少ある」四二・四%で、両者で五四・二%に達する。「人口動態統計」（一九九九年）では、一九九九年の自殺者三万一四一三人、「うつ病患者調査」では四四万人（推計）に達している（以上二〇〇一年『厚生労働白書』）、また一九九九年における精神科病棟在院患者三三万五八〇三人で、入院期間一〇年以上二八・九%に達している（荒田憲「PSWの役割と課題」『社会福祉研究』二〇〇二年七月号）このほか麻薬中毒もある。そして子どもの世代が、自分の世代より不幸になると考えている人が多い。このような不安に対して、科学的方法と並んで宗教も責任の一端を担わねばならない。

2　貧困・生活

貧　困　貧困はいつの時代でも、社会的矛盾の集中点である。しかし「豊かな社会」が喧伝される頃から、貧困は社会福祉にとって興味あるテーマにならなくなった。そしてH・ウィレンスキー、C・ルボーの『産業社会と社会福祉』(四方・本出監訳、一九七一年) residual → institutional にならって、「補充的＝戦後貧困」「制度的＝高度成長」以降の「豊かな社会」の公式が歴史を無視して使用されるようになった。むろん前記の公式はアメリカでは精緻であり、また進歩的である。しかし敗戦国日本で無媒介に使用されることは、学問的にも無理があるばかりでなく、「新しい貧困」の理解はむろんのこと、一九七〇年代以降の「福祉見直し」にも利用されることにもなった。そして強いては社会福祉が「社会」を忘れていくキッカケにもなった。

むろん貧困も戦後貧困と異なり、「相対的」に多様化し、一般化し、生活の複雑化とともに、「新しい貧困」が論じられるようになった。その三、四の動きをみてみよう。

江口英一は『生活分析から福祉へ』(江口編、一九八九年) における「現代的意味の貧困」で、貧困を不平等、不公正、不利益と差別、相対的収奪、欠乏 (want) の五つを挙げている。松崎久米太郎を代表とする東京都調査『現代の貧困——その生活形態——』(一九八九年) では、「中流社会」の中で見えなくなった貧困、高齢者の増大、低所得層の拡散傾向を特徴として挙げている。これより先、曽原利満は既存の官庁統計である家計調査などと、公的扶助基準を用いる貧困測定の調査方法により、一九八二年時点の貧困低所得世帯数を推計値二四万四八〇〇千世帯、率七・一四％とした。星野信也は「全国消費実態調査」のデータ分析を通じ、「福祉国家中流層化に取り残された社会福祉」(『選別的普遍主義の可能性』二〇〇〇年)を研究し、川上昌子は実態調査を通じ、貧困研究に下層賃金労働者の生活崩壊指標を加える必要を論じ、「貧困の質的変化」としている(「高度成長期の日本の貧困について」第四回社会事業史学会報告)。このほかにも杉村宏その他の研究がある。

海外ではオイル・ショック以降の不況を背景に、かつてなかった程貧困研究が盛んとなり、「貧困の再発見」が叫ばれた。国連でも一九九五年を「貧困根絶年」と定め、海外での貧困研究で邦訳されたものも一、二に留まらない。

このうち日本に影響を与えたものは、P・タウンゼンドの生活様式を踏まえた「相対的剥奪論」(エーブル・スミス／ピーター・タウンゼンド『貧困と極貧層』一九六四年、ほか)、即ち「同等な権利を持つ市民の社会的不平等」が「貧困の再発見」として日本に紹介された。またベンガル出身のアマルティア・センは従来の資源や所得のみでなく、「機能」の集合である「潜在能力」から福祉や貧困を考えた。「福祉を評価する場合、価値対象は機能であり潜在能力である」(池上・野上・佐藤訳『不平等の再検討』一九九九年、特に第三章「機能と潜在能力」。その他、鈴木興太郎訳『福祉の経済学』一九八八年)。確かにセンの理論はバングラデシュの大飢饉(一九七四年)その他の後発国の貧困研究(黒崎・山崎訳『貧困と飢饉』)の契機となったが、日本への適応には多くの前提が要る。また前記タウンゼンドとセンとの間に「剥奪」についての論争がある。「相対的剥奪」とともに「社会的排除」(生活領域における不安定化の排除)の視点からも、貧困を排除の一形態として論じられた。

公的扶助についても一言しておきたい。臨調・行革を背景に、生活保護は一九八一年一一月一七日「社保第一二三号」によって第三次適正化が行われ、保護率が低下し、一九八八年一〇・四（‰）を割った。因みに一九六五年は一六・三（‰）である（一九九八年『厚生白書』）。平成不況を背景に保護率が上昇を続け、二〇〇三年四月厚生労働省の発表では、人口の〇・九％に当る一一九万五〇〇〇人、世帯数八三万八〇〇〇世帯である（『朝日新聞』二〇〇二年八月二八日）。

因みに保護世帯の一九九九年の内訳は生活扶助八七・三％、住宅扶助七六・〇九％、教育扶助九・一％、医療扶助八〇・〇％、その他扶助〇・二％である（一か月平均、扶助率（実人員＝一〇〇・〇）、二〇〇一年『厚生労働白書』）。

参考までに社会保障給付費の対国民所得費（GDP）を挙げれば、日本一九九八年＝一四・〇％、アメリカ一九九六年＝一六・四％、イギリス一九九六年＝二二・五％、ドイツ一九九六年＝二八・二％、フランス一九九六年＝二九・三％、スウェーデン一九九六年＝三三・一％である（二〇〇一年『厚生労働白書』、広井良助「社会保障改革への新しい視点」『社会福祉研究』二〇〇二年一〇月号）。

これとともに、一九九七年度の保護世帯数をみると、一人世帯七三・四％、二人世帯一六・八％で、両者合して九〇％にも達する。さらに保護受給期間が一九九七年では、一〇年以上三七・六％、五～一〇年未満が一九・二％である。単独世帯は大都市一七・七％、郡部八・七％となっている。また世帯類型別一九九九年では、高齢者世帯四四・九％、傷病障害者世帯三九・六％、母子世帯八・三％で、特に高齢者世帯の多くは女性で、母子世帯には離婚や家庭内暴力が増えている。一九八〇年代後半から所得格差が増大し、地域社会の結合も弱体化し、家族の生活維維能力も低下し、そして生活の社会化で経済的にも社会的にも「自立」が困難となった。そして貧困は経済的レベルに留まらず、非経済的レベルにも及んでいる。

日本の生活保護は、未だ経済的支援者としての親族に多大の期待をかけ、ミーンズテストを残し、受給者に恥の感情を伴わせている。臨調・行革・民活が国策となり、モラルハザード等のスティグマも伴っている。そして特に生活保護の捕捉率の低さが目につく。その結果、ホームレスや外国人労働者等の「不定住貧困」（岩田正美『戦後社会福祉の展開と大都市最底辺』一九九五年）も注目されるようになってきた。

貧困はかつての低所得階層→貧困階層という、所得や職業のみによる明確な規定が困難になってきた。被保護階層の保護率からみても女性の高齢者や母子世帯等が多く、また単独世帯も多い。経済以外の家族、住宅、ライフスタイルその他の生活上の原因や国籍上の問題も多く加っている。少子高齢化社会論や、在宅福祉論によって、これらの貧困は否定されるべきでない（小野・白沢・湯浅監修『現代の貧困と扶助行政』一九九六年）。

生　活　一九八〇年代以降の主なる『国民生活白書』の主題の内容を挙げてみたい。八一年、第二次オイル・ショックを乗り切り、家計の所得と消費がようやく回復。八二年には八〇、八一年の不振を脱し、所得・消費が三年ぶりに回復した。八五年『白書』は「戦後40年の成熟」で、「中流意識の成熟」として、中の上＝六・四％、中の中＝五三・七％、中の下＝二八・四％、で、中流意識合計八八・五%。八七年『白書』は「国際比較すれば、我が国は世界最高の所得水準」。八八年『白書』は「多様化する生活と国民意識」で、経済力の高さと国民の充実感の間の乖離を認め、八九年『白書』は国民意識として経済的豊かさと生活の豊かさが実感しない者が七〇%にのぼり、住宅・地価問題、長い労働時間を挙げている。八六~九〇年はバブルの時期である。九〇年『白書』は一転して、「人にやさしい豊かな社会」が主題となり、私的消費の豊かさと社会消費の遅れのアンバランスを指摘し、「人間疎外」「弱者切り捨て」「環境破壊」等の文字も見える。九二年『白書』は「生活五か年計画——地球社会との共存——」と銘打って、「経済大国」から、「生活大国」に国策の方向を転換しようとしたが、いわゆる「平成不況」の中で萎んでいった。

九三年『白書』は「人と人のふれあい再発見」が主題となり、個人と職場の関係の変化を指摘しているが、バブルの崩壊とともに消費者行動も変化した。九三年の総理府『国民生活に関する世論調査』では、「心の豊かさやゆとりのある生活に重きを置きたい」という願いが五七・四%にも達した。この前後から少子高齢化が進み、また女性の職場進出も目立った。九八年『白書』となれば、『中年』その不安と希望」で、土地・株式の暴落、金融関係破綻の長期不況、阪神・淡路大震災の影響、高齢化が指摘され、この年の「国民生活基礎調査」(九八年七月時点)では、五二・一%の世帯が「大変苦しい」「やや苦しい」と感じているが、こうした世帯が五〇%を越えたのは七九年調査開始以来はじめてで、特に三〇~四〇歳台は六〇%近くを占めている。二〇〇〇年『国民生活白書』は、主題が「ボランティアが深める好縁」となり、生活実態が主題ではなくなって生活そのものが主題となっていない。

平成不況の一、二の「生活意識調査」を挙げておきたい。一九九五年三月の生活における「満足度」の海外比率では、日本＝四五・七％、韓国＝五二・六％、タイ＝六二・九％、アメリカ＝六七・三％、イギリス＝七一・九％、スウェーデン＝六二・五％である。数字で直ちに判断はできないが、日本は韓国などより低い（一九九八年『厚生白書』）。また「今後の生活の見通し」では、「良くなっていく」（一九七五年＝一六・四％、一九九七年＝一二・七％）。「悪くなっていく」（一九七五年＝一六・四％。一九九七年＝二一・八％）で、消費生活が多少豊かになっても、生活全体の見通しが暗いのである。さらに先に見たように一九九八年「国民生活基礎調査」（一九九八年七月時点、厚生省）で、五二・一％の世帯が「大変苦しい」と答えている（『朝日新聞』一九九九年七月一日）。

一九八〇〜九〇年代日本社会に「中流」社会という用語が一般化し、生活も「中流」志向といわれた。一九七〇年に総理府は「国民生活に関する世論調査」で、一億「総中流化」等と喧伝した。これに対して経済学者橘木俊昭は、『日本の経済格差』（一九九八年）で、「わが国の社会・経済は多くの分野で不平等が進行している」と発表した。そして非福祉国家の典型として、日本とアメリカを挙げている。また社会学者佐藤俊樹は、ＳＳＭ調査等を通じ『不平等社会日本――さよなら総中流――』（二〇〇〇年）を著した。これに加えて教育学者苅谷剛彦は「『中流崩壊』に手を貸す教育改革」（『中央公論』編集部編『論争・中流崩壊』二〇〇一年）で、「経済戦略会議」の「強い個人の仮定」を批判した。これに対して原純輔は「中間層の空洞化説は疑問」（前掲書収）で、「豊かさの中の不平等に過ぎない」と反論し、また盛山和夫は「中流崩壊は『物語』にすぎない」(前掲書収)と述べている。しかし「失われた一〇年」の中で、庶民感覚はかつての「中流」に疑問を持ち前途に不安を感じている。

「中流」社会の豊かさに疑問を持つ著書も多く現れた。暉峻淑子『豊かさとは何か』(一九八九年)、佐和隆光『豊かさのゆくえ——21世紀の日本——』(一九九〇年)、佐高信『豊かさのかげに——「会社国家」ニッポン——』(一九九二年)、太平健『豊かさの精神病理』(一九九〇年)、中村達也『豊かさの孤独』(一九九二年)、宇沢弘文『「豊かな社会」の貧しさ』(一九八九年)等々がある。

生活で注目されるのは、まず「生活の社会化」論である。これには江口英一編『社会福祉と貧困』(一九八一年)をはじめ多い。次に「生活の質」(QOL)がある(三重野卓「生活の質への政策認識」社会保障研究所編『社会政策の社会学』一九八九年、その他「生活の個人化」「生活の画一化」等々がある)。この他社会福祉の世界では、ニード論と関係して「経済的ニード論から非貨幣的ニードへの移行」(三浦文夫「社会福祉転換の視点」社会保障研究所編『社会福祉改革論集』一九八四年)が流行し耳目をひいた。

三　福祉国家の「危機」と日本社会福祉の「抑制」

福祉国家の「危機」とは、一九八〇年一〇月ＯＥＣＤの“welfare state in crisis”（厚生省大臣官房政策課調査室ほか監訳『福祉国家の危機』一九八三年）からとった。世界史的には「後退期」「抑制調整期」「転換期」「変革期」「冬の時代」等の呼称がある。社会福祉では一九八四年八月モントリオールで開かれた第二二回社会福祉国際会議では、その主題を「危機下の世界の社会福祉」とした。日本でよく知られているクリストファー・ピアソンは自著を『曲り角にきた福祉国家』（田中浩・神谷直樹訳、一九九六年）とし、一九七六年以降を「先進福祉国家における矛盾と危機」の時代としている。第二次大戦以降の先進資本主義国家の福祉国家黄金時代に、七〇年代の世界不況によって、福祉国家の「危機」がおとずれた。

福祉国家批判は、直接的には生産力低下による資本主義経済の停滞、行政的には中央集権的官僚主義から遠い参加のできない地方への再分配、「大きな政府」、その上での専門主義や柔軟性の欠如がある。それら批判を理論的に支えたのがハイエクやフリードマンの新自由主義理論である。勤労主義の欠如や非生産性、自発性の欠如と非効率性、専制主義と自由の否定、能動的活力のある社会へということで、「小さな政府」を目指したのである。そして思想としては「自由民主主義」と「社会民主主義」の組合せである福祉国家への批判である。

福祉国家は福祉政策内部からも意見がある。W・A・ロブソンが『福祉国家と福祉社会』（辻清明・星野信也訳、一九八〇年）の「序文」で、「福祉国家は議会が定め、政府が実行するものであり、福祉社会は住民の福祉にかかわる問題について、人々が行い、そして考えるものである」とその差異を述べている。

しかし資本主義的競争社会には、前提に最低限の生活を保障する社会的装置である福祉国家の下支えなしには成立しない。日本には「福祉国家」が未熟であるにもかかわらず、福祉国家批判が多い。

福祉国家の類型は多いが、橘木俊昭『安心の経済学』（二〇〇二年）に従えば、北欧型、中欧型、南欧型、アメリカを除いたアングロ・サクソン型、日本・アメリカ・スイス型の五つである。このうち日本はアメリカとの関係から、アメリカからの影響を見逃すわけにはいかない。社会福祉抑制のモデルとして、しばしばサッチャリズムとレーガノミックス、そして日本の中曽根康弘政権が挙げられる。サッチャー政権は、一九七九年五月から足掛け六年間の新保守主義政権で、その整理は毛利健三の「サッチャリズムと社会保障」（東京大学社会科学研究所編『転換期の福祉国家（上）』一九八八年）に詳しい。

一九九七年イギリス社会民主主義政権のトニー・ブレアは、「第三の道」を選び資本主義経済の枠組みを否定することなく、市場のメリットを生かしながら労働党の政治理念としての社会民主主義を目指す、社会的公正や平等を実現することを指向した（岡田忠克「イギリスにおける福祉国家の変容――「サッチャリズム」から「第三の道」へ――」『社会福祉学』二〇〇二月八月号)。そこでは平等、万人に対する機会、責任、コミュニティを四つの価値理念としている(右田紀久恵「サッチャー政権誕生から二十世紀末へ」右田・高澤・古川編『社会福祉の歴史――政策と運動の展開――』二〇〇一年)。そのもとで「社会的ケアの道の七つの原則」として、①個人の自立と尊厳を支える方法でケアが提供されること、②個人の特定のニードにあわせたサービスであり、社会福祉、保健、住宅、教育その他と連携すること、③ケアサービスは、全国どこでも公平で一貫した方法で提供されること(中略)、⑥養成され技術を有した職員によってケアが提供されること、⑦ケアの水準が保障されること(木戸利秋「二〇世紀末の社会福祉――イギリス――」『社会事業史研究』一九九九年一〇月号)。

アメリカ社会福祉は、普遍的社会保障と選別主義的公的扶助の二重構造である。資本主義的市場経済の論理が優先し、「市場論理」のクローバリズムを貫徹しようとした。個人の自立と競争の中で、人間のニードに応答しようとしたのである。その中でアメリカ特有の社会福祉システムがつくられてきた(平山尚「アメリカ社会福祉」松村祥子編『世界の社会福祉』一九九九年)。福祉国家批判のレーガノミックスとは、「小さな政府」、民営化である。

スウェーデンは経済的には産業化、政治的には民主化、社会的には福祉社会が定着している。低成長下で高福祉高負担の福祉国家を維持するために、「苦渋に満ちた福祉見直し」(戸原四郎「スウェーデン経済と福祉国家の現状」前掲『転換期の福祉国家(上)』)をしている。スウェーデンではむしろ地域の福祉や「社会サービス法」、ワークシェアの方向が注目される(神野・前掲書)。

定がある。

ところで日本の福祉国家状況であるが、橘木俊昭は「日本は一度も福祉国家でなかった」（前掲『安心の経済学』）、そして正村公宏の「日本は準福祉国家（疑似福祉国家）」（『福祉国家から福祉社会』二〇〇〇年）、富永健一の「遅れてきた福祉国家」（『社会変動の中の福祉国家』二〇〇一年）等々の規定がある。

日本も福祉国家への志向が全くなかったわけではない。敗戦後の日本国憲法第二五条もそうであろう。一九六一年「国民皆保険」「国民皆年金」を制定し、一九七三年田中内閣は「福祉元年」と称し、社会保障給付水準を引上げ、また老人医療費無料化の動きもあった。しかし同年一〇月、オイル・ショックで一挙に経済成長が下降し、早くも福祉志向が御破産となった。

サッチャー政権が一九七九年、レーガン政権が一九八一年、これと歩を合せるように、一九八二年に中曽根長期政権が誕生し、「戦後政治の総決算」を図った。低福祉低負担、自助努力と自己責任、市場主義的民活、その上、秩序と伝統を重んずる新保守主義政策をとった。その中で福祉国家を補完する家族生活、地域社会は弛緩・崩壊の危機にあった。

日本には福祉社会に対するアイデンティティが稀薄で、「個人のライフサイクルを座標とする社会保障」という思想が成熟せず、「経済大国主義」に促されて、ナショナル・アイデンティティとしての「新保守主義」と、世界的一環としての日本の国家方向に向かった（田端博邦「福祉国家論の現在」前掲『転換期の福祉国家（上）』）。福祉国家的再分配を通じて成長するという方向ではなく、パイの拡大＝経済成長の中での「福祉の分け前」という方向によって、経済成長と福祉が基本的対立軸とはならず、経済成長という一元的目標へと進んだ。

社会福祉政策の抑制　一九七三年一二月から七五年三月まで続いた不況は、一五年間の高度成長に終止符を打ち、七五年四月には減速経済に入った。そして社会福祉は抑制時代に入った。「福祉見直し」政策の下に、「バラマキ福祉」「先取り福祉」「人気取り福祉」が叫ばれ、七三年頃まで、とにもかくにも、福祉国家のプラス・シンボルがマイナス・シンボルへと転じた。一九七三年『厚生白書』も「転機に立つ社会保障」を特集している。

一九七九年経済審議会は、時の大平首相に「新経済社会七か年計画」を答申した（八月閣議決定）。即ち、

> 欧米諸国へキャッチアップした我が国経済社会の方向として、先進国に範を求め続けるのではなく、このような国家社会を背景として、個人の自助努力と家庭や近隣・地域社会等の連帯を基礎としつつ、効率のよい政治が適正な公的福祉を重点的に保障するという自由経済社会のもつ創意的活力を原動力とした我が国独自の道を選択創立するいわば日本型ともいうべき新しい福祉社会の実現を目指すものでなければならない。

いわゆる「日本型福祉社会」で、社会福祉の合理化・効率化・削減化をめざしたものである。その背景には「小さな政府」「競争促進」「市場原理」「強制緩和」等がある。

「日本型福祉社会」論については、堀勝洋らの「日本型社会福祉論」（『季刊社会保障研究』一九八一年一月号）その他がある。

八〇年代以降の社会福祉の基礎を規定したものは、臨時行政調査会である。八一年七月を財政再建元年として、第一次調査会が開かれ、八二年七月第二次、そして八三年三月最終答申（基本答申）を決定した。八四名の大世帯で、財界・官界の委員が大部分を占めている。「財政危機」を背景に、福祉行政のめざす方向として「活力ある福祉社会の建設」のもと、「自立・互助・民間の活力を基本とし」とうたわれている。自立自助、福祉の有料化、民間委託、民間サービスの奨励が挙げられ、八一〜八三年にかけては生活保護の第三次適正化をはじめ、補助金、補助率削減がはじまった。

第二次答申の前七月一日、社会福祉危機突破緊急全国大会が行われ、日本社会福祉学会第二九回は「人権を守るべき社会福祉の発展を阻止し、後退をまねき、国民生活の安定と平和をおびやかす結果を導くものを含む」と決議した。浦辺史は「臨調『行革』と社会福祉研究の課題」（『社会福祉学』一九八二年）、日本社会福祉学会行政改革関係福祉問題特別研究会委員長の佐藤進は、「第二次臨調下の行政改革と福祉行政」（前掲誌、一九八三年）を報告した。

八六年五月、全社協社会福祉基本構想懇談会は「社会福祉改革の基本構想」を提言した。しかしこの改革は社会福祉法制定史からみれば、厚生省社会援護局長の私的懇談会として設けられた「社会福祉事業等のあり方に関する検討会」が起点として重要である。九七年八月、中央社会福祉審議会で社会福祉基礎改革の本格的検討がはじまった。そして一九八九年、福祉関係三審議会合同企画分科会による検討が行われ、一九八九年三月「今後の社会福祉のあり方について」の「意見具申」を行った。この「具申」は後でふれるが、その前に二、三の批判意見を見ておきたい。高澤武司はその要点を、①市町村の役割重視、②在宅福祉の充実、③民間福祉サービスの健全育成、④福祉と医療の連携・強化・総合化、⑤福祉の担い手の養成と確保、⑥サービスの統合化・効率化を推進するための福祉情報提供の体制整備（『現代福祉システム論』二〇〇〇年）としている。そこでは市町村を主体とする実施体制への大幅な移管、在宅福祉サービス、供給組織の多様化・多元化、市場型福祉サービス、社会福祉の総合化、普遍化等が福祉改革のバックの理念となっている。従来の貧困対策から、医療・保健・教育・住宅等々と同列の一般対策となり、サービスが中心となっている。高齢化を背景に所得サービスから分離され、それに代わって地域福祉サービス、在宅福祉サービスが開発され、政策理念としての「普遍主義」、原則として「分権化」に必要なネットワークの構築が重視された。

この「具申」作成者には、イギリス・北欧を中心とする先進国モデルがあったと思われるが、歴史的文脈としては、八〇年代前半の臨調・行革路線を受けて、それを体系化・実施しようとしたという批判も生じた。

日本社会福祉は従来の社会福祉制度を支えた制度的枠組みや、それを支えた理念に代える、新たに「社会福祉とは何か」が問われたのである。古川孝順は、この期の社会福祉における理論的研究における個別的具体的研究の「百花繚乱的状況」の進展と、それと裏腹にある社会のある種の「閉塞状況」や「袋小路的状況」を指摘している（『社会福祉学序説』一九九四年）。高澤武司は、臨調路線をはずれない自己抑制と、高齢化社会が要請するサービスを、八〇年以降の政府活動の減量と、市場原理への道に求めたとしている。宮田和明はこの「改革再編」を「社会福祉理論研究の動向と課題」（『社会福祉研究』一九九四年七月号）で、欧米諸国にも共通する新自由主義新保守主義の台頭の下での、「福祉国家の危機」に深くかかわる「改革」と批判している。

この「具申」は、それ以前に社会保障制度審議会が一九九五年「社会保障体制の再構築」を勧告したことと関係がある。

四　「社会福祉改革」について――その思想史――

1　「社会福祉改革」について

この「改革」は世界史的にみれば、アメリカを主導とする新自由主義改革であり、新保守主義的改革の一環である。国内的にみれば、政策的には臨調・行革路線上にある。しかしサービス論からいえば、モデルその他はイギリス・北欧を中心とする先進国にとっている。敗戦後の福祉改革とともに、日本社会福祉自身の「自発」的改革といいがたいとしても、「受動」的改革とばかりはいえない。

仲村優一はこの改革をはやばやと、一九八二年「社会福祉『改革』の視点」(『社会福祉研究』)で、①脱六法体制、②選別的救貧的福祉から一般的普遍的福祉へ、③生活保護脱却型福祉へ、④無料・低額負担福祉から有料応能型福祉へ、⑤施設中心から在宅福祉へ、⑥受動的措置から主体的選択へ、⑦公共的画一サービス供給から公共協働による多元的福祉へ、⑧行政の縦割りによるセクショナリズムから地域による保健・福祉サービスの横断的統合化へ、⑨中央集権的福祉から地方分権的福祉へ、の九項目を提示し、①から⑤までは現に起りつつある変化、⑥〜⑨を今後追求さるべき課題としている。

八〇年代の福祉改革は、補助率の削減(一九八五年)と、機関委任事務から団体委任事務への転換(一九八六年)がすすめられた。具体的な法改正は八法(社会福祉事業法、老人福祉法、身体障害者福祉法、精神薄弱者福祉法、児童福祉法、母子及び寡婦福祉法、社会福祉・医療事業団法)等の改正である。二〇〇〇年三月、「社会福祉の増進のための社会福祉事業法等の一部を改正する等の法律案」が第一四七国会に提出され、六月には社会福祉法が公布された(社会福祉法令研究会編『社会福祉法の解説』二〇〇二年)。

法は福祉サービス中心の改正で、少子高齢化を背景とした「普遍主義」の導入である。ただ生活保護は「普遍性」が欠如しているので、改革の中心テーマは「普遍と選別」「主体の多元化」「自立」「市場主義的競争・効率」等々である。一九八七年『厚生白書』は、「現在社会福祉サービスの性格は、かつての救貧的、選別的な性格から一般的・普遍的な性格を有するサービスへという歴史的な変容過程にある」と述べている。

ここでこれらの改革の思想をとり上げる前に、二、三の論者の論点をとり上げておきたい。「改革」の思想を提供した一人に三浦文夫がある。三浦の「改革論」としては、「社会福祉改革の戦略的課題――複合的福祉供給システム――」（社会保障研究所編『社会保障の基本問題』一九八三年）その他があり、その特色である運営論には、『社会福祉政策研究――社会福祉経営論ノート――』（一九八五年）がある。三浦はまたコミュニティケアや地域福祉、老人福祉等の研究者でもあった。

三浦がこの時期の「改革論」をリードしたのは、ニード論と供給論であった。「貨幣ニードから非貨幣ニードの重要性へ」は流行語にさえなった。三浦は「複合的供給システム」を提唱し、公共的供給システム（行政型・認可型）と非公共的供給システム（市場型・参加型）に区分した。この市場型メカニズムにもとづく「市場型福祉」は世間の論議を呼んだ。三浦は前掲『社会福祉政策研究』で、「社会福祉制度改革の必然性と若干の問題」を論じている。

丸尾直美は経済学者で、社会福祉専攻ではないが、その「福祉ミックス論」は社会福祉政策に影響を与えた。丸尾は『日本型福祉社会』（一九八四年）、『市場指向の社会改革』（一九九六年）等の著書があるが、端的には加藤寛との共編著『福祉ミックス社会への挑戦』（一九九八年）がある。「ミックス」とは、公共福祉、市場供給福祉、地域福祉その他インフォーマルな福祉の組合せである。丸尾には財政悪化、少子高齢化社会の中で、ケインズ的福祉国家的社会保障に対し、「ミックス」論を提起したのである。

高澤武司は「九〇年代社会福祉の過渡的課題――不確実性の中のイノベーションとテクノロジー」（『社会福祉研究』一九九〇年四月号）で、「不確実時代」の中での「福祉の原点の変転」「新しいテクノロジーと生きた人間」「不確実性時代の複数多元主義」を論じ、改革に警告もしている。

次に、「改革」の主要点を四、五にしぼって考察してみたい。

普遍と選別　社会福祉の「普遍」性がこの「改革」の基礎的命題である。「市場原理」に立脚するグローバリズム下の「自立」等が、社会福祉の真実な「普遍」性かという基本的問題があるが、それはしばらく別として、たとえば正村公宏は「日本経済の変化と社会福祉」（『社会福祉研究』一九九六年四月号）で、「弱者救済という疑念を根本から打破へ」を力説しているが、ここでの力説しているノーマライゼーション理念その他は、この期の社会福祉の通用語にさえなっている。改革では生活の自己責任が強調され、「利用者本位のサービス」が合い言葉となった。それは目的理念としては当然としても、日本社会福祉の現実はどうであろうか。小田兼三は社会福祉における「普遍主義」と「選別主義」は、「緊張関係」にあるとして、この両者の関係の安易な一人歩きに問題を提起している（『社会福祉改革とその理論的背景――普遍主義と選別主義の緊張関係――』（『社会福祉学』一九九六年六月号）。

星野信也は、低所得層の優先権を失わせ、あるいは置き去りにするこの改革の「選別的普遍主義」を鋭く批判した（『選別的普遍主義の可能性』二〇〇〇年）。そして社会的公正を失って、掛け声だけの「サービス国家」に変質するのを警告した。欧米では選択肢であるはずの普遍主義対選択主義が、日本では選別主義↓普遍主義への歴史的発展と誤解され、バブル経済を背景に幻想的普遍主義が喧伝され、生活保護制度を矮少化させたとしている。「中流」階層化は所得再分配を弱体化させ、社会的公正を稀薄にしたのは現実であった。「中流」化はニードを普遍化させたという星野の社会福祉論に対し、一九八八年『国民生活白書』も総中流化の「格差拡大」を指摘している。河野正輝も「普遍主義的社会福祉」への疑問をのべている（「社会福祉におけるナショナル・ミニマムの法的枠組み」『社会福祉学』一九八五年七月号）。

選別主義の例はすでに第二節の生活保護で採り上げたが、まず日本保護行政の特徴として、超低保護率、捕捉率の低さと漏給問題、スティグマの存在（スピッカー／西尾祐吾訳『スティグマと社会福祉』一九八七年）と保護申請手続きの複雑さがある。そして保護行政の三次にわたる「適正化」はこれを増幅している（大友信勝『公的扶助の展開』二〇〇〇年、等）。

普遍と選別に関連して、ノーマライゼーションについても一言したい。周知のように、デンマーク一九五九年法に「障害者は普通のすなわち他の市民と同じ生活条件を提供する社会の実現を目指すこと」とある。一九八一年『厚生白書』は、「この思想は障害者福祉の枠をこえて、今日では福祉に関する新しい理念全体を表す言葉として世界的に用いられるようになってきた」と述べている。また八九年の「今後の社会福祉のあり方について」の「基本的な考え方」の大要では、ノーマライゼーションおよび自己決定の理念の実現のために、利用者の選択の保障、利用者と福祉サービスの提供者間の直接対等の関係、利用者本位の利用制度を「意見具申」している。一九九五年、障害者の「ノーマライゼーション七か年戦略」が打出された。ノーマライゼーションの研究者中園康夫も『ノーマライゼーション原理の研究――欧米の理論と実践――』（一九九六年）で、ノーマライゼーションは障害者だけでなく、すべての利用者に拡大していくものとしている。

理想型はその通りである。ただし北欧には社会保障充実の前提と、可能な限り「平等」を保障するとの合意がある。日本では安上り福祉につながる危険性の警告もある。岡田武世は「社会科学的障害者福祉論とノーマライゼーションの思想」（『社会福祉学』一九八五年九月号）を論じ、高澤武司はノーマライゼーションの試行と挑戦は、福祉抑制環境が形成されつつある時期に導入された（『現代福祉システム論』二〇〇〇年）と危惧している。

福祉多元主義　福祉多元主義はイギリスの自由主義に系譜を持つ政治的多元主義に基づく思想であるが、社会的文化的思想としても多元主義（pluralism）は重要である。多元主義には寛容と共存という暗黙の前提があるが、現在世界ではそのような安全の多元化は確保されていない。福祉多元主義は、サービスの拡大、サービス利用者の自主性等々を背景に、新しい福祉供給組織として登場してきた。福祉公社や住民参加型の在宅福祉等々である。それは社会の多元化主義の反映でもある。

社会福祉の多元化には非営利組織（ＮＰＯ）、共同主義的組織（価値多元的）に、民間企業も加った。社会福祉の一般サービス化とともに、市場原理に基づくシルバーサービス等の商品供給方式の導入も避けられなかった。福祉サービスの多元主義化は公共部門、ボランタリー部門、市場部門、インフォーマル部門となり、国家はその役割を縮少していった。イギリスでは多元化といっても、市民参加型の供給が主であるが、日本ではまだそのような組織は熟してはいない。営利事業のサービス活用は、国や地方自治の責任を免責しかねない。

社会福祉は営利を目的としない活動が原則である（仲村優一『社会福祉概論』一九八四年）。社会福祉は市場メカニズムに対し、非営利組織を主張するのが一般論であろう。企業における「営利」が問題になる頃から、社会福祉にも従来見られなかった不祥事件が頻発しはじめる。

民間企業に賛否両論があるのは、市場原理による優勝劣敗、生活困難者に対する差別、低所得者への低サービス等々があるからである。それは日本ブルジョアジーの未発達と関係がある。例えばイギリスでは、宗教改革後キリスト教的慈善は、中世カリタスを「内化」すると同時に「世俗」化し、富裕なマーチャントや農村のジェントリーが「博愛《フイランソロフイー》」を形成した。日本では『論語』に基づく渋沢栄一、キリスト教に基づく大原孫三郎以外に余り多くの例はない。イギリスの非営利の市民組織の繁栄にはそのような背景がある。

「地域の福祉」　行財政の簡素化・合理化による財政再建を図る政府は、福祉改革を提唱した。また社会福祉も内部から社会福祉の検討を行ったが、その中心に社会福祉の分権化、地域化があり、市町村を中心とする多元化がある。一九八六年の改革により、中央と地方の関係に大幅な変革があったが、分権化は費用負担の地方財政への移転であり、国家責任の軽減につながるとの批判もあった。福祉関係三審議会分科会の「意見具申」「今後の社会福祉のあり方について」にも、市町村を主体とする実施体制が述べられている。しかし市町村の役割が大きくクローズアップされたが、市町村の役割は保育所等を除けば、現実的には事業は町村を管轄する都道府県設置の福祉事務所等であった。

分権化は、社会福祉の地域格差をもたらすという意見もあったが、福祉集権主義を回避する新しい公的責任のあり方の追求という意見もあった（古川孝順『社会福祉学』二〇〇二年）。分権化は、サービスとしての「地域の福祉」や「在宅福祉」に期待をかけた。

「地域の福祉」は地域社会や住民のニーズに対応する組織で、社会福祉の民主化に欠くことができない。また高度成長以降崩壊しつづける地域社会に対する対策の一面ももっていた。そして福祉多元化と背中合せの存在でもあった。七〇年代の地域社会は市民運動の経験はあったが、八〇年代以降は福祉への「市民参加」が重要となった。しかし日本ではまだ「市民」が必ずしも成熟しておらず、個人の生存権主体としての生活の共同体づくりにも不馴れであった。

「地域の福祉」は、福祉についていえば、施設ケアの反省、処遇理念の変革、行政からの対象把握に対し、生活者からのニード把握、受け身から参加の福祉等への転換の期待があった。

日本の「地域の福祉」には、モデルとしてイギリスや北欧がある。ヨーロッパ福祉先進国では、戦後の到達点である福祉国家の転換の一つに「地域の福祉」がある。「バークレー報告」や、「地方自治体サービス法」等々である。イギリスのコミュニティにはイギリス教区の伝統もあり、何より近代市民が中心となっていた。

一九六九年、厚生大臣は中央福祉審議会に、「社会福祉向上の総合方策について」を諮問した。これに対し審議会は「コミュニティ形成と社会福祉」を答申した。これより先六九年、東京都社会福祉審議会は、「東京都におけるコミュニティケアの進展について」を発表している。これらの提言の背景には、高度成長基調の破綻があり、近隣社会を単位とする「福祉風土づくり」があった。これに対し「安上がり福祉」との批判もあった。同時に一九七〇年代半ばにかけて、高度成長のひずみの顕在化に対し、社会問題として住民運動や市民運動があった。

社会福祉事業法の改正で、国は従来の社会福祉を、基礎的自治体をベースとした地域福祉サービスに転換しようとした。そして従来の在宅福祉型地域福祉から、自治型地域福祉や参加型地域福祉を形成しようとした。それは七〇年代からの社会福祉の一分野であった「地域福祉」から、地方自治体を核とする福祉システムづくりの誘導である。

地域福祉論は華盛りである。岡村重夫の『地域福祉論』(一九七四年)を先駆として、コミュニティ論を最も早く取上げた三浦文夫は「コミュニティケアと社会福祉」(『季刊社会保障』一九七一年二月号)を執筆し、次いで「在宅福祉サービスの概念枠組」(『月刊福祉』一九七八年一〇月号)へと発展させた。右田紀久恵は『自治型地域福祉の展開』(一九九三年)を編著し、さらに『地域福祉総合化への途』(一九九五年)で、狭い意味での「地域福祉」を離れ、制度論と方法論を統合する自治型社会福祉を提唱している。

地域の福祉は市民参加が基本である（武川正吾「社会福祉への『市民参加』をめぐる論点と課題」『社会福祉研究』一九九八年四月号）。むろん秋田県鷹巣町のような老人福祉を中心とした例もある。しかし、日本の地域やNPOには、イギリスや北欧のように宗教的背景があるわけでもない。いかなる辺境の地域にあっても、「地域の福祉」は内に「コスモス」をもって、世界や人類への目配りを失ってはならないだろう。かつて昭和の農村恐慌時代に、内に『法華経』というコスモスをもった宮澤賢治や、その教え子松田甚次郎が山形県に鳥越隣保館を開いた例を知っている。しかしおおかたの農村隣保館は国策に協力して、全体主義の一翼となり、戦前社会事業の破産を招いた。

福祉サービス　福祉改革後「社会」を外す「福祉サービス」の用語が一般化した。それは「中流」生活を背景に、特に高齢者福祉が問題になった頃からである。髙橋祐士は「新しい福祉サービスについての覚書」（社会保障研究所編『社会政策の社会学』一九八九年）で、新しい福祉サービスの特徴を、利用者拡大、領域は保護から支援へ、選別から普遍へ、サービスの多種多様な組合せ、供給の多様化を挙げている。それにつれて、従来の対象観であった「クライエント」発想から、「生活者」発想が多くなった。大田義弘他は「ゼネラル・ソーシャルワークの展開構想」で、人間生活のトータルな視野・利用者主体の行動を述べ、窪田暁子は「援助者の求められる知識・技術・倫理」（植田・岡村・結城編『社会福祉方法原論』一九九七年）で、生活を生命活動、日々のくらし、人生の三つのレベルで、その全体性を把握することを力説している。社会福祉法は「福祉サービスの基本理念」の第三条で「個人の尊厳の保持」として、個人に重点がおかれている。社会福祉の理念は人間一般としての個人を指すのが共通理解であろう。

従来のケースワークの「自己決定」や「自立」も、身体的自立・心理的自立・社会関係的自立・経済的自立等、総合的把握が論じられている。しかし日本では自立の基礎である「人間の尊厳」（髙田真治「社会福祉方法論の動向と自立援助の課題」『社会福祉学』一九八八年二月号）や、「自律《オートノミー》」には必ずしも馴染んでいるとはいえなかった。特に日本では、人間関係に伝統的な儒教的「代表者意識」である「志」（私の言葉では「志士仁人」意識）や、特に仏教の「自他不二」（主体と対象の循環関係）意識が国民生活の深層に存在している。主体と対象の出会いの場の重視である「関係性」重視である（拙稿「日本社会福祉方法論史」『改訂増補版現代社会事業史研究』著作集3、一九九〇年）。それは主として「生老病死」等人間の「苦しさ」を背景とした「友情」が中心となっている。また荒田憲は「PSWの役割と課題」（『社会福祉研究』二〇〇二年七月号）で、同じ時代に生きる者が、ともに生を支え合い、成長し合う「共時性」を問題としている。「理想型」は言葉は美しいが、日本には余りにも長い文化や生活の営みがあった。それらを批判し「自己決定」といかに統合するかが課題であろう。

第二節で説明したように、現在は歴史上も稀にみる社会福祉問題多発の時期で、社会それ自体も不確実な「混迷」の中にある。そして「社会」という批判力を失ったケースワークの破産を私は戦時中見ている（拙著『社会事業理論の歴史』一九七四年）。市場主義的な「消費者《コンシユマー》」も、「生きた人間」を対象とする「対象論」にはふさわしくない。

社会福祉の「方法」や「技術」が高度化・科学化するとともに、本来の意味から離れ、政策や制度に捕えられ、また「技法」それ自身も目的化しがちになる。例えば高齢者のケアに「死生観」が風化して「死」の「共有」が実現しにくくなっているのもそうであろう。むろん「方法」は単なる感性だけではない。感性だけでは国民的情感に引づられ、太平洋戦争下の「方法」が破産したことは、戦時下の私は見ている。感性を絶えず体系化・論理化し、実践に打って出る必要性を、私は一代の哲学者務台理作から教示を受けた（拙著『日本の社会福祉思想』一九九四年）。

「連続」と「不連続」　西洋社会事業史と明治以降の日本社会事業史を比較して、直ちに気がつくのは、西洋社会事業史には「連続」性が濃厚であり、日本にはそれが稀薄なことである（ただし明治以前の仏教福祉や儒教福祉を除く）。むろん「連続」は単なる相対主義的な「模倣」や、「リアクション」ではなく、変革を伴う。例えばヨーロッパの中世カリタスが、宗教改革によって「禁欲」や「緊張」をてこに内面変革し、新しい「世俗性」を生み、「博愛《フイランソロフイー》」が生れる如きである。日本では米騒動後の社会状況や大正デモクラシーに牽引され、「連続性」の条件が整いながら、その大正社会事業も僅々二〇数年で戦争下に破産した。

現在、社会福祉「改革」が叫ばれている。むろんこの日本の「改革」は、イギリスのサッチャー対ブレアに見られる、保守的新自由主義から社会民主主義へと転換したような政権の転換ではない。臨調以降の新自由主義的な抑制政策が下敷にある。

遅れて近代化に出発した日本社会福祉は、その改革のために絶えず「目的」的な理想型として先進的モデルが必要であった。しかしそのモデルを単なる「移入」的存在としないために、長い福祉思想の歴史をもつ日本文化との交渉変革によって、はじめてのその改革が可能になるはずである。現在の改革が「普遍」性を獲得するために、日本文化に育てられた先人達の経験努力をいかに変革しながら「継続」を可能にするのかが問われる。そのために幕末洋学者達が行ったように「腑分け」しつつ改革を行うことが必要である。

結論からいえば、まず福祉への「個」へのアイデンティティの定着の努力が重要である。その上に未熟な「福祉国家」を清算し、「福祉社会」の建設を目的としなければならない。その際、宗教思想が役割の一つを果すと思う。

2　「社会福祉構造改革」（報告）について

この「報告」はむろん、理論を叙述したものではない。しかし「構造改革」と銘を打つ以上思想史的対象であることは当然である。

はじめに「報告」について一言したい。前述のように、中央社会福祉審議会に社会福祉構造改革分科会が設置され、二一名のメンバーにより一三回審議され、九八年六月「社会福祉基礎構造改革について（中間まとめ）」、九八年一二月「社会福祉基礎構造改革を進めるに当って（追加意見）」が報告された。

内容は社会福祉法に盛られているが、理念として「社会福祉制度が社会的弱者の援護救済から国民すべての社会的な自立支援を目指すものである」とされ、その基本的方向を、①サービスの利用者と提供者の対等な関係の確立、②個人の多様な需要への地域での総合的な支援、③幅広い需要に応える多様な主体の参入促進、④信頼と納得の得られるサービスの質と効率性の確保、⑤情報公開等による事業運営の透明性の確保、⑥増大する費用の公平かつ公正な負担、⑦住民の積極的な参加による福祉の文化の創造（社会福祉法令研究会編『社会福祉法の解説』二〇〇一年）とした。本報告については当事者である炭谷茂（厚生省社会援護局長、当時）の「社会福祉構造改革の展望と課題――社会福祉システムの再構築をめざして――」（『社会福祉研究』一九九八年一〇月号）その他の説明がある。この報告は全体として、「あるべき社会福祉として」の政策提言の感がある。

(1)　歴史観、理念である「社会的弱者の援護育成から国民すべての社会的自立支援へ」。「社会」の研究には歴史・理論・政策の三本柱を欠くことができない。ここで述べられた理念は、いわば社会福祉発達史観であろう。戦後貧困その他の「社会的弱者」から、いわば「一般」生活を背景とする「社会的自立支援」ということである。しかし、歴史は進歩と後退の繰り返しである。戦時中の「社会事業」の破産もそうであるし、臨調行革以降の社会福祉の抑制も社会福祉の前進とはいえない。

「社会的弱者」は具体的社会的表現であるが、「自立支援」は「目的」的な近代的理想形であり、願わしいこととしても、第一節で述べたような失業者をはじめ、かつてないほどの規模で社会福祉を規定する問題が現出していること見失ってはならない。

(2)「利用者と提供者の対等な関係」。ここでは契約関係を結ぶことができる。すなわち「自己決定」「自立」、ないし「自律」できる主体的人間が想定されている。それは人権主体の人間で、近代化された主体であり、人間のありようとしては、当然すぎるほどの人間観であろう。

しかし、同時に、生理的に自己責任を負えない障害者・児童・高齢者、そして新自由主義的資本主義が生み出す不適応者の存在も現実である。

自己責任のとれる、また自律的人間は、一般には社会的経済的自立者であるが、それは優れてキリスト教が造型した「人権」や人間の「尊厳《ディグニティ》」と関係する人間であり、人間の内面との関係も伴わざるを得ないものである。そこにどう「法」が踏みこめるかという「倫理」の問題が伴う。

さらに社会的現実として、生活保護その他に、利用者のスティグマという「選別」主義の存在も否定できない。いわゆる「措置」という用語は否定されるとしても、国家責任が免責されるわけでない（小笠原祐次「福祉サービスと措置制度」『社会福祉研究』一九九八年一〇月号）。

さらに、サービス購入ないし利用できない、かつて法学者牧野英一が力説した「最後の一人の人権」がある。それは従来の福祉のいわば生命としたものである。応能負担主義がとられ、利用者の所得格差によりサービスに厚薄が生まれ、「多様な主体の参入」を理由に、施設の閉鎖、撤退等がみられるようでは、社会福祉の敗北というべきだろう。

(3)　社会的責任について。社会福祉法は社会的責任についてはは余り言及していないし、第一節で説明した社会福祉を規定する社会的条件も投影されていない。「地域での総合的支援」や「多様な主体の参入促進」はうたわれるが、国家責任や生活権保障が下敷きにならなければ、福祉サービスの「質と効率性の確保」も不可能で、かっての「日本型福祉社会」が思い出される。

一言述べておきたいのは、法が意図する「社会連帯」である。この思想は大正デモクラシーの輝かしい主張であったが、日本の自由主義や社会民主主義が未熟のため、僅々二〇数年で太平洋戦争中に破産している。戦後半世紀も絶えず社会福祉の旗印になったが、既に多くの手垢のついた思想となった。その実現は、経済成長一本に国策をかけるより、まず「福祉」が国民生活の「個」に定着し、それに国民がアイデンティティを持つことからはじまる。

(4)　福祉サービスについて、「サービスの質と効率性の確保」が述べられる。それは前項で一言した。

福祉サービスは、社会福祉事業時代と異なり、一般化し、法制化している。したがってそれまでの「座標軸」を提供する新しい社会福祉理論が要請され、「各論」的説明も重要になる。それとともに、人間を対象とするサービスである以上、その哲学にも目配りしなければならない。この問題について私には古くから三木清『技術哲学』(『全集』第七巻)が参考になった。

福祉サービスは利用者の「自立支援」を図るとともに、その「選択」も可能であるが、同時にサービスの「効率」もすすめられている(一九九八年『厚生白書』)。さらにサービス間の「競争」をも示唆されている。サービスの近代化は望ましいが、それを受ける利用者はさまざまな「苦しみ」や「悲しみ」が満ちている社会に生きていることを見逃してはならない。私は「利用者」と「主体」の関係は、とかく「普遍化」とともに論じられる「援助の非対象性」（稲沢公一「援助者は『友人』たりうるか――援助関係の非対象性――」古川孝順ほか『援助するということ――社会福祉実践を支える価値規範を問う――』二〇〇二年）よりも、「対象」と「主体」はその時代社会における「循環関係」であり、「同朋」や「友愛」を重視したい。歴史が行き詰った場合、しばしば「原初」に復帰し前進する。ケースワークの開拓者M・リッチモンドは『貧しい人々への友愛訪問』（一八九九年）で、

友愛訪問の貧しい人々の家族の喜び、悲しみ、判断感情、生活についての見方全体について、内面にわたって、また絶え間なく理解し、共感していくことなのである（小松源助「ソーシャルワーク実践の源流とリッチモンドの貢献」『ソーシャルワーク実践理論の基礎的研究――21世紀への継承を願って――』二〇〇二年）。

を再吟味する必要がある。ここでは、これがリッチモンドのケースワーク理論成立前の論文であることをあげつらう必要はない。

日本の国民生活との関係でいえば、日本が産み、しかも人類的視点に耐えうる点で、鎌倉時代の親鸞が、律令社会から封建社会への時代変革、しかも、戦争、言語に絶する飢饉、疫病が続く、死屍累々の中で、「個」の内省を通じて、「悪人正義」を選びとり、それを通じて「同朋観」を形成、

共同連帯思想の系譜を日本人の生活に提供したことも参考になる（拙稿「親鸞の福祉思想」吉田・長谷川『日本仏教福祉思想史』二〇〇一年）。

新自由主義と社会福祉　「自立支援」「利用者と提供者の対等な関係」「地域の総合的支援」「多様な主体の参入」「サービスの質と効率性の確保」、そして「社会的責任」の稀薄と続けば、社会福祉も新自由主義の一翼を担っていると考えざるを得ないであろう。

「成長なければ福祉なし」は、小泉純一郎首相のいうところである。それは小泉首相に限ったことではなく、明治の「富国強兵」以来の伝統的国策であった。しかし「福祉」は経済成長の「添え物」ではなく、理念としては経済と福祉は併列の分配政策である。

しかし国民の側にも、「福祉」に対する国民的アイデンティティが乏しかったことも否定できない。「福祉社会」は願望であるが、その前に遅れているセーフティーネットを整えなければならない。

五　宗教的社会福祉と現代

1　はじめに

日本は戦後一貫して「物質的富」を追求してきた。現在はその目標が目標として機能しなくなり、いわば「目標喪失」の「閉塞」状態にある。宗教はむろん、文化や哲学さえ放棄されがちである。

人間の内面性の崩壊、精神の空洞化はそれに代る価値の基準を生みだし得ないでいる。

かつて八〇余年前、マックス・ウェーバーが、

文化発展の最後に現われる「末人たち」にとっては、次の言葉が真実になるのではなかろうか。「精神のない専門人、心情のない享楽人、この無《ニヒツ》のものは、人間性のかつて達したことのない段階にまでに登りつめたと自惚れるだろう」と（大塚久雄訳『プロテスタンティズムの倫理と資本主義の精神』二六四―五頁、一九八九年）。

と喝破した。むろん現在は八〇年前と状況が異なるが、この発言がいぜん有効である。宗教信仰はその時代社会との妥協はあり得ないであろう。プロテスタントならば「世俗内禁欲・緊張」、仏教ならば「否定の論理」、儒教ならば経済成長さかんな中国でも、その倫理が再評価されつつあるときく。

しかしこれと同時に、ウェーバー、パーソンズの系譜を継ぐ日本でも著名なR・N・ベラーが『徳川時代の宗教』（池田昭訳、一九九六年）の末尾で、

宗教が究極的価値の本源にかかわり続けるかぎり、いいかえれば宗教が宗教であり続けるかぎり、宗教と社会との対決は続くのである。宗教はそのような選択をしながら、どんな人間の敗北をも勝利に転

化させるものである。

という言葉を信じたい。むろん私は現在の宗教が、日本社会に対し、それほど力がなく、また社会福祉からも、かつてのように重視されないことを承知している。と同時に、宗教の持つラディカル性が、今日の社会福祉の「内面性」欠如に対して力を持てないとは思っていない。

宗教社会福祉が現在の状況に対する歴史を述べる前に、かんたんに次の三点について考えてみたい。

第一点は、一九八〇年代からの臨調・行革の採る「新自由主義」下の社会福祉に対してである。それはまた、苅谷剛彦が前掲「『中流崩壊』に手を貸す教育改革」で指摘した「経済戦略会議」の「強い個人の仮定」と表裏関係にある。「新自由主義」の福祉抑制はいうまでもないが、「強い個人」の強調もまた競争場裡下で多くの「社会的不適応者」を生みだしている。それが「社会福祉構造改革」や、ひいては社会福祉法の「効率主義」に投影なしとは保証できない。

優れた宗教家が、日本近代が「富国強兵」や「生存競争」を国家の方針とするのに対し、「近代」に即しながら、「反近代」の立場をとりつつ、「近代信仰」を樹立した。内村鑑三（拙著『改訂増補版日本近代仏教社会史研究（下）』著作集6、一九九一年）、清澤満之（拙著『清澤満之』一九六一年、新装版一九八六年）、みなそうである。

第二点は、社会福祉の充実は政策が前提としても、なお「福祉」をいかに「個」に定着させるかという問題がある。この際、宗教福祉がはたす役割の中心は、ボランティア活動と、「地域福祉」と思われる。ボランタリズムはキリスト教福祉の生命というべきものであるが、それがイギリスその他の福祉サービスを下支えしている（武川正吾『福祉国家と市民社会』一九九二年、等）。仏教はそれと思想は相違するが、独特のボランティア活動である「自他不二」を教義としてきた（拙著「仏教とボランタリズム」『仏教福祉』一九七八月一一月号）。仏教寺院は津々浦々まで広く存在し、住職は知識層で、そこで委嘱であっても、民生委員、児童福祉、司法福祉等々に参加している。「福祉」の「個」の定着は、ボランタリズムの成長にかかっている。

「地域の福祉」は地域社会への帰属意識を醸成し、地域社会の民主主義を実現し、人間と人間のきずなを回復する場所で、それにより人間の回復がはかられる（神野・前掲書）のである。かつてセツルメント運動はなやかなりし頃、キリスト教は「人格の交流」を旗色に賀川豊彦らが活躍し、仏教は「共生会《ともいき》」をはじめとして各地にセツルメントを設立した。それぞれ「永遠のいのち」や「隣人愛」、あるいは「宇宙の根源的生命」というコスモスを思想として、福祉を各「個」への定着に尽した。

第三は、福祉のサービスである。サービスの高度化・科学化は望ましいが、社会福祉はやはり心理学や精神衛生学と異なり、トータルな全生活や人間全体を問題としている。生活は社会の規定を受けながら、主体的に自己宰領をし、人生一回の実在の途を歩む存在である。

サービスは必ずしも社会問題の解決を目的とはしていない。しかし社会福祉は社会の福祉を肯定する社会でなければ存在しない、したがって福祉を否定する社会に批判や抵抗が生ずるのは当然である。宗教もトータルな生活な人間の福祉を希求する「根元」的存在である。かつて太平洋戦争中それを放棄した宗教的福祉の「負」の歴史の反省が重要である。

高齢化とともに、「死」の風化が歎かれて久しい。仏教はビハーラを、キリスト教はホスピスを施設している。しかし「死」は科学的医療とともに、そのケアは宗教的な「同伴者」であり、「共有者」の態度がなくてはならない（広井良典『死生観を問いなおす』二〇〇一年）。

上述の三点は宗教福祉思想のかんたんな在り場所を示したにすぎないが、宗教は絶えず「原初」に帰りつつ、現代に訴えかけねばならない。

2　仏教と現代福祉

(1)　慈悲。「慈」は「いつくしみ」を意味する友愛、「悲」は他者の苦に同情し、それを救済するという語義からして、「自他不二」が特徴である。慈悲では「主体」と「対象」は「相関」というより「循環」関係で、ワーカー、クライエントのような関係ではない。現在福祉改革の中で、「非対象性」「非自己否定性」が論じられているが、仏教は両者の関係状況の中で共育し、成長していくのである。「自未得度先度他」（道元『正法眼蔵』）がその本領であろう。「生老病死」、むしろ人間の「苦」や「悲しみ」の共同体にこそ仏教福祉の特色があった。

(2)　共生・共在・共感・共育が仏教福祉の特色である。「縁起相関」で、「無我」を基本としている。「相互依存」で、競争社会では人間互いが被害者であると同時に、加害者になりながらな現在の社会に相対して発言している。「共生」は現在流行語であるが（内橋克人『共生の大地』一九九五年、等）、「共に育てること」が特色で、ここでは自己を不問に付す「共生」のパターナリズムや、ナショナリズムではなく、「法《ダルマ》」という「コスモス」が基本になっている宗教である。中垣昌美は「仏教福祉の原点は地域福祉である」（『仏教社会福祉論考』一九九八年）といっているが、日本では古くから「講」その他に現れている。私はキリスト教の生んだ「自己決定」や「人権」が、21世紀社会の中で、仏教が生んだ「共生」と日本の社会福祉でいかに統合をみせるかに注目している。

(3)　仏教は人間に限らず、「山川草木悉皆成仏」で、「生きとし生けるもの」、即ち宇宙や生物全体の「仏性《ぶっしょう》」を保障している。ここ四半世紀、特に問題となった地球環境の汚染・破壊や、一国ではいかんともしがたい原水爆に相対している。

(4)　仏教の「不殺生《アヒンサー》」は戒律であるが、平和こそ福祉社会を実現する前提である。東西冷戦は終止符を打ったかにみえたが、世界では依然民族戦争や宗教戦争が続発している。仏教の平和思想はヒンドゥーのガンジーやタゴールばかりでなく、キリスト教のキング牧師等にも影響を与えている（日本仏教学会編『仏教における和平』一九九六年、参照）。

(5)　仏教は「寛容」を生命とし、ともに生きる多元主義の共同的存在を信条としている。「他を愛することによって自己が輝く」わけである。

仏教も長い歴史の中で、国内外で独特のボランティア活動を行ってきた（前掲書参照）。しかしそれは「自発性」というより、仏法《ダルマ》に対する「報恩」や、「戒律」からでている場合が多い。と同時に、仏教福祉に幾つかの問題点がある。
①仏教福祉には「歴史的社会的」視点の薄弱さがある。仏教は、資本主義的「競争」には比較的無傷であったが、しかし、反福祉的政策に対して、その抑止や批判力に弱かった。
②仏教福祉は感性的実践には優れているが、社会的論理性が弱い。社会福祉実践に普遍性や論理性が伴わなければならない。
③仏教福祉の「縁起相関」や「共存性」は重要であるが、近代福祉は「自立」や「自律」が特色である。仏教福祉は「人権」「人格」「自立」を吸収しながら、「共存」を実現しなくてはならない。

3　儒教的福祉と近現代

思考方法　敗戦後、人類学者ルース・ベネディクトの『菊と刀』(長谷川松治訳、一九六七年)や大塚久雄「ヴェーバーの『儒教とピュリタニズム』をめぐって——アジアの文化とキリスト教——」(『社会科学としての方法』一九六六年)が愛読された。前者の「恥の文化」と「罪の文化」、後者の「内面的品位の倫理」と、「外面的品位」の二分法は、日本の近代化論に貢献したが、それは歴史的実証の結果ではない。私は儒教的福祉を批判していたマルキストやヒューマニスト達の多くが、太平洋戦争中、早々転身後退して行く中で、いわゆる「志士仁人」の系列である社会事業家が、戦乱の中で、「戦争弱者」を護った事例を多く見ている。それはいわば「郷党の代表者」意識ではあるが、数百年の儒教的福祉のあらわれでもある。そして社会福祉が現在、社会使命観を失い続ける中で、「志」を強調する学者もいる（大森彌「ボランティア活動断章」『ボランティア活動の理論』II）。「志」は儒教的福祉が造型したものである。

私は歴史としては、儒教的福祉の中から、受け継ぐべきものを選び出し、「生きるもの」と「死せるもの」の「腑別け」が必要と思う。むろん「生きるもの」も単なる選択ではなく、「近代的思惟」と激しいぶつかりあいの中で行われることはいうまでもない。儒教は一五〇〇年、特に江戸時代には国民生活の深層に存在し、近現代一三〇年の社会福祉にさまざまな影響を与えている。それを単なる保守的「反動」と片づけてしまえば、明治の社会主義思想さえも説明ができず、逆に日本の近代福祉も「流入史観」になり終るおそれがある。

社会福祉の近代化と近世儒教　明治以降近現代一三〇年の福祉に、重くのしかかっているのは、二六〇年間の儒教的慈恵思想である。それは明治の留岡幸助、小河滋次郎から始まり、太平洋戦争期までの社会事業思想に、深くかつ広い影響を与えてきた。

儒教的慈恵の特徴は、仏教的慈善やキリスト教的慈善と異なり、個人的倫理としての「仁愛」と、公的「行政」が不可分の関係にあることである。西洋社会事業史にならって、日本の近代以前を単なる「慈善」と考え、儒教的「仁愛」を措定することには無理がある。したがって日本社会事業の近代化には、道徳と政治の分離や、社会福祉における公・私分離は欧米近代国家より一層重要であるが、また困難でもある。

近世儒学の性格やその解体過程＝近代的思惟の発生には多くの研究業績がある。その先駆的なものとしては、丸山真男『日本政治思想史研究』（一九五〇年）、奈良本辰也「近世における近代的思惟の発展」（『日本近世の思想と文化』一九七八年）がある。両者とも戦中に思索され、戦後思想に強力な影響を与えた。この両者を出発点として、尾藤正英『日本封建思想史研究』（一九六一年）、田原嗣郎『徳川思想史研究』（一九六五年）等々が生まれ、丸山真男批判も行われた。

ところで、江戸中期以降の儒教史を「停滞」ないし「挫折」と見る認識が、前記丸山真男の著書などにも見える。それに対して布川清司『近世日本の民衆倫理思想』（一九七三年）、とくに安丸良夫の「近代化と民衆思想」「百姓一揆の思想的意味」（『日本の近代化と民衆思想』一九七四年）等の問題提起もある。私も「惻隠の心」の通俗化、民衆化としての百姓一揆における福祉思想について触れたことがある（前掲『社会事業理論の歴史』）。また明治の社会主義者幸徳秋水・堺利彦の社会改良思想も、儒教との関係を考えずには探れない。

日本の近代に封建思想が残存することの一半の責任は、近世儒教にもある。日本社会事業の「近代化」に、単なる「導入論」をとらないとすれば、西欧福祉思想とともに儒教思想にも目配りし、両者の論争を考えなければ、実証的解明はできない。

中国儒教と日本近世儒教　日本近世儒教は中国儒教の一支流である。その相違点については多くの研究がある。まず中国儒教の社会的基盤であるが、中国における国家と社会の関係、国家と家族の関係については、松本善海『中国村落制度の史的研究』（一九七七年）等々がある。近世儒教に重要な宋学の社会的基盤には、仁井田陞『中国法制史』（増補版、一九六三年）等が比較に便利である。受ける日本の近世儒教には、一般的に前掲『日本封建思想史研究』、法律・政治史的には石井紫郎「近世の国制における『武家』と『武士』」（『近世武家思想』日本思想大系27、一九七四年）も参考になる。また社会史的には有賀喜左衛門は「公と私――義理と人情――」（『著作集』第四、一九六七年）で、地域共同体と生活保障、さらにそれと「家」制度の関係を論じ、「佃戸」と日本の「本百姓」、宋学の「士太夫層」と、江戸の兵農分離後の「家産官僚」、村落制度・社会保障等が参考になる。

思想的相違点は、古くは津田左右吉『シナ思想と日本』（一九三八年）等、研究が多い。そこでは中国的思惟の四季推移の法則的「理」に対し、日本の自然没入・密着、中国儒教の天地人類万世とする雄大さに比し、日本近世儒教の権力依存、中国儒教の庶民生活への下降に対し、日本近世儒教の未熟、朱子学の中国仏教に対する理論的対決に対し、日本近世儒教の馴れ合い等に多くの研究がある。

しかし同時に、日本儒教史の中で、近世儒教がもっとも「日本化」したので、その慈恵思想は見逃してはならない。

4　キリスト教（プロテスタント）社会福祉と現代

プロテスタントと日本社会福祉　一般にキリスト教福祉にとって最も困難な課題は、キリスト教が理念とするボランタリズムが、日本にまだ政治的天皇制的いわゆる「仁政」が残存し、その近代化を阻んでいることであろう。公私分離が困難なことである（拙稿「私設社会事業の展開」『社会福祉学』一九八四年一一月号）、それは近代慈善事業を代表する石井十次、留岡幸助等も例外ではない。

敗戦後占領軍によって公私分離が実現され、公的責任の民間転嫁が禁止されたが、民間社会福祉の財源は停滞し、「措置制度」によりそのサービス機能としてのボランタリーが発揮しにくくなった。そして、キリスト教施設を支える一般国民のボランタリーも発達していない。

儒教的慈恵とキリスト教的福祉　近世三〇〇年の福祉思想は儒教によって形成され、一方では「名君政治」となり、一般的には「仁愛」思想となって、庶民生活に沈んでいった。それが明治時代となって、官僚社会事業の系譜となり、一方では「乃公出でずんば」と、地域生活の「代表者意識」となり、「犠牲奉公観」を展開した。それがボランタリーな「使命観」と異なるのはいうまでもない。

プロテスタント福祉は、神と人間の垂直な関係の下に、神の「似姿」としての「個」の人間観の造形で、個人の自由な結合体としての新しい社会を形成することである。それは儒教的完結体である家・部落等の血縁的地域的な「縦」の共同体とは異なる。人格的な「隣人」としての「横」の人間関係の創出である。

儒教的「天」や「理」の完結性に対し、キリスト教的「天」は、超越的な創造者との「縦」の関係と、人間の「人格」としての「横」の対等な関係が特色である。

しかし初期プロテスタントの著名人は、純粋なキリスト教信仰というより、キリスト教は先進国の宗教であり、新日本建設に欠かせないものという、儒教的修身治国平天下的理由で入信した者も多かった。初期入信者には、旧幕臣等厳しい儒教的倫理的教養に育てられた旧武士層出身者も多い。それとともに、宇宙の創造者としての唯一神と、儒教における「天」の思想の混乱もあり、「天道溯源」等も多く読まれた。特に厳しい儒教道徳を、キリスト教的「禁欲」として親近感を感ずる者もあった。「知行合一」の実践を説く陽明学に特にそうであった。

このような限界と同時にキリスト教社会福祉は、現代日本社会福祉に何を貢献したのであろうか。

(1)　まず「人格」とか「自立」とくに「自律」が弱い日本社会福祉に、ケースワークが示す「自己決定」原則がある。プロテスタントではないが、カトリックの神父で、日本でも著名なバイステックが、

クライエントを受けとめるというケースワーカーの態度は、人は誰も神との関係において生れながらの尊厳と価値を備えており、その尊厳は、個人の弱点や失敗によって決して損なわれるものではないという哲学的な確信から生まれるものである（F・P・バイステック／尾崎新他訳『ケースワークの原則――援助関係を形成する技法――』一九九六年）。

この文章にみえる「神の愛」は、第一に神を愛すること、第二に神の本質からあらわれる自由で主体的な「人格」を愛することである。この「人格」とは「尊厳性《ディグニティ》」をもった人間である。そこから出てくる「自己決定」という人格信頼には、今日多くの社会的条件を加えねばならないが、いわば社会福祉に基本的命題を提起したものであった。

(2)　法律学者西尾勝は、ボランティアに関して、

日本の精神的基盤にキリスト教なく「自律性《オートノミー》」に欠け民間自らの手で「公」を形成できなかった（「福祉社会のボランタリズム」『季刊社会保障』一九八一年六月号）。

という。むろん日本にも「東洋的」ボランタリズムがあって活動してきたが、「自発性」「開拓性」「批判性」等のボランティア精神は、日本近代では、主としてプロテスタントによって提起されたものである（阿部志郎『「キリスト教と社会福祉」の戦後』二〇〇一年、等）。それは明治期に留まらず、「市場原理」下の現在の社会福祉政策や、「管理化」された社会福祉の批判としても必要である。飯塚良明はボランタリズムを「世界変革」の「原動力」「自己変革の秘密」といっている（「近代社会・人権とボランタリズム」『ボランティア活動の理論』一九八六年）。

ボランティア活動の「自発性」は、長い歴史をもつ日本の地域社会では、セツルメントを除いて、

困難を伴った。しかし地域生活や施設も加えて、ＮＰＯ法（特定非営利活動促進法、一九九八年三月公布）や、ボランティアの活動が、福祉の国民生活の定着の上でも重要である。それは、アジア・アフリカの発展途上国の福祉活動にも欠くことができない。

(3)　プロテスタント福祉は、日本近代社会福祉においては「開拓者」として「モデル」の役割を果した。そして現在は、公的福祉の「補足的」役割を担わされている。そして現在、社会福祉は「政策」と「方法」に焦点があてられている。それに対する社会的「批判」や、人間に対するアイデンティティの獲得こそプロテスタント福祉の役割であろう。そのために現在社会福祉の基調となっている、新自由主義による「市場原理」のグローバリズムに対し、どういう態度をとるかが問われよう。

(4)　「新自由主義的」政策下の社会福祉は、「契約」などを通じ、一般市民へサービスを格上げしたかにみえる。しかし第一節でみたように、またその社会が多くのいわゆる社会的不適応者や「弱者」を生んでいる。「これらの小さい者のひとりが滅びることは、天にいますあなたがたの父のみこころではない」（マタイ）、「わたしたち強い者は、強くない者の弱さは荷うべきであり自分の満足を求めるべきではありません」（ローマ人）、さらに九九匹の羊より一匹の迷える羊を探しに行く「最後の一人の人権」（牧野英一）、あるいは、「この一人のひと」が神に造られた（秋山・吉田「現代キリスト教社会福祉実践の課題」日本キリスト教社会福祉学会編『社会福祉実践とキリスト教』一九九八年）等。社会福祉改革が掲げる方向は、一般市民を対象とするといいながら、能力主義的な競争社会を助長し、「弱者」が捨てられていく側面を併せもつことをなしとはしない。社会的「弱者」の人権を守ることは、「慈善」的発想ではなく、重要なセーフティーネットの一環であり、それこそ宗教社会福祉の任務である。

第一部　仏教の福祉思想

まえがき——仏教の福祉思想

仏教思想と福祉の関係は原始仏典に最もよく現れているので一言してみたい。

慈　悲　慈悲は仏教福祉の基本思想である。キリスト教的愛《アガペー》と異なり、命令でなく、そこには罪と罰がない。「慈」は「いつくしみ」を意味する友愛、「悲」は他者の苦に同情し、これを救済しようとするものである。最も古い仏典『スッタニパータ』（中村元訳『ブッダのことば——スッタニパータ』一九五八年）の「慈教」の項に、

慈しみと平静とあわれみと解脱を喜ぶ。

とある。「悲」は他者の苦しみに耐えられない心性であり、「呻き」であり、他者の苦悩に対する共感である。他者を自己のうちに転回せしめて自他の対立を否定する「自他不二」で、『唯摩《ゆいま》詰所説

経』(大正蔵経巻一四)に、「用一切人是故我病。若一切人得不病、則我病滅」とあり、『法華経(下)』(坂本幸男・岩本裕訳注、一九六七年)に「われ深く汝等を敬う、敢えて軽め慢らず、所以は何ん。汝等は皆菩薩の道を行ひて、当に仏と作ることを得べければなり」(常不軽菩薩品)とある。「慈悲」はむろんギリシア的フィリア(友情)や儒教的「仁」と異なる。

縁起《えんぎ》相関関係　仏教の根本思想は「縁起」にあり、とくに「十二因縁」は著名である(水野弘元「原始仏教の特質」『原始仏教』一九五六年)。「縁起」は相関関係で、対立は否定され、遠い昔から、また現在も、「相依相待」で成立しているとみる。「我」を否定し、「自他不二」(他は他人でなく他者)で、他者の不幸を自己の不幸とみた。「慈悲」の根拠が「縁起」説に求められた。

戒　律　原始仏教は形而上学的思考を排し、「方便はこれ菩薩の浄土」(前掲『唯摩詰所説経』)と、信仰は実践行のなかにあるとされた。戒律の修行方法は膨大に達するが、今は在俗信者の保つべき五戒(不殺生《ふせっしょう》・不偸盗《ふちゅうとう》・不邪淫《ふじゃいん》・不妄語《ふもうご》・不飲酒戒《ふぼんじゅけ》)の中で圧倒的比重を占め、世界の思想に大きな影響を与えた「不殺生戒《アヒンサー》」を挙げたい。「不殺生戒」は殺さないだけでなく、よりよく生かす意味を持っている。

> 殺してはならぬ、殺さしめてはならぬ……生きとし生ける者に対して暴力を用いない人こそ〈バラモン〉とも〈途の人〉とも〈托鉢遍歴僧〉ともいうべきである(中村元訳『ブッダの真理のことば――ダ

ンマパダ』一九八四年)。

身分・階層　仏法にとって社会の身分や階級は何の意味も持たない。

王種でも、バラモンでも、庶民でも、シュードラでも、チャンダーラや下水掃除人でも、精励してつとめ、熱心であり、つねにしっかりと勇ましく行動する人は、最高の清らさに達する(中村元訳『ブッダ悪魔との対話――サンユッタ・ニカーヤ2』一九八六年)

釈迦が最後の遊行で、遊女アンバパリや鍛冶工の子チュンダの食を受けている(中村元訳『ブッダ最後の旅――大パリニッバーナ経』一九八〇年)。

仏《ぶっ》性《しょう》　仏教は人間に限らず「山川草木悉戒成仏」で、「生きとし生けるもの」すべてに及ぶ、「衆生(生あるもの)→菩薩→覚者《ブッダ》」で、宇宙や生物全体の「仏性」を保障している。それは現在の環境汚染や破壊に問題提起している。

最後に仏教福祉と関係の深い語彙を解説しておきたい。

(1)　布施《ふせ》　仏教福祉の基本である。初期般若経典以来、利他の菩薩道としても六波羅密が最重要視されたが、その筆頭が、「布施」であり、そこから仏教福祉が流出したことはよく知られている。布施には衣食なども与える「財施」、教えを与える「法施」、怖れを取り除いてやる「無畏施《むいせ》」

の三施がある。布施は施者・受者・施物の三位一体が、「空」を観じ、執着心を離れて行うべきものとされている。施者・受者の上下関係や、施物の貴賤が取り除かれている（勝又俊教「大乗仏教徒の社会的運動」日本仏教学会編『仏教と社会の諸問題』一九七〇年、参照）。

(2)　四無量心《しむりようしん》　四摂法《ししようぼう》。古くから小乗・大乗がともに重んじた四つの徳目である。「四無量心」は四つの計りしれない利他行で、「慈・悲・喜・捨」で、その「無量」の意味は深い。「喜」は随喜で、他者がよいことをするのを、わがことのように喜ぶ。「捨」は好き嫌いで差別せず、喜憂苦楽を超越する平和な心である。

「四摂事（法）」は在家信者の代表的徳目であり、出家信者の実践徳目である。救済されるための四つの徳——布施、愛語（慈愛の言葉）、利行（他者のためになる行為）、同事（他者と協力する）である（中村元『慈悲』一九五六年、参照）。

(3)　福田《ふくでん》　善き種子を蒔いて功徳の収穫を得る田地の意。『サンユッタ・ニカーヤ』（中村元訳『ブッダ神々との対話——サンユッタ・ニカーヤ1』一九八六年、等）に

この生ある者どもの世において、施与を受けるべき人々に与えたならば、大いなる果報をもたらす。良い田畑にまかれた種子のようなものであると言われている。

大乗仏教では菩薩の利他行として、仏教の代表的福祉用語である。日本では敬田・恩田・悲田の

三福田がよく知られている（早島鏡正「福田思想の発達とその意義」『初期仏教と社会生活』一九六四年、参照）。

(4)　無財の七施　眼施・和眼悦色施《えつじきせ》・言辞施・身施・心施・床座施《しょうざせ》・房舎施で、財物を損せず大果報を得るとされる。無財の七施とは、物質的経済的に余力がなく、財施が困難な者でも布施は可能とされたのである。他者との良好な関係から布施がはじまるというわけである。

第1章　日本における「慈悲」的福祉思想の展開

――仏教的「平等」と福祉――

一　行基の福祉思想

行基と古代史　行基は聖徳太子・鎌倉時代の忍性と並んで、日本社会事業史上著名な人物である。また戦後自由になった古代史研究にとっても、最も興味ある人物の一人である。本章は行基社会事業の概観ではなく、行基自身がほとんど語ることのなかった、日本福祉思想史に提起した問題に焦点をあててみたい。

行基に影響を与えた人に、同じ帰化人の子孫である法相宗の道昭がある。道昭は七〇〇（文武天皇四）年三月一〇日に没したが、『続日本紀』巻一は「周㆓遊天下㆒路傍穿㆑井。諸津済処、儲㆑船造㆑橋、乃山背国宇治橋。和尚之所㆓創造㆒者也。和尚周遊凡十而余載」と伝えている。道昭は日本社会事業史上著名な人物であり、その宇治橋架橋にも諸説がある。ここでは玄奘訳の『瑜伽《ゆが》戒本』の招来したことに注目したい。自利利他の菩薩戒は、仏教福祉の基本思想である六波羅密と不可分の関係にある。

今一つは「周遊天下」しながら、福祉実践を行ったことは、施薬院・悲田院などの施設と異なり、直接多様な地方の民衆の困苦と接したことであり、行基―空也―一遍―無能の福祉の途を開いた先駆者である。行基の出家は一五歳、この年道昭は五四歳、道昭・行基の師弟関係にはなお研究の余地が残るが、多くの研究者は行基に道昭の影響を認めており（井上薫『行基』一九五九年、三三頁、等）、この師弟関係は誠ににつかわしい。

行基の教説、慈善救済、社会土木事業に三階教の影響を想定することは困難ではない（井上光貞『日本古代思想史の研究』一九八二年、四〇八～九頁）といわれる。道昭が在唐九年、玄奘に師事した頃、三階教は隆盛期であり、三階教籍の収集も容易であったと推定される（吉田靖雄『行基と律令国家』一九八七年、七〇～八頁）という。三階教を開いた信行（五四一～五九四）は、山林修行を否定した街頭の活動家で、具足戒を捨て労役に従事し、得たものを悲田・敬田に施与し、従来の道俗を仏として礼拝した。

三階教は中国隋唐宋前後三百数十年栄えたが、三朝の禁圧その他で煙滅した。信行が「冥報記」（矢吹慶輝『三階教之研究』一九二七年、二一頁より引用）に「信行嘗頭陀乞食六時礼拝、労力定心空形実智而已」という。日本社会事業近代化の開拓者矢吹慶輝にも信行の影響が大きかった。

古代日本仏教の重要なテーマは国家との関係であるが、福祉活動もそうである。そして行基は国家との関係打破の著るしい例である。律令の「僧尼令」、律令政府の仏教政策、そして行基への弾圧は、私度僧の禁止、民間布教の禁止、呪術による病気治癒の取締りとなって現れた（七一七（元正天皇養老元）年四月三日の詔『続日本紀』巻七）。

「僧尼令」が、僧侶と人民の接触を警戒する中で、行基が村落の荒廃の救済、人民の生活向上を図ったことを、早くから指摘したのは川崎庸之で（「奈良仏教の成立と崩壊」平岡定海・中井真孝編『行基・鑑真』日本名僧論集第一巻、一九八三年、二二頁、等）、井上光貞も一九五二年に早くも同じ視点で、行基らの活動を評価している（井上光貞編『古代社会』新日本史大系第2巻、一九五二年、五七～九頁）。

マルキシズムの研究から石母田正は、行基の道場を「階級闘争の宗教的形態の一つの表現」（『日本古代国家論』一九七三年、一四八頁）と見て、行基の生産活動における技術能力を「社会的分業」（一一四頁）の視点からとらえ、行基集団の私的事業として行われた社会活動を、「国郡司の機能を代行し補完している」ものと考えている。石母田は行基集団が畿内に発展したのは、律令制の収奪等による旧農村秩序の分解と、農民意識の変動に求め（二一頁）、そして行基の呪術性も指摘している（九一～二頁）。

これに対し北山茂夫は、行基の民間活動を支えた条件の一つに、耕地獲得の趨勢に乗じた豪族・上層民を中核とした民衆の支持を得たことによるもの（『日本古代政治史の研究』一九五九年、二八一頁）とし、朝廷に対する叛逆心を持たず、客観的には民衆の不満を宥める役割を果たし（二八〇頁）、民衆窮乏の根源には触れず、宿業的教説を説いた（「行基論」前掲『行基・鑑真』五六頁）としている。

行基の社会的活動を、福祉活動より、農業生産との関係で説明した論説が多い。確かに社会経済状況としては、七四三（天平一五）年五月、三世一身法を一歩進め、墾田永世私財法が発布されている。井上光貞は「大乗仏教の社会的実践」（『日本古代の国家と仏教』一九七一年）で、膨大な行基の福祉活動は土木事業を中心としたと見て、地域別、内容別（交通施設＝橋梁・道路、船留《ふなどめ》、布施屋・農業用の潅漑施設＝池・溜・樋）に説明している。また井上は「行基年譜、特に天平一三年紀の研究」（前掲『日本古代思想史の研究』）でも、慈善救済を超えた総合的な農業施設の造営と見ている。栄原永遠男は、行基の運動は班田農民の分解という視点よりも、郡司土豪層に根をもち、三世一身法等を施行した律令国家との妥協の上に展開した（「行基と三世一身法」前掲『行基・鑑真』八六頁）ものとし、米田雄介は、行基は労務提供民衆、資財提出豪族、そして行基の技術的卓越の三条件を挙げている。さらに行基の抵抗は「改良主義的性格」さえもっていた（「行基と古代仏教政策――とくに勧農との関連から――」前掲『行基・鑑真』二二〇頁）と論じている。

さて行基は、七三一（聖武天皇天平三）年八月七日の詔を経て、七四三（天平一五）年墾田永世私財法発布の一〇月、大仏勧進僧となり、七四五（天平一七）年正月大僧正となった。この変化を井上光貞は、墾田永世私財法など、七四三（天平一五）年の朝廷の政策基調の転換に求め（井上光貞・前掲「大乗仏教の社会的実践」）、井上薫も、一見妥協のコースも、行基の思想や立場が根本的に変ったのではなく、変ったのは政治社会情勢や官の行基観にあるとした（井上薫・前掲書一二二頁）。吉田靖雄はさらに行基に即して、すでに七八歳（八二歳没）の頽齢にあった行基には、俗世の職位である大僧正にも何らの興味を持ち得なかった（吉田・前掲書二四六頁）と述べている。

行基の福祉思想　行基は日本社会事業史の巨大な山脈である。古代では農業生産のための灌漑・交通も、また本来的には福祉としての救済も、ともに民衆の福祉として、強いて区別する必要はないであろう。何より仏教福祉としての八福田には、生産的事業も入っている。行基福祉として特に注目されるのは、井上薫の指摘する布施屋である（「行基の布施屋と貢調運脚夫」前掲『行基・鑑真』）。布施屋は仏教用語で、むろん運脚夫や役夫に利用されたであろうが、奈良・平安時代に見られる布施屋はそれにとどまらない。しかし行基福祉の特徴は、施設中心より、まず民衆のニードがあって、その結果施設ができたということであろう。その代表例は崑屋《こや》（昆陽）院で、布施屋・施院・惸独田（八一二〔嵯峨天皇弘仁三〕年八月二八日の条『日本後紀』巻二二（『新訂増補国史体系第3巻』一九六六年））等が見える。それは聞法する人々のニードが、種々の施設をつくり出し、四九院として各地に拡がったのである。

行基の思想はむしろその福祉実践のなかに求むべきである。宗教活動の場が社会活動の場でもあった。しかしその社会活動を支える教義なり思想が求められないわけでない。行基ははじめ日本に法相宗を伝えた道昭につき、瑜《ゆ》伽《が》唯識《ゆいしき》論を学んだ。瑜伽唯識論は、大乗戒の菩薩行を強調し、世俗世界とのかかわりが多い。行基の思想的裏付けに梵網《ぼんもう》戒もあったといわれる（石田瑞麿『日本仏教における戒律の研究』一九六三年、二八二〜三頁）。しかし同時に奈良仏教の特徴である諸学諸宗も兼修したことであろう。二葉憲香は「行基の実践の仏教的基礎」（『古代仏教思想史研究』一九六二年、五二四〜三二頁）で、瑜伽戒と行基の行動の関係を検証しつつ、瑜伽唯識と律令国家の宗教的立場は相容れないとして、行基に反律令的仏教の立場を与えている。しかし行基には呪術的霊験者と見る立場と、これを否定したものとする立場の両面の評価がある。

行基にはこうした根本的思想とともに、福祉思想としての福田思想がある。唐でもこの思想のもとに悲田養病坊《ひでんようぼう》等の施設があった（道端良秀「大乗菩薩戒と社会福祉」前掲『行基・鑑真』三九二頁）。行基没後余りたたない時期に、その遷化について、簡にして要を得た著名な伝記が『続日本紀』（巻二二）七四九（聖武天皇天平勝宝元）年二月二日の条に出ている。

行基福祉の特徴を整理すれば、①国家仏教全盛時代の福祉（例えば光明皇后の施薬院）に対し、私度僧出身で弾圧下の行基が、民間で福祉を行い、日本福祉の始祖的地位にあること。②行基福祉は民衆に支えられており、聞法と福祉が車の両輪となっていること。③行基集団は既存の共同体を単位としない信仰集団であり、はじめての信仰と福祉の出会いであること。④施設中心より、四九院に見られるように、遊行的性格をもっていること。⑤行基―空也―一遍―無能系列の福祉の先駆であったこと、である。

二　空也の福祉思想

聖《ひじり》と福祉

空也の福祉は、「慈善」や「救済」、あるいは「教化」など高ぶったものでなく、次節の一遍に道を拓く、欧米にもあまり例をみない福祉であった。

平安後期社会は激動の時代であった。律令制の衰退、地方豪族名主層の台頭、平将門・藤原純友らの戦乱、そのうえ地震・大風・洪水、旱魃・火災、伝染病等が続いた。まさに「曠野古原口《ママ》有委骸堆之一処。灌油而焼、留阿弥陀仏名焉」(「空也誄」『続群書類従』巻一一四、伝部二五、七四三〜六頁、以下「空也誄」)の現実があり、その社会的不安に対し、救済と信仰が求められる時代であった。

仏教史からみれば、鎮護国家的僧尼令的仏教は衰え、貴族的天台的仏教では、体制崩壊や人心不安下にある庶民に対応できなかった。このような社会と体感できるのは官僧でない聖《ひじり》の宗教であり、井上光貞によれば、この期は「ひじり」発生の第二期に当る(『新訂日本浄土教成立史の研究』一九七五年、二二〇頁等)。

聖は「民間教化僧」(伊藤唯真「阿弥陀の聖について——民間浄土教の一視点——」藤島達朗・宮崎円遵編『日本浄土教史の研究』一九六九年、五七頁)であるが、聖には堂聖、別所聖、遊行聖等があり、福祉・勧進・施食・治病・土木工事等に努めた例が少なくない。それを「祈禱や善根をもとにした現世利益の範疇」(菊池勇次郎「聖と庶民の現世利益」日本仏教研究会編『日本仏教の現世利益』一九七

○年）とみるか、あるいは菩薩道と往生思想の本質的繋り（二葉憲香「空也浄土教について――千観との共通性を通じて――」前掲『日本浄土教史の研究』五二～三頁）と見るかによって、意見の相違があるものの、信仰はこれら「ひじり」によって護られ、民衆との接触により福祉が花開いていった。

空也の福祉思想　空也の福祉的菩薩行については、民俗学者や社会福祉研究者がこれに触れているが、空也自身の記録はない。民俗学者堀一郎は、空也の宗教的社会的機能として、①遊行頭陀《ずだ》、②苦修練行と奇瑞霊応（呪術的性格）、③菩薩行（社会救済事業）と知識勧進の民衆教化運動、これを維持する道場や結社の組織、④沙弥・優婆塞形態の尊重、非世俗性と反権威主義的性格に分類している（『空也』一九六三年、七四頁）。多少整理しすぎたきらいもあるが、行基福祉と類似点もある。

空也を先頭に、念仏聖たちは市井生活を送りながら、民衆への念仏の道を開いていった。『日本往生極楽記』（『日本思想大系』7、一九七四年、二六～九頁）に、「口に常に弥陀仏を唱ふ。故に世に阿弥陀聖と号づく」とある。その掘削した井戸が阿弥陀井と称される等、不断念仏系譜の念仏聖であった。阿弥陀聖は空也にはじまり、空也は市井の間に口称念仏を鼓吹しながら、遊行的民間教化と、福祉的菩薩行を行った。念仏を民衆が求め、社会不安に悩む民衆がまた福祉を求め、両者の関係は不離の関係にあった。この空也の行った菩薩行実践の基礎にあった「戒」は、その功徳によって天災・疫病等の鎮圧を祈念するもので、行基の梵網戒実践（利他救済）が、最澄の円戒思想の形成に影響を与え、空也はそれを社会活動によって、梵網戒実践の立場を学びとった（名畑崇「天台宗と浄土教――空也をめぐって――」前掲『日本浄土教史の研究』一三四頁）。

奈良弘元は「空也伝にみられる慈善事業」（『印度学仏教学研究』一九八七年一二月号）で、空也慈善事業を分類整理しているが、特に被救済者に対する献身的態度は、文殊信仰によるものではないかと述べている。文殊信仰が次の鎌倉時代の真言宗西大寺派の叡尊・忍性の慈善動機に、大きく作用したことは周知のところである。

空也の菩薩行的福祉の特徴をあげれば、自由で遊行的な民衆に密着した福祉であった。それは系譜的にみれば、行基を継受し、一遍的福祉に道を開くものである。空也伝の根本史料は源為憲の「空也誄」一巻並「序」である。『扶桑略記』（黒板勝美・国史体系編修会編『新訂増補国史大系』第一二巻、一九六五年、二四四頁）にも簡潔な叙述があり、また『元亨《げんこう》釈書』巻第一四（前掲『国史大系』第三一巻、二一一〜二頁）には、「空也誄」の孫引きのような形で、要領よくまとめられている。その特徴はやはり先に掲げた「空也誄」の「曠野古原口《ママ》有委骸堆之一処。灌油而焼。留阿弥陀名焉」。また市中にあって「市中乞食。救苦世俗。唱善知識。悪虱離身。毒蛇感徳。霊狐病原《ママ》。口目悦色」等の文字であろう。それは「漂泊」「市陰」等と文学的なものでなく、捨身苦行の苦修練行的福祉であった。社会不安、精神不安の中で、もっとも日本的な福祉思想として「一切衆生悉皆成仏《しっかいじょうぶつ》」という仏教的平等性が、口称念仏と菩薩的福祉行として行われたのである。

乞食の身形をし、錫杖・金鼓・反袈へ法螺を吹いて念仏観進しながら、菩薩的福祉行にいそしみ、貧民や病者に施与する空也に、民衆が民族的宗教的「エクスタシー」（井上光貞・前掲書一二〇〜一一頁）を感じ、現世利益を期待したとしても不思議ではない。鴨長明が『方丈記』（岩波文庫版、一九五〇年、五一〜二頁）に巧みに描く、飢餓・疫病・戦乱等々古代末期の貧困、その真っただ中で口称念仏を唱え、福祉活動にあたった行為を、単なる現世利益や呪法として切り捨てれば、日本的な福祉の原初的で良質な部分を見失うだろう。

また空也は「空也誄」に見えるように、「若観道路之嶮難。預歎人馬之渡頓。乃荷鉀以鑪石面。而投杖以決水脈」、特に「所無水処鑿井焉。今往々号為阿弥陀井是也」と土木工事や鑿井を得意としたようである。それをいかにして習得したかは不明であるが、そこには民衆の強い要望があったと思われる。

空也の事蹟には囚徒教誨や、神泉の老孤救済、放生説話、あるいは殺生禁断が見える。「空也誄」は「東郡囚門。建卒堵婆一基。尊像眩曜兮満月。宝鐸鏘兮鏦鳴風。若干囚徒。皆垂涙曰。不図瞻尊容聴法音。善哉抜苦之因焉」と名筆で描いている。さらに老孤救済等も単なる「動物愛護」（高橋梵仙『日本慈善救済史之研究』第二分冊、一九二九年、一三一頁）というより、天台門を学んだ空也の場合は、「悉皆成仏」観が働いたと思われる。

三　一遍浄土教の福祉思想

一遍と貧困被差別層

本節は念仏勧進の捨聖《すてひじり》一遍が、共同体から排除された鎌倉期の非人・癩疾患・そして障害者、総じていえば、中世封建社会の被選別、差別的貧困層と目された人びとに対し、いかなる福祉を展開したかを垣間見ようとするものである。

従来一遍は、仏教学・思想史学・国文学・民俗学・芸能史学から研究されてきたが、一遍のいわば「遊行型」、あるいは「捨聖型」福祉こそ、日本が生んだ、しかも人類的にも寄与できる福祉である。

最初に史料の略称を示しておきたい。『一遍聖人語録』は『語録』、『播州法語集』は『法語集』ともに大橋俊雄校注『日本思想大系10　法然・一遍』から引用した。『播州問答集』は『問答集』、『一遍聖絵』は『聖絵』、『一遍上人縁起絵』は『縁起絵』、ともに時宗開宗七〇〇年記念宗典委員会編『定本時宗宗典』上下二巻（ただし頁は通し）、一九七九年版から引用した。その他『宗典』からの引用は『宗典』と記した。

一遍（一二三九（延応元）年―一二八九（正応二）年）は、幼時に承久の変により流された後鳥羽法皇・順徳上皇の死に出会い、一二七四（文永一一）年蒙古襲来は三六歳、一二八一（弘安四）年の再襲来は四三歳であった。鎌倉仏教の末尾を飾る宗教者で、親鸞は一遍の二四歳、日蓮は四四歳の時没している。

一遍の信徒層について、金井清光は、一遍の宗教には信徒はあり得ない（『一遍と時衆教団』一九七五年、八二頁）とこれを否定した。しかしこれを仮りにあげれば、一遍と遊行を続ける「同行」時衆、在俗生活の「俗」時衆、さらに遊行賦算の化導が対象の「竹帛にもしるしがたき」「結縁衆」となるであろうか。

しかしこのような区分は、貴賤老若男女、そして山川草木にいたるまで「平等」に徹しようとした一遍にとって、余り意味がない。かつて江戸時代の賞山が、一七一四（正徳四）年の著「一遍上人絵詞伝直談鈔」（『宗典』七七二頁）で、「任レ縁不レ論二貴賤一是以多者聾盲瘖瘂白癩病也是等非人曽雖レ無三仏法之志一強因レ欲二施食之残東西走集南北追来引二具如レ是群一類云云」といっているのは誇張に見えるにしても、その一般が察せられる。その支持者達は農民を主に、一遍が武士出身であったことから武士、そして公家・非人までを含んでいたと思われる。われわれの注目点は、その中の被差別視され、共同体で疎外した非人等である。

非人は身分を指し、乞食は状態を指している。もともと乞食《こつじき》は、古代では神道、仏教などの信仰に基づくものであるが、中世では近世のような身分的位置づけはなく、一種の賤視を受けた生活手段の一つである。また「癩」は天刑ないし宿業と見なされ、非人中多数を占めていたことは、忍性その他の救済事蹟でわかる。また障害者のある者も共同体から疎外を受け、放浪を余儀なくされていた。現在被差別部落を含めて、豊田武以下の研究がすすんでいる。

『聖絵』で乞食が画かれている場面は、四天王子（巻一）、信濃伴野（巻四）、鎌倉（巻五）、相模片瀬（巻六）、近江関寺・京都市屋・京都桂、美作一宮・大和当麻寺（以上巻七）、淀の上野（巻九）、淡路天満宮・兵庫観音堂（以上巻一一）といわれる（長島尚道「一遍と時宗教団における慈善救済活動」『鴨台社会事業論集』）。これに対し高野修「時宗文芸と遊行僧」（橘俊道・圭室文雄編『庶民信仰の源流』一九八二年、一一五〜六頁）は、一例多い一三か所としている。

これらの事例は社会的なもので、慈善美談にしたり、逆に文芸や芸術の世界に閉じこめたりしてはならない。一九七四年建立の「熊野神勅命兮碑」にも、

悩める者を助け、病める者を救ひ、民衆に和と慈悲の心を説き、社会福祉、社会教化につとめ……

とあるが（金井・前掲書八三頁より）、「在世は無相にして造化なし」と、廟塔の建立を否定した一遍は、慈善美談などは否定するであろう。私のねらいは一遍と非人等の間に、いかなる福祉的平等関係が展開されたかにある。

私は行基―空也―一遍は、政治権力による仏教的慈善から離れている福祉の代表と考えるから、高野修らの一遍と非人等の分離説を取らない（高野・前掲論文一一五～一二二頁）。詳細は後述するが、それに先立って次の点だけは明らかにしておきたい。

(1) まず仏教的福祉のもつ平等性、別の言葉でいえば一遍と非人等の間における仏教的「即」である。『法語集』（三六一頁）に、

他力称名に帰しめれば、矯慢なく卑下なし。其故は、身心を放下して無我無人の法に帰しぬれば、自他彼此の人我なし。田夫野人・尼入道・愚痴・無知までも平等に往生する法なれば、他力の行といふなり。

(2)　俗衆。結縁集はいうまでもないが、遊行の同行者に非人等を伴っていたかどうかである。今井雅晴は、美作一宮の例で、「一遍が非人を連れていたかにみえる」（『時宗成立史の研究』一九八一年、一四四頁）といっている。遊行には短期のものもあろうが、いわば遊行自体生死を賭けるほどの修行であるから、よほど信仰的覚悟がいる。しかし捨聖一遍にとっては、共同体から捨てられ、市や宿《しゅく》に寄生して生きているこの人達を見捨てたとは考えられない。それが行基―空也のあり方でもあるし、また『聖絵』にも、一遍の遊行集団が乞食集団として扱われたこともしばしば見える。この点、栗田勇のいうともに「業《ごう》を負える者」「死の相の下での文化」（『一遍上人――旅の思索者――』一九七七年、一一六、一二五頁等）の表現は、文学的であるが同感で、「捨てる」ことに徹しながら、乞食以外に生きる手段をもたない民衆に「即」したことが重要と思う。

一遍福祉の系譜と位置　一遍福祉は、系譜的には行基―空也を継承している。行基については『続日本紀』（巻七）七四九（天平勝宝元）年二月二日の条に「周二遊都鄙一教二化衆生一。道俗慕レ化追従者。動以千数」（前掲『国史大系』第一部、一九六～七頁）と記され、「周二遊都鄙一」を語っている。

特に市聖空也について『語録』（三四六頁）は、

空也上人は吾先達なりとて、彼御詞を心にそめて口ずさび給ひき。空也の御詞に云、「心無二所縁一、随二日暮一止、身無二所在一、随二夜明一去、忍辱衣厚、不レ痛二杖木瓦石一、慈悲空深、不レ闌二罵詈誹謗、信レ

口三昧、市中是道場、随レ声見仏、息精即念珠、夜々待二仏来迎一、朝々喜二最後近一、任二三業於天運一、譲四儀於菩提一。

と述べている。

むろん一遍には空也・教信、あるいは融通念仏の祖良忍の道統を受け継ぐという、信仰的自覚があるに相違ないが、それを「観念」としてでなく、遊行の体験のなかで行おうとした点にある。信仰のもつ普遍性と、現実的な市井の個別性の統一する場所に行基や空也が見えてくる。遊行にこそ慈善の持つ「傲慢」性への反省点があり、一遍福祉の解く鍵がある。

鎌倉新仏教は日本人の手になり、普遍性を持つ宗教改革である。福祉思想に即していえば、親鸞＝自然法爾《じねんほうに》的福祉思想、道元＝菩提心的福祉思想、日蓮＝菩薩的福祉思想といえるかも知れない。これに対して一遍は「捨聖」ないし「遊行」的福祉思想といえようか。

一遍浄土教の特徴　まず原典を引用しておきたい。『語録』(三〇三頁)の「消息法語」に、

南無阿弥陀と一度正直に帰命せし一念の後は、我も我にあらず、故に心も阿弥陀仏の御心、身の振舞も阿弥陀仏の御振舞、ことばもあみだ仏の御言なれば、生たる命も阿弥陀仏の御命なり。

とある。この臨終平生、即ち臨平《りんぺい》一致は、流転に沈めば穢土、沈まなければ浄土で、浄土はこの世

にあるとの見方で、「本分といふは諸仏己証の名号なり」（『語録』三二六頁）である。

これを福祉的視点でみれば、一遍の一は、一切を捨てた「孤独」で、それは騒乱・飢饉・災難に悩む人びとの実存に迫る「個」である。『播州問答集』巻下（『宗典』八九頁）に、「生而独也。死而独也。然則与レ人倶往炙復独也。無下可副果一人上故。唯無心無我而行二念仏一是則二死底一也」とある。一遍はいうまでもなく「本願念仏による他力救済」（河野憲善『一遍教学と時衆史の研究』一九八一年、八七頁）である。その他力救済は、「我等下根の者なれば」（『法語集』一五五頁）という反省と、無常遷流の社会の現実こそ、その前提にあるに相違ない。

熊野神託と遊行　一遍は一二七四（文永一一）年熊野本宮証誠殿で、神託を受けて成道したといわれる。『聖絵』（一三五五頁）に、

「融通念仏すゝむる聖、いかに念仏をばあしくすゝめらるゝぞ。御坊のすゝめによりて一切衆生はじめて往生すべきにあらず。阿弥陀仏の十劫正覚に一切衆生の往生は南無阿弥陀仏と決定するところ也。信不信をえらばず、浄不浄をきらわず、その札をくばるべし」としめし給ふ。

とある。ここで注目したいのは「浄不浄をきらはず」である。今井雅晴は、非人・乞食を賤視する武士階層の出身者である一遍が、その差別観を解消するのは、熊野参籠のこの神託ではなかったかと、仮説を提起した（今井・前掲書九四〜五頁）。俗に「蟻の熊野詣」といわれるように、庶民の男

女はむろん、障害者・癩等の疾患者、乞食など熊野大権現の力にあやかろうと参詣が続いた。

武家社会形成の過渡期に伴う内乱・伝染病・大地震・飢饉の中で、野に死屍累々と続いている。そしてわずかに生を続ける非人などの群が各地にいる。律令国家もすでに救済の力がなく、貴族仏教はこの現実に目を覆い、共同体はこの人びとを排除していた。この中で「浄不浄をきらはず」は重い言葉である。また一遍が民俗信仰に頼り、その賦算に民衆が招福除災の期待をしたとしても、それを「迷信と片づけてしまうのは正しくない」（金井・前掲書八二〜四頁）であろう。

一遍は、「南無阿弥陀仏決定往生六十万人」札を配り、念仏勧進の遊行に旅立った。その神託の確信を「頌（六十万人頌）」（『聖絵』三五五頁）に、

六字名号一遍法、十界依正一遍体、万行離念一遍証、人中上々妙好華、

と唱っている。そこでは信仰心をもたない衆生凡夫が正客であり、それに賦算するのが遊行である。念仏の教えから漏れ、魂や肉体の救済を求めている人が、国中に充満している。それを救済するには、都にあって頭の中で考えてできることではない。一遍の宗教の特徴は、教義の深さという静的なものより、きわめて動的なものである。それは一切を捨てることが前提であった。その遊行は西行や芭蕉のような文学や、「旅の思索者」と異なり、生死を賭けた修行者のそれであった。「身を観ずれば水の泡、消ぬる後は人もなし」ではじまる「別願和讃」（『語録』二九〇〜二頁）も、一見

厭世観や無常観が唱われているようであるが、和讃全体に流れるものは、永遠なる信仰を求めて、しかも得られない人間実相の深刻な内省である。

遊行の所持品は引入・箸筒・阿弥衣・袈裟・帷・手巾・帯・紙衣・念珠・衣・足駄・頭巾の一二道具に定められている（『語録』三〇〇〜一頁）。食は乞食《こつじき》、宿所も市・宿・野宿である。遊行の絶唱というべきは「百利口語」（『語録』二九二〜八頁）であるが、それを抜粋して掲げてみよう。

> 畳一畳しきぬれば、狭とおもふ事もなし、念仏まふす起ふしは、妄念おこらぬ住居かな、道場すべて無用なり、行住坐臥にたもちたる、南無阿弥陀仏の名号は、過たる此身の本尊なり、利欲の心すゝまねば、勧進聖もしたからず、五種の不浄を離ねば、説法せじとちかひてき、法主軌則をこのまねば、弟子の法師もほしからず、誰を檀那と頼まねば、人にへつらふ事もなし、暫く此身のある程ぞ、さすがに衣食を離ねど、それも前世の果報ぞと、いとなむ事も更になし、詞をつくし乞あるき、へつらひもとめ願はねど、僅に命をつぐほどは、さすがに人こそ供養すれ、それもあたらずなり果ば、餓死こそはせんずらめ、死して浄土に生れなば、殊勝の事こそ有べけり、

徹底した「捨」と「無教会」的方向と、その武士らしい剛直さは、特に臨終の時に鮮やかにあらわれている（『語録』三四五—九頁）。

法師のあとは、跡なきを跡とす……法師が後とは、一切衆生の念仏する処これなり（三四五～六頁）。

御往生の前月十日の朝、阿弥陀経を誦て、御所持の書籍を手づから焼捨たまひて、「一代の聖教皆尽て、南無阿弥陀仏になりはてぬ」と仰せられける（三四八頁）。

わが門弟子におきては、葬礼の儀式をと丶のふべからず。野に捨て獣にほどこすべし（三四九頁）。

一遍福祉思想の特徴　一遍福祉思想の特徴として「平等性」「個別性」「捨＝遊行」の三点がある。「平等性」は「百利口語」（『語録』二九七頁）に、

然るに弥陀の本誓は、まよひの衆生に施して、鈍根無智の為なれば、智慧弁才もねがはれず、布施持戒をも願はれず、比丘の破戒もなげかれず、定散共に摂すれば、行往坐臥に障なし、善悪ともに願ねば、悪業人もすてられず、

ここでの「弥陀の本誓」は、「小慈小悲」としての慈善ではない。そしてこの「平等」には次の三点が重要である。「別願和讃」（『語録』二九二頁）の終りに、

安養界に到りては、穢国に還りて済度せん、慈悲誓願かぎりなく、長時に慈恩を報ずべし、

この穢土の済度という福祉は、阿弥陀仏の「慈恩」への報謝ということであろう。

次に『語録』（三二八頁）は、

身心を放下して無我無人の法に帰しぬれば、自我彼此の人我なし。田夫野人・尼人道・愚痴・無智までも平等に往生する法なれば、他力の行といふなり。

この「平等」は「大慈」の他力平等である。

さらにこの「平等」は「小善根」の慈善などは否定止揚されて、「大慈」に包み込まれている。「時衆制戒」に「専起平等心、莫作差別思」「専発慈悲心、莫忘他人愁」（『語録』二九九頁）と定められている。廓龍は「播州問答頌解鈔」（『宗典』五六四頁）に、「無縁の慈悲」を「大悲」としつつ、

好行㆓小恵㆒。見㆓貧苦者㆒或施以㆓金帛㆒。済以㆓衣食㆒。見㆓危難者㆒或施以㆓無畏㆒。致㆓之安楽㆒。不㆑忘㆓我人衆生之見㆒。有㆓厚薄親疎之心㆒。此則必不㆓長久㆒不㆓唯不久㆒抑亦不㆑普。

と述べている。「小恵」や「衆生縁」に対し、一遍は「無縁」の大慈悲に立っているのである。

最後にこの「平等」思想は、武士出身の一遍にとって否定から否定の連続であったであろう。次に「個別性」である。それは遊行を通じ鎌倉時代の社会的矛盾や、さまざまな天災が生みだした個別な人間の実存に迫ることである。一遍が歌う、

おしめどもつゐに野原に捨てけり、はかなかりける人のはてかな

もそうであろう。それは「百利口語」(『語録』二九四頁) の

妄境既にふりすてゝ独ある身となり果ぬ、曠劫多少の間には、父母にあらざる者もなし

という思想と重っている。現世の父母への「小慈小悲」より、「百利口語」(『語録』二九四頁) の「普く衆生に施す」ことにより、「小慈小悲」を包む立場があらわれるからであろう。したがって、この「個別性」は近代的な「個」でなく、無我・縁起の世界観が背景となっていることを知る。遊行の中でギリギリの個別の民衆に接近するわけであるが、この「個別」な民衆こそ生死縁起の世界に沈潜しているわけである。縁起の世界は宗教的世界であるが、受ける個々の民衆は鎌倉社会や、天災の生みだした社会的なものである。

最後に「捨」が、浮世の「名聞利養」の否定である。伝統仏教の栂尾《とがのお》の明恵は「心に全く名聞利

養の望みなし」（久保田淳・山口明穂校注『明恵上人集』一九九四年、六一～二頁、二〇一頁等）といっている。しかし一遍のように在俗生活の中での「名聞利養」の否定は、いっそう困難である。しかしこの「捨」があればこそ、非人大衆等に限りなく近づくことができたのであろう。

遊行と福祉　まず一二七四（文永一一）年四天王寺に参籠し、乞食・癩疾患・障害者にふれている（前掲『一遍と時衆教団』五五頁）。私は一遍が生涯三回も四天王寺に参籠したことが興味深い。四天王寺は熊野街道に当たり、共同体から排除された人々が集まる格好の場所である。一遍が衆生済度に出発する場所としてふさわしい。

一二七六（建治二）年には九州遊行である。『一遍上人年譜略』（『宗典』一四二六頁）は修飾が加っているが、

> 勧二進国中一、至二豊後州一。道俗随逐、貴賤供養不レ可レ勝レ計。又聾盲瘖瘂癩人乞匈等、為レ受二供養余飯一随従。師哀レ之利化。

とある。長島尚道は前掲論文で、「温泉治療治動」も加えている。

一二七九（弘安二）年春都に上り、因幡堂に宿した。堂の薬師は病気平癒の祈念が盛んである。はじめ一遍の風体を見て、寺僧が止宿を断ったので、乞食と寺の縁の下でともに宿した。

この年八月信濃善光寺に参詣し、佐久郡伴野の市場で別時を修したが、ここにも乞食や癩疾患が

見える。小田切の里で、空也の先例にならい、踊り念仏をはじめた。それは政治や社会不安に悩む民衆にとって、信仰とともに娯楽でもあった（大橋俊雄『一遍』一九八三年、九一頁）。

一二八二（弘安五）年、一遍は鎌倉入りを阻まれたため、片瀬の地蔵堂に止宿したが、少し離れたところに乞食小屋がある。鎌倉にも乞食や癩患者が多く、一遍も同様に扱われ、打擲されている。しかし毅然たる態度が、一遍の人気を沸騰させた（今井雅晴「一遍智真の鎌倉入りの意義」今井雅晴・橘俊道編『一遍上人と時宗』日本仏教宗史論集第10巻、一九八四年）。

一二八三（弘安六）年、尾張甚目寺で行法が行われた。そこでは一遍を中心に時衆、庶民、乞食、癩患者と思われる人が輪になって食事をしている様子が描かれている。それが布教の絵解きに利用されたという（長島・前掲論文より）、この遊行中に先に紹介した民衆の「野捨」のさまを読んでいる。近江関寺の門前にも非人、癩患者が見える。

一二八四（弘安七）年入京し、悲田院その他を巡礼し、空也の遺跡を訪ね、桂に移った。四条河原、桂川原には非人等が多く、空也の市場道場にも乞食小屋が並び、そこでこの人びとに結縁した。亀岡隣りの篠村でも乞食が多く集った。念仏札を受けた人の中には、「畋猟漁捕を事とし為利殺害を業とせる」（『聖絵』三六六頁）者もいた。

一二八五（弘安八）年山陰遊行が続いた。伯耆大山中山神社に参詣したが、乞食小屋が並び、禰宜は一行中不浄の者がいるという理由で、楼門外の踊り小屋にとどめた（金井・前掲書一四八～九一頁）。

一二八八（弘安九）年、天王寺、当麻寺、石清水八幡、印南野教信寺を遊行した。当麻寺は一遍生涯中の重要な場所で（梅谷繁樹「中世の時衆と大和」前掲『一遍上人と時宗』）、また石清水近くの淀の上野にも踊り小屋を設けたが、傍に乞食小屋があった。

一二八九（正応二）年、兵庫和田岬大和田の泊の観音堂は参詣者が多く、門前に乞食や癩疾患が群がり、一遍は法座を続けながら、八月往生した。

以上の事例は『聖絵』や『縁起絵』が中心で、絵の解釈によって意見が相違するかも知れない。本稿は忍性的慈善の対極として、一遍の平等的な「捨」=「遊行」的福祉を見てきた。政治や共同体から見離された被差別貧困層に、一遍がどこまで差別を克服し得たか、それは仏教福祉におけるギリギリの平等の可能性を探ることでもある。

四　無能の福祉

捨世と福祉　江戸時代の浄土宗は、檀林教育が空洞化し、僧風が紊乱した。したがって宗祖法然への回帰運動が起こるのは当然であった。浄土宗寺院は教院（官寺）、律院、捨世《しゃせい》地の三つとなる。律僧は戒律と念仏の自利に明け暮れ、逆に隠遁的な捨世地から民衆への利他的福祉行が行われた。それは福祉としてはまことに日本らしい状況で、それが近代の福田行誡や矢吹慶輝に影響を与えている。捨世派の祖称念（一五一三〜五四年）が、遁世した出家者を「捨世」と名付けたように、いわば出家の再出家で、檀林体制や既成寺院からの厭離であり、一所不在の遊行性、名聞利養の否定が特徴である。「非人法師の身となりて称名」と、体制や共同体に制約されない、自由な民衆布教が行われた。そして称念・以八・弾正・忍澂・澄禅・無能・厭求・関通・雲説・学信・法岸・法洲・徳本等の人材が輩出した。

無能と福祉　無能（一六八三（天和三）～一七一九（享保四）年）、磐城国石川郡生まれ。一七歳で出家。求道の人で寺院生活せず、遁世、克己自制心強く、一七一三（正徳三）年四月、男根断却した。奥羽の地に念仏信仰を扶植し、終生唱ふる仏号三億六九三〇余万遍、勧化念仏日課誓受者一六万九一七〇余人といわれる（『望月仏教大辞典』四八四二頁）、『無能和尚行業記』（宝洲編、上下二巻、一七一八（享保三）年、浄土宗開宗八百年記念慶讃準備局『浄土宗全書』第一八巻収）、『無能和尚行業遺事』（一巻、不能学び厭求編、一七四〇（元文五）年、刊本一七七八（安永七）年）がある。『行業記』によって福祉事蹟を挙げてみる。伊達郡飯野町観音寺にて（一二一四頁）、

山間に破れ傾きたる茅屋の見えしを、あれはいかなる者の住所にやと問はれければ、同行の人かしこには、癩病人ども数多く集り居候よし申す。師申されけるは、彼等は定て法化に預る事もあるまじければ、他生には又冥より冥に入り、苦より苦に入りなん。いと不便の事なりと、すなはち彼小屋に立入り勧化……其後、かの者共相寄りて、本尊を請じ奉り、鉦鼓など求て、勇猛に念仏相続しけるとなん聞え侍る。

『奥羽念仏験記』にも、無能は癩患者布教をした例が多い。『行業記』には、鎌倉時代の極楽寺忍性と「古今一揆」（一二四頁）と記されているが、忍性は慈善の天才で、北条政権に近づいたが、無能は念仏勧化で現世の名聞利養を超脱した捨世的な癩患者救済というより布教であった。

信夫郡八町目にて（一二四〜五頁）に、

安達郡本宮などといえるは、遊君あまた住む所なり。師ひそかに思へらく、たまく〳〵爪上の人身をうけ、亀木の仏教にあふといへども、淫女のつたなき報ひを得て、日夜に障罪を重ね、空しく悪趣に沈みなん、いとかなしきわざなりと、すなはちみづから彼所に行て、弥陀の本誓、もとより栈の善悪を簡ばざれば、深く本願を頼みて至心に念仏せば、往生疑ひあるまじき旨、ねんごろに教化せられしに。遊君の中、深く信心を発しては曰所作なと受けしものあまたこれありとなん。

とある。文中の「栈の善悪を簡ばざれば」は、宗祖法然の「空の津の遊女に示されける御詞」（拙著『日本社会福祉思想史』著作集1、一九八九年、一〇五〜八頁）と同じである。『遺事』に、遊女で生計を立てていることを聞いて、「我も人も浅ましき悪人なれば、大悲本願の力をからで、たすかるべき」と述べている。そこでは遊女となる原因や、その境界からの脱出法はないが、念仏の平等性が示されている。

さらに「設ひ道を通るに、乞丐人など橋の下にありて念仏申すとも敢てこれを軽賤すべからず」（一四〇頁）、あるいは乞食非人を憐れみ疎略にしてはいけない（一四一頁）、また『遺事』に相馬郡阿弥陀寺で、非人乞食を教化したともある。そこでは往生がすべての基準で、現世の上下差別とは無縁であった。一七一三（正徳三）年一二月一五日録した制誡七二件中には、「往二慈悲心一莫レ憎二悪人一」（一六二頁）「わが身ごとき悪人を、かならず救ひとらんとて」（『伊呂波讃』一六八頁）という現世における人間悪と、捨世称名念仏による平等観が見える。

それは人間にのみとどまることではなかった。『遺事』に「師常に生類を踏まじと心を用ひ」、また市町で生類を売るのを見て買い取り放生した。その行実は名聞利養を嫌い、仏の慈悲が、平等にすべての生物に貫通すると考えた明恵高弁にいちじるしく似ている。

また捨世的平等性、名利否定的遊行性、『遺事』等に見える個別性、その背景にある修練は空也に似ている。『遺事』における「凡自力の因なくして他力の縁を感ずるなどあるべからず」は、浄土信仰にたつ無能だけに重みを持っている。

捨世を徹底し、それを信ずる人が多くなれば、現世の末端政治と衝突することにもなる。『遺事』に見える安達郡二本松の役人らの圧迫に対し、

身に障難をうけん事、度生の本懐……此身を度生に捨なむ事、仏祖の報恩、……望む所の幸にこそ候わめ、

はそれである。捨世地は無能以外にも福祉に尽した者が多い。それは優に日本の福祉思想に一つの地位を持ち、日本的ボランタリズムの系譜の一つになっている（無能については長谷川匡俊教授に教えてもらった）。

第2章　仏教社会事業思想の近代化

まえがき　渡辺海旭・矢吹慶輝・長谷川良信の三人を、仏教社会事業成立の一里塚と位置づけることに余り異論はないと思う。渡辺は明治後期に滞独一〇年、インド学の世界的学匠であるが、また、ドイツ社会改良政策を学び、帰国早々の一九一二年、公的機関として最も早い仏教社会事業研究会を結成し、仏教社会事業界のリーダーとなった。

矢吹慶輝は大正初頭アメリカに留学し、宗教学とともに成立初期のアメリカ社会事業を学び、M・リッチモンドが一九一七年“Social Diagnosis”を刊行した同年早くも、「欧米社会事業統制機関としての聯合慈善会に就いて」（『慈善』一九一七年四月号）を発表した。矢吹も宗教学の世界的権威であるが、また日本の大正・昭和初期の社会事業界のリーダーとなった。

長谷川良信は渡辺・矢吹の教え子であり、ドイツ・アメリカに留学したが、一九一九年マハヤナ学園を設立し、社会事業現業の途を選んだ。

日本社会事業の成立は、社会事業の近代化と同義語と考えてよい。キリスト教、特に宗教改革を経過したプロテスタント社会事業の日本への導入は、はじめからの近代化していた。しかし仏教教団は宗教改革を欠き、原始仏教や鎌倉仏教をてこに、近代に船出しなければならなかった。

キリスト教が「自立」や「人格」をテーマに近代化したが、仏教の近代化、特にここに述べる三人は、渡辺海旭ならば「報恩行」、長谷川良信ならば「感恩奉仕」、最も近代路線に近い矢吹慶輝の「連帯共同」も、「報恩」から離れていない。この「恩」は儒教的「恩」や、ルース・ベネディクトの『菊と刀』（長谷川松治訳、一九四八年、第六章）等の「恩」と違い、「仏陀（覚者）」の「法《ダルマ》」に対する「恩」をそれぞれ世界的視野で解釈し、社会事業に適用したもので、そこに使用されたのは「衆生恩」である。この考え方は日本資本主義が独占化するころから、資本主義に相対する思想の一つとなり、そしてこの「衆生恩」の近代的解釈が、近代仏教社会事業の成立に寄与したのである。

一　社会事業思想への出立――渡辺海旭

社会経済的背景　渡辺海旭（一八七二～一九三三年）は慈善救済事業から社会事業への分岐点にたって、その思想的役割を果したばかりでなく、現実的にも浄土宗労働共済会を設立して、「防貧」的社会事業の先どりをした。

日本では日露戦争後、失業問題等が現れはじめた。『六大新報』社説「戦後失業者救済問題」（一九〇五年一二月三日）は巧みにそれを論じている。

日露戦争の為め召集され職業を捨て出征したる人口が凱旋後、以前の職業を求め兼ねる人多かる可く、戦争に関して一時膨張せし一時的の事業、例えば軍需品製造所たる砲兵工廠の如きは平時の二倍以上の職工を増したるが如き、今や平和の回復と共に其需要頓に減じたるより、解雇によりて職工の業を失うもの六万以上に達し、此等被解雇者は糊口に窮し、現に人力車夫営業の出願をなせしもの既に百余名に達し、又今川焼はじめ豆屋等其他の露店営業者も増加したるが、尚未だ食を得る途に窮してあるもの四万以上なれば、此等の徒が寒気に処するの途なきため、或は無頼の徒の群に入るもの多からん。其上東北地方の大凶作より失業者の数は漸次増加すべき様子ありと云ふ。是等の人々を救助するには如何なる手段を執る可きか。是れ実に目下緊急の問題たり。

明治四〇年代の底辺労働者《ワーキングプア》は、行政用語として「細民」と呼称された。内務省地方局は一九一一年東京の下谷・浅草を、そして一九一二年同じく東京本所・深川、大阪等で「細民調査」を実施した。この細民への対策が「防貧」で、今日の低所得対策の出発点である。旧来の慈善や救済に対し、いわば新しい対策である（拙著『改訂版日本貧困史』著作集2、一九九三年、二六六〜二七六頁）。この期の代表的研究者井上友一が、救貧は末で、防貧が本であると主張するのもこの時期である。

防貧対策の先行施設　渡辺が未だ滞独中の一九〇一年、真宗大谷派浅草本願寺輪番大草慧実は、東京市養育院幹事安達憲忠らの助言のもとに、同年四月浅草神吉町に無料宿泊所を建設し、同年九月同松葉町に、一九〇五年三月に同若宮町に移転した。さらに一九一〇年関東大水害にも多数の窮民が生じたので、更に深川区西町に第二無料宿泊所を開設した（『故大草慧実師畧伝』）。

無料宿泊所の「趣旨書」は

爰に吾等無料宿泊所を設け斯る木賃宿にも宿する能はざる無告の窮民を宿泊せしめ、併せて其種類性質により、養育院、感化院、孤児院、慈恵院等に入院の手続を取り、職を得ざるものには就業の手続を取り、依るべき所なきもの、為には、同情を以て其加担者となりて種々の労をとり、成るべく未然に惨状より救助するの方法を取らば、啻に窮民其者を窮苦より救ふのみならず、社会の罪悪と損失を予防する点において蓋し効益勤少ならざるを信ず。

とその防貧性を強調している。

またその「概則」に宿泊所の収容者を、地方よりきたりて宿泊すべき費用なく一時困難する者、路頭に迷える老若男女、路頭に病める者、正業なくして困難する者の四種類に分かち、入所者は身元調査をし、怠惰のため業務を離れた者は入所を断った。また、貧児孤児迷児は養育院に、病者は施療所へ入院手続きをとった（『宗教』一一号）。

浄土宗労働共済会の設立　渡辺は帰国した翌一九一〇年、回向院本多浄厳とはかり、わが国の労働者保護の不完全さをみて、法然上人七〇〇年忌記念事業として、無料職業紹介所衆生恩会を設立、宿泊所を付設し、また労働者の慰安設備を計画した（『宗教界』一九一〇年三月号）。対象は浮浪者で、東京府下浄土宗寺院等に賛助を求めた。この計画が安達憲忠や茅根学順等の賛成を得て、浄土宗労働保護協議会が結成され、創立事務所を開設した（『浄土教報』一九〇〇年一二月一二日号）。一九一一年に入り労働者の入所申込みが多く、医師らの積極的協力もあった。東京市養育院に勤務し、すでに経験もあった村瀬戒興が監督として労働寄宿舎に起臥し、開設に当った。

一九一一年三月「趣意書」と「規則」を発表した（『浄土教報』一九〇一年四月三日号）。共済会は明治期を代表する施設であるばかりでなく、その斬新性も群を抜いた。その「趣意書」は、日本社会事業史全体にとっても、貴重な史料であるので、長文であるが全文を掲げておきたい。

国運の進歩に伴ひ人文の発展と共に瞬時も等閑に付すべからざるものは、実に労働問題の討究と其救護事業の実行にありとす。故に文明先進諸国、概之か為に周密精細の法規を発し、条目整然として労働者の保護奨励を講じ、生活状態の改善よりして、衛生教育其他百般の設備に亘り精励拮据至らざるなく、学徳有識の士は常に切実の研究を行ひ、画策言論世人を指導し、富豪縉神は資財労力を吝まずして各種の事業を経営し、以て国家設備の至らざる所を補ひ、健全なる国家文運の根基を培養し、社会福祉の増進を計る。

吾国古代亦救済恵恤の道を講ずる史上其跡に乏しからず。随って其労働問題に貢献する所のもの亦尠少なりとせず。然るに維新の鴻業新に就りて、国運大に発展し国勢隆々として揚るに及び、社会万般の状態全然面目を革め、古来慈善賑恤の方法は漸次湮減して其跡を絶ち、之に代るべき新経営尚未盛ならず、之に備ふべき法律及設備甚幼稚に、而て社会の組織は益々複雑を増し、経済状態は急変劇烈にして貧富の懸隔漸く甚しからんとし、下層就職の困難、生計の苦痛、次第に悲惨を極め、道義の壊敗罪悪の横行之に基因して発生し、甚しきは危険兇暴の思想を激成するに至り、社会の風教秩序に障害を与へ照明の文化に暗黒の汚点を印するもの頗る大に、其惨禍害毒の及ぶ所を考ふるに、実に慄然として衆心恐懼に堪へざるものあり。茲に於てか政府は今や極力労働問題の解決に努力し、盛に民間慈善家の事業を鼓舞策励し、世の有志家亦之か為に奮って計画する所あり。労働保護の実行は、今や実に吾国焦眉の至大急務として、上下精励其解決に努力すべき機運に際会せり。

退て思ふ。慈善救済の事業は、由来仁慈慈悲を旨とし、済世利民を主とする。宗教に待つもの甚多く、欧米に於ても、此種の事業にして貢献の最大なるものは概ね宗教家の経営に属す。吾国古代に於ける救恤の事業も亦仏教徒の手に就けり。蓋し仏陀の教、慈悲救済を説き、利楽有情を教ふること、広くして且大に社会上下が、相依り相重して互恵共済、斉しく報恩の責あるを示す。至れり尽せり。吾浄土宗の如きし亦懇ろに「慈恵博施仁愛兼済履信修善」を以て道徳実行の清規とす。然らば即吾宗徒が起ちて大に其本分を尽すべきの時蓋し今日より急にして且切なるはあらじ。

某等不肖幸に昭代の文化に浴し、籍を仏門に置く、資力甚乏しく、経験実に浅しと雖も、此焦眉の危急を座視するに忍びず。特に宗祖七百年の遠忌に当りて、叡旨、明照大師の徽号を加謚し祖徳を施表し玉ふあり。聖恩の深高海嶽に等しく、国恩の広大を涓滴に奉答し国家設備の至らざる所を万一に補翼せんとするの至情、恐懼良に禁ずる能はず、乃茲に微力を竭して、浄土宗労働共済会を起し、下に記する所の条項によりて、先づ単純労働者の生活状態を改善向上せしめ、之に慰安と策励とを与へて独立自重の精神と、勤勉敢為の気象を育成し、漸次進みて、労働者の家庭及び住居の改善其他の事業を経営せんと欲す。希くは江湖有力有識の諸君子、目下吾国の大勢に鑑み幸に某等至誠の計画を援護賛助して、所有補助と便宜とを賜ひ、以て社会人文の発展国家至運の進歩に伴随し、昭代国恩の報答と祖徳発揚の方法に就き、多少の裨益する所あるに至らしめ玉はむことを。謹しみて白す。

この名文には明治四〇年代の社会認識、宗教福祉の世界的視点、日本における仏教福祉の貢献等がよく示されている。

浄土宗労働共済会規則第二章「目的及事業」には、「本会ハ労働者ノ生活状況ヲ改善シ向上ノ気風ヲ振興スル目的ヲ以テ漸次左ノ事業ヲ経営ス」として、労働寄宿舎、飲食物実費給与、幼児昼間預り、職業紹介、慰安及教訓、癈疾者救護手続、住宅改良、其他必要ナル諸事業があげられている。五月一五日開所式を待たずに事業を開始した。七月一日盛大な宿泊所開所式が行われた（『慈善』一九一一年七月号）。各方面の祝辞があったが、特に渋沢栄一と高木兼寛の祝辞が注目された。

共済会の宿泊所は、独身男子で労働により向上しようとする者が対象で、宿泊時間は午後六時より翌朝七時までであった。宿泊料は物価に従って変動したが、一日五銭で寝具を給し、夏は蚊帳、冬は暖炉を用意し、入浴設備もあった。職業紹介は、定職のない者をまず雑業に就業させ、次いで定職を世話したが、就職先ははじめに浄土宗檀信徒に求め、次いで一般社会に求めた。手数料は無料で、貯金を奨励した。月一回酬四恩会が開かれ、修養諸話が行われた。宿泊所には付属診療室、病室があり、健康診断、薬剤の無料給与、疾病の専門治療も行った（『救済』一九一一年八月号）。

一九一一年五月の開所より一二月までの事業成績は、労働者宿泊延人員一万八九一八人、飲食物実費給与延食数四万九〇八四食、定職紹介者五六五人、施療施薬数三三四人、貯金取扱高一四八〇

円である。宿泊者府県別では東京が最も多く、次いで群馬・埼玉・福島と続き、年齢別では二〇～三〇歳代が最も多く、次いで三〇～四〇歳代である。職業紹介は雑業が多く、賃金は三五銭から八〇銭と一定していなかった。

共済会は舎内に小授産所を設け、蒟蒻製造などを行い、また諸種の相談に応じた。さらに浄土宗連合少年教会の事務所を会におき、宗教大学と連絡をとり、大学拡張運動を行う計画もあった（『浄土教報』一九一二年四月一五日）。一九一二年三月二一日東京深川洲崎遊廓を中心に、大火があったが、会は一週間にわたり、二五〇余名を救護した（『中外日報』一九一二年四月一五日）。特に注目されるのは、同年七月米価高のため、宗教大学学生が飯米の低廉売を行い、社会の耳目をひいたが、それは共済会の活動に刺激を受けたからである（『浄土教報』一九一二年七月二九日）。

共済会に対し、東京市内浄土宗はむろんであるが、各方面から援助があり、一九一二年三月二九日には内務大臣から金五〇〇円の奨励金の下付を受けている（前掲誌一九一二年四月一日）。大正以降、会は授産部を拡張し、また機関誌『労働共済』を発行した。会は仏教のみならず、全社会事業界の代表的施設となった。

労働共済会は、労働者保護の観点が濃厚で、英米系のセツルメントに影響を受けた日本の施設が、保育所等を中心に発達したのとは相違している。それはむろん共済会の所在地が、底辺労働者である「細民」の密集地帯にあり、労働者保護が先決問題で、特に宿泊施設が緊急性を持っていたからである。そして地域中心より、細民対策の視点が濃厚で、その点、揺籃期の社会政策の役割も果していたともいえよう。

渡辺海旭の社会事業思想　渡辺は一九一六（大正五）年二月「現代感化救済事業の五大方針」（『壺月全集』下巻、一九三三年）を発表し、感情中心主義より理性中心主義へ、一時的断片的から科学的系統的へ、施与救済から共済主義へ、奴隷主義から人権主義へ、事後救済から防貧へ、の五つを社会事業の現代的方針として挙げている。ここに示された理性中心、科学的系統的、共済主義、人権主義、防貧主義の五つは、近代社会事業成立の基礎的前提である。明治末からこのような独自の見解を持ち、思想ばかりでなく、労働共済会として具体的に実施したことは驚くに値する。

さらに先に挙げた労働共済会の「趣旨」、「先づ単独労働者の生活状態を改善向上せしめ、之に慰安と策励とを与えて独立自重の精神と、勤勉敢為の気象を育成し、漸次進みて、労働者の家庭及び住宅の改善其他の事業を経営せんと欲す」との目的の斬新さもさることながら、一九一二年渡辺海旭の提唱で、東京近辺の仏教社会事業従事者により、仏教徒社会事業研究会が誕生したことも特筆すべきである。「社会事業」の用語は、施設としては、後述の一八九七年片山潜によるキングスレー館の目的に「都市的市民的社会事業」等があるが、組織体としては渡辺の提唱が最初であった。これら渡辺のまさに社会事業への出立期におけるさまざまな言論等の営みは、いかなる思想のもとになったのであろうか。

第一は、渡辺は幼少の時より仏教の教養の下に育てられ、ドイツ留学も仏教古代言語の研究が目的だった。そして彼自身、仏教研究では世界的地位を保っている。そうした中で社会事業思想が形成されたのは、「衆生恩」の現代的解釈であり、社会への「報恩行」こそが社会事業であると考えた。彼は帰国早々「慈善事業の要義」(『新仏教』一九一一年一二月号)を発表し、救う者と救われる者という、差別観の克服として仏教の「報恩行」を提示し、個人的段階の救済や慈善ではなく、社会的共済の段階と認識した。渡辺は仏教の「縁起」や「自他不二」を世界的かつ現代的視野の下に、「カリタス」や「チャリティ」に対して「共済」を提示したのである。

第二は、渡辺は一九〇〇年から一〇年間、ドイツに長期留学した。ドイツでは一八七二年に社会政策学会が設立され、講壇社会主義のリベラル派が活動していた。渡辺はそこから社会改良的影響を受け、そこから「社会事業」思想が発酵したと思われる。その「共済」には、むろん仏教思想もあったが、その男性的性格も加わって、慈善事業や救済事業より、日露戦争後の日本では「細民」労働者対策こそ必要と肌で感じ、ドイツから学んだ「防貧」を整備した形で実施したのであろう。その点が、英米に学んだスラム対策としてのセツルメントと相違するところである。

もともと労働者対策としての社会政策と、慈善・救済事業↓社会事業とは分野を異にする。渡辺は労働者対策としてのドイツ社会政策を学び、「人権」を主張し、「労働者の家《アルバイテルハイム》」をモデルに、労働共済会を設立したのであろう。しかし日本の実情は、労働者と貧民が分化しはじめたばかりの時期であり、いわば「労働貧民《レーバリングプア》」が対象であった。渡辺は「防貧」を高調し、「共済」を名乗り、誰よりも早く「社会事業」を使用した。これには以上のような背景があったのである。

第三は、渡辺は国家権力とは別の地点で、「国粋主義《ナショナリズム》」を唱えた明治二〇年代の三宅雪嶺らの系譜線上にある。渡辺の東洋的ナショナリズムの中には東洋や日本が収められ、それがまた彼の「在野性」として社会事業に表現された。渡辺は日本の私設社会事業の系譜的存在で、彼のもとから多くの私設社会事業家が育っていった。それもまた、キリスト系ヒューマニズムによる私設社会事業とは相違している。

渡辺は東洋的ナショナリストで、インド独立の志士達の援護者として有名であった。その一人ラス・ビハリ・ボースは渡辺の死を悼み、「愛国者で人道主義者」と表現している。労働共済会が早期から、韓国労働者の保護に当ったのもそのあらわれであろう。彼自身「国民的社会事業の勃興を促す」（『労働共済』一九一八年三月号）のような論文も執筆している。

壮大な渡辺の社会活動の根には、彼が新戒律主義を唱導したことでもわかるように、社会事業を支えた内面に戒律の近代的解釈があった。その点、明治維新の「保守的」信仰家福田行誡を継受しているのである。

二　社会事業思想の形成――矢吹慶輝

はしがき　明治期に成長した人はなべてそうであるが、特に矢吹慶輝（一八七九年二月～一九三九年六月）のように、スタイン発掘燉煌出工品の古典的研究を通じて世界の学会に貢献し、一方恐ろしく現実的な日本社会事業近代化の形成者という、二本の線が日常生活に交錯するような人の社会事業を探ることは困難である。とりわけその社会事業の根が、一般社会事業家に比して、深い処にあるので、益々その感を深くする。

また、そのパーソナリティにおいても、「鋭い洞察力」（岸本英夫「矢吹先生を偲ぶ」『宗教研究』一九三九年九月号）というように、動的なものに対する頭脳のひらめきが各方面にほとばしっている。にもかかわらず、その生活規律の根底には、仏教的戒律や地蔵信仰等があり、宇野円空が「学友と言うより寧ろ温い法友」（『教学新聞』一九三九年六月一四日）という側面があるのである。

矢吹社会事業の足跡　矢吹社会事業の歴史的貢献は、大正中期における日本社会事業の近代化に対してであり、慈善救済から社会事業への脱皮に、その果した役割が大きかった。

大正中期は河上肇が『貧乏物語』（一九一七年）を著し、洛陽の市価を高からしめ、翌一八年富山の一角から米騒動が勃発し、空前の社会的事件となった。二〇年からは資本主義恐慌が続き、二三年の関東大震災がこれに追い討ちをかけた。矢吹はこのような激動の中で、大正期を「社会問題の時代」と認識した。社会事業対象はすでに「脱落者」でなく、一般庶民に拡大したのである。社会事業行政も一九一七年の内務省救護課設立をはじめ緒についた。

社会事業思想は、大正デモクラシーを背景に、従来の慈善救済思想から、社会連帯思想が唱導されるようになった。矢吹はこのような状況の中で「連帯共同」を提唱し、時代の先端をきった。また社会事業の形成成立は、社会事業が組織化したことでもある。矢吹は留学し習得したアメリカ社会事業をてこに、まだ未発達な日本社会事業の組織化に貢献した。

はじめに矢吹社会事業の足跡を年譜的に整理しておきたい。一九一八年四月東京府慈善協会理事、二一年三月東京府社会事業事務嘱託、次いで調査事務も嘱託され、府社会課に調査係新設を提案した。二四年四月大震災後の東京府臨時調査連絡部長、中央社会事業協会改善部委員、同五月恩賜財団慶福会評議員、同六月皇太子に「労働者の思想問題に就いて」を進講した。

一九二五年五月東京市長中村是公に望まれて東京市社会局長に就任し、翌年七月辞任するまで一年三か月にわたり、東京市社会事業の基礎を築いた。二五年七月東京府社会事業協会評議員、二六年一月東京市日雇労働者賃金評定委員会副委員長、三四年五月社会事業調査会委員（内閣）、三八年五月全日本方面委員聯盟評議員、同七月中央社会事業委員（内閣）（大正大学社会事業研究室編『矢吹慶輝博士社会事業関係年譜』を補正しつつ参照）。

上述の略歴でも明らかなように、矢吹の社会事業活動は大正中後期であり、昭和期はむしろ顧問役である。矢吹の今一つの社会事業に対する貢献は、渡辺海旭と並んで、仏教社会事業に対するものである。特に所属する浄土宗の社会事業貢献が大きい。また一九二二年四月、門下の鵜飼俊成を同善会に推し、自らは顧問となった。そして翌五月、平素から関心を持った勤労少年の教育機関として、三輪学院を創設した。谷山恵林を主幹とし、没するまでの一八年間院長の職にあった。矢吹は浄土宗社会事業の功労者として、一九三二年四月、宗祖降誕八〇〇年慶讃法会に際し表彰を受けた。そして浄土宗社会事業指導員を命じられた。

矢吹が東京帝国大学助教授を退いて、東京市社会局長に就任したり、その他の社会事業に関係したことについては、宗教学専攻の門下生から疑問を持った人もいた（岸本・前掲論文）。

社会事業教育　矢吹の日本社会事業に対する功績の一つに、社会事業教育の開拓がある。一九一四年九月に創立された浄土宗報恩明照会は、在米中の矢吹に欧米社会事業の視察を命じ、各種文献・報告・年報等の資料も蒐集させた。これに加えて、渡辺海旭の在独時代に蒐集した文献や資料、それに邦人の著書、宗教大学図書館の所蔵文献等を合せて、一九一七年四月、宗教大学内に社会事業研究資料蒐集室を開き、矢吹はその主任となった。一八年四月社会事業研究室が開室され、正式に主任を委嘱され、翌五月開室記念展覧会を開いた。一九二一年六月岩井竜海と交替したが、二二年七月再び主任となり、二三年四月長谷川良信と交替するまでその職にあった。一九一九年には社会事業講座を開き、宗教大学本科二、三年生に必修させ、研究生三名を採用した。一九二一年に正式に社会事業科を置いた。本科三年間コースで、二三年三月最初の卒業生一四名を出した。

矢吹は一九三四年一二月『浄土宗社会事業年報』に「大正大学社会事業研究室の回顧」を執筆し、草創期の多難な社会事業教育の状態を語っている。明治末からの「暗い谷間」が明けそめた時期に、感化救済事業や慈善事業の名称を棄て、公的な教育機関に社会事業研究室と命名したのは、彼の英断であった。まだ社会事業が社会主義と混同されがちの時代のことである。日本社会事業研究の最高峰東京府知事井上友一の「社会」と「事業」の間に「救済」をいれてはという忠告も斥けての名命であった。

矢吹は一九二四年一月東京帝国大学助教授となった。そして宗教学研究室で、労働者の思想・信仰の調査や、社会事業の調査等を行った。二一年には東京府社会事業協会の委託を受けて、二二年の平和記念博覧会の出陳のための『日本社会事業年表』の編纂を行った。当時の東京帝国大学は、吉野作造らの「民本主義」など民主的風潮が盛んであった。宗教学研究室では姉崎正治・矢吹慶輝を中心に社会問題意識が溢れていた。

姉崎正治は一九一八年、一九二三年に「宗教問題と社会問題」を講じ、矢吹も二一年度の講義が「宗教と社会進化」で、姉崎の外遊中には姉崎の前記講義を代講したこともあった（東京大学宗教学研究室蔵記録類）。したがってこのころ、卒業論文のテーマに社会事業を選び、就職先を社会事業界に求める学生もあった。

浜田本悠は「その頃の矢吹学派」で、「当時の宗教学研究室（東京大学）は時代の感激で息詰って」いた。姉崎教授自身「わたしの講義は理論の規定ではない。問題の提出だ」（『大正大学新聞』一九三九年六月一六日）といっていたと述べている。

矢吹はこのほか、東洋大学・日本女子大学校、その他の大学・輔成会保護事業養成所・内務省社会事業職員養成所・協調会社会政策学院・弘道会社会教化学院の講師を勤め、また行政庁や宗教団体の現任訓練に、その広い学問的視野と巧みな話術を以って、社会事業教育に当った。

矢吹社会事業の原点と近代社会事業　矢吹社会事業を理解するには、仏教思想と近代化されたアメリカ社会事業が重要である。矢吹は一八七九年福島県信夫郡飯坂に生れ、一八八五年桑折無能寺の矢吹良慶について得度し、律院の沙弥生活を送り、生涯戒律に関心を持った。この無能寺は前章で説明した無能の寺である。椎尾辨匡は「隈渓（矢吹の号）学人を惟う」（『宗教研究』一九二九年九月号）で、矢吹を「内面操守厳正覚悟堅実」と表現しているが、蟻や虫に対しても殺生戒を保ち、禁酒を実行し、後に好きな煙草もやめるという風であった。「隈渓」とは郷土の阿武隈川からとった号である。

矢吹の戒律が社会事業と結合する機縁となったのは、前述の無能の影響と、颯田本真尼との邂逅であろう。一八九四年本真尼が山形県酒田に下向する際にはじめて出会った。特に本真尼の、一八九六年の三陸大海嘯救済に挺身する姿が、若き日の矢吹を強く刺戟した。本真尼は志運・大運ら三河律に立脚する慈善が生んだ、明治の代表的慈善家であった（拙著『日本近代仏教社会史研究』一九六四年、二六四～五頁）。矢吹は一九三五年『本真老尼』と編し、自ら中心となって神奈川県鵠沼に慈教庵本真寺を建立した。大島徹水との縁も本真尼によって結ばれた（大島徹水談「矢吹さんと私」『慶輝道人』四頁）。

しかし矢吹にとって、戒律的慈善も重要であるが、社会と直接結びつかせたのは近代的宗教思想である。矢吹宗教学に近代性が濃厚なのは、その著書『近代宗教思想論考』（一九四四年）という題名によってもわかる。大島泰信は同著の「序」で、矢吹が近代宗教は神本的から人本的へ、そしてその宗教思想も社会的傾向が強くなったと指摘した、と述べている。

矢吹が大正期を「社会問題の時期」と受け取ったことは後でふれるが、宗教を「人本的」「社会的」と捉えたことは、彼の洞察力であろう。むろん師の姉崎の影響も見逃せないであろうが、明治文人型思想家であった姉崎の「社会的」な着眼を、大正期の社会情況の中で定着させたのは矢吹であった。矢吹宗教学が動態的といわれる所以でもある。

矢吹の歴史意識の根底には、廃仏毀釈以後の仏教の非境を身を以て体験し、そこから仏教をいかに復興するかという命題があった。その課題の一つに社会事業があった。友人宇井伯寿が「矢吹博士のこと」(『宗教研究』一九三九年九月号)で、「僧が一般に社会的に白眼視せられ、為に自ら僧と名乗る勇気は青年間には殆ど全く無かった」といっている。矢吹は廃仏毀釈前後の仏教にいたく関心を示し(『日本精神と日本仏教』一九三四年、第三、四章等)、大正大学の特殊講義にも「排仏論と崇仏論」を選んでいる。

これら矢吹の社会事業の原点の確立とともに、日本社会事業の近代化への貢献は、欧米、特にアメリカ近代社会事業の導入である。一九一三年八月、姉崎正治がハーバード大学に交換教授として渡米するに際し、矢吹は助手として同行、アメリカ社会事業を視察した。そして一九一五年四月、浄土宗留学生として、ハーバード大学並にマンチェスター・カレッジに再び学び、次いで渡欧してヨーロッパの社会事業を視察し、一九一七年一月帰朝した。これらの結果は「欧米社会事業統制機関としての聯合慈善会に就いて」(『慈善』一九一七年四月号)その他で実を結んだ。

次いで一九二二年一〇月から翌年九月にかけて、東京帝国大学から欧州における宗教運動の調査を嘱託されて渡欧した。また東京府から欧州大戦後の社会事業、協調会からは欧州労働者の教育調査や視察の依頼も受けた。

矢吹が欧米社会事業から学んだ第一は、近代思想と社会事業の関係であろう。同時に日本社会事業の近代化からいえば、組織化されたアメリカ社会事業への注目である。矢吹の渡米した時点は、アメリカ慈善事業が近代社会事業として成立した時期である。思想的にはすでに「自由放任」から「社会連帯」の時代に入り、社会事業の組織化からいえば、社会調査を基礎とする科学化、事後策から予防化、さらにケースワークの成立や、その他の専門性が誕生しつつある時代である。Devine, Sosial Work; Queen, Sosial Work in the light of history; Richmond, What is Sosial casework 等のアメリカ社会事業の古典が一九二二年に揃って刊行された。

このようないわばアメリカ社会事業の成立期に、いちはやく矢吹にその生粋が吸収され、導入されて、日本社会事業の近代化に寄与したのである。

矢吹の社会事業思想　矢吹は日本社会事業の成立に先駆的役割を果したが、また優れた思想家でもあったから、日本社会事業思想史に興味ある課題を提起している。はじめにその重要な著述目録を挙げておきたい。

「欧米社会事業統制機関としての聯合慈善会に就て」(『慈善』一九一七年四月号)、「マサチューセッツ慈善法」(『宗教界』一九一七年五月号)、「開戦前後に於ける欧米社会事業の状況」(『社会と救済』一九一八年一月号)、「社会事業と思想問題」(『社会と救済』一九二〇年八月号)、「現代社会事業の根本精神」(『社会政策時報』一九二〇年一〇月号)、「現代と社会事業」(『静岡県社会事業協会報』一九二一年一〇月号)、「社会事業概説」(『社会政策講義録』一九二三年一二月号)、『社会事業概説』(長谷川

良信編『社会政策大系』第二巻、一九二六年、谷山恵林と共著)。「大正社会相の一面」(『児童保護』一九二七年二月号)、「社会事業」(一九二七年二月号)、「社会事業一般」(『義済会誌』一九二八年)。「社会事業一般」(『曹洞宗布教講習録』一九二九年二月号)、「欧米に於ける救貧制度の概要」(『越佐社会事業』一九二九年九〜一一月号)、「社会事業の名称について」(『大正大学社会事業研究室時報』一九三二年四月号)、「渋澤・田中・安達三氏慰霊講演」(『養育院』一九三二年一〇月号)、「社会事業の先駆者渡辺海旭師」(『教学週報』一九三三年一月号)、「思想問題と社会事業」(『鹿児島浄土宗報』一九三三年三月号)、「社会事業の一転向期」(『愛媛社会事業』一九三三年九月号)、「躍進日本と社会事業」(『山口県社会事業』一九三三年九月号以降)、「都市における社会事業」(『都市教化の諸問題』一九三六年三月号)、「時局と社会事業」(『社会事業と社会教育』(一九三七年一〇月号)、「躍進日本と社会改善」「傷兵保護」(一九三八年一〇月号)、「時局に処する方面委員の使命」(『鹿児島県社会時報』一九三八年一一〜一二月号)、「戦時及戦後に於ける社会事業の動向並体制」(『社会福利』一九三八年一一月号、座談会)。

上述の目録を通観すれば、矢吹社会事業論はほぼ大正期が主で、昭和期はむしろ啓蒙的論文が主となっているのがわかる。その理由の一つは、大正期における社会事業への接近は思想が主で、昭和初期からは経済学や社会学からの接近が中心となり、「宗教学者矢吹」はやや傍系となったということであろう。

矢吹社会事業の特徴は、「社会事業と思想問題」や「開戦前後に於ける欧米社会事業の状況」などによく現われ、またこれは矢吹の得意とする処であったろう。前者は一九二〇年六月に開催された中央社会事業大会の記念講演で、この大会ではじめて、大会名が従来の「慈善事業大会」から「社会事業大会」へと改称された。矢吹の本講演はこの転換にふさわしいものであり、その内容も充実したものであった。矢吹はこの講演で一貫して、近代社会事業の根本思想は「一般共同の福祉を進捗せしむる」ことにあるとし、国家的であると同時に民主的で、根本に人道主義があると述べている。そして現代社会観の基調を「連帯共同《ソリダリチー》」に求め、社会事業の特性は「組織的」「科学的」「社会的」「人道的」にあるとし、慈善感化救済では、現代社会に応じられないとしている。矢吹の「連帯共同観念」には、大正デモクラシー状況と、仏教の有機的報恩思想がその根底にある。

「開戦前後に於ける欧米社会事業の状況」は、開戦前後に欧米に留学、またその期の社会事業を知悉していた矢吹の得意論文の一つである。ここでも社会事業は社会全体の事業であることを強調し、共同主義・団体主義を説いている、またフレンドリービジターや、有給ワーカーの有効性についても述べている。

大正末期の体系的著述である『社会事業概説』（一九二六年）は、谷山恵林との共同執筆で、矢吹はその総論を受持った、彼はその中で社会事業成立の要因として、人道主義＝人類同胞主義、社会連帯＝連帯共同、社会的欠陥と社会事業の政策化、労働問題と防貧事業、生存権、社会調査＝社会病の診察治療を挙げている。むろん「義務」の重要性も説いている。矢吹には大正期は社会問題の時代であるとの認識があり（『現代人と仏教』一九三六年、六三頁以下）、社会事業の面目一新は一九一八年の米騒動に起因すると考えていた。したがって大正期の社会事業の特性を「建設防止的」「社会政策的」「経済的」「世界的」などの指標で回顧している（『思想の動向と仏教』一九三三年、六四〜五頁）。

これらの基本的視点とともに、矢吹社会事業の注目点は、社会事業の方法論にある。彼の第一回の外遊直後の講演「欧米社会事業統制機関としての聯合慈善会に就て」は、ケースワーク等の前提となる多くの問題を提示しているが、奇しくもM・リッチモンドの『社会診断』と同じ一九一七年に草されている。本論は、①社会事業の諸団体をして有機的に共同して活動せしむること、②個々の救済事業と明瞭に知悉すること、③救助をして迅速にかつ適当に処理せしむること、④貧者と富者との間に興味を惹起せしめ、したがって同情を発せしめること、⑤欺瞞者の摘発と故意の怠惰を防止すること、⑥貧窮予防、⑦社会事業の全般に関する知識の普及、からなっている。

従来も、個別的処遇や団体の連合活動の理論がなかったわけでない。その代表的著作には小河滋次郎の『社会問題救恤十訓』（一九一二年）がある。しかし小河等にはエルバーフェルド組織の影響があり、儒教的色彩が色濃い。矢吹の場合は、C・O・S（慈善組織協会）等を受け継いで、友愛訪問《フレンドリービジター》等欧米的傾向が濃厚である。そして処遇方法の導入に留まらず、東京府における児童保護委員制度（一九二〇年実施）、救済委員制度（一九一八年実施）等に影響を与えている。

矢吹の社会事業研究の貢献の一つに、日本社会事業史や仏教社会事業史の研究がある。矢吹が校閲者となり、谷山恵林の手により『日本社会事業大年表』（社会事業研究所編）が一九三六年社会事業研究所から出版された。谷山の大著『日本社会事業史』（一九五〇年）。未完に終ったが、谷山の仏教社会事業史の編纂も矢吹の指導によっている。矢吹自身も仏教社会事業の事蹟について多くの著書でふれている。

矢吹社会事業は民主的思想で、社会事業成立期に大きな貢献をした。しかし同時に矢吹は明治人らしいナショナリズム的傾向をもっていた。この民主主義的社会事業思想と、ナショナリズムがどう均衡を保つかが戦時中の課題であるが、矢吹は日中戦争の緒戦期に世を去った。

仏教社会事業思想　矢吹は渡辺海旭と並んで、大正から昭和初頭にかけての仏教社会事業の指導者であった。渡辺は教団社会事業や私設社会事業の指導者であったが、矢吹は官界にも多くの門下生を送った。矢吹は社会と遊離した仏教の、社会に不可欠な存在となる途を社会事業に求めた。矢吹は「社会事業の先駆者渡辺海旭師」（『教学週報』一九三三年一月二九日）で、渡辺を慈善事業から社会事業へ発展させた功労者と讃辞を送っている。

最初に矢吹の仏教社会事業の著述を整理しておきたい。「仏教対社会教化の史観」（『日本社会学院年報』一九一八年五月号）、「社会事業と仏教家の責務」（『中央仏教』一九二〇年九月号）、「日本仏教の社会事業概観」（『東亜仏教大会社会事業部会』一九二五年一一月号）、「仏教の社会的考察」（『社会経済大系』第二巻、一九二七年）、「宗教と社会事業」（『日本宗教懇話会部会』一九二八年五月号）、「仏教社会事業の過去及将来」（『第七回全国仏教大会々報』一九三七年三月号）、「時局と仏教社会事業」（『時局対策全浄土宗教化者協議大会紀要』一九三八年一二月号）、「感恩と処世」（『養老事業』一九三九年八月号）。

「仏教対社会教化の史観」では、仏教を四姓平等的人道主義の宗教とし、その倫理的特色を「報恩主義」「法本無我」「因果縁起」に求め、仏教社会教化の根本義は、無我の大我を実現することにあるとしている。そして「法本無我」は近代社会事業の真諦に近いとみている。

晩年の矢吹の仏教社会事業思想は『日本精神と日本仏教』（一九三四年）二六七頁の「社会事業と仏教」に見える。そこでは「第一に報恩主義……第二は縁生無我の思想に基く義務主義……第三は永遠に責任の解除がない三世因果の思想……第四は人生世界の終局を探る本体論的哲学……第五は精進やまざる理想主義」と整理している。また矢吹仏教社会事業思想には「六度」「五戒」「十善」などもしばしば見えるが、基本は「報恩主義＝社会共同主義」であろう。

矢吹の最後の講演は老人ホーム浴風園で行われたもので、題名は「感恩と処世」、矢吹にふわさしかった。長谷川良信は「矢吹先生と社会事業」で、「矢吹先生後半世の解学信仰、行持は此の意味に於て布施行を以て持戒行に代置されたものでなからうか」（『正大社会事業研究室報』矢吹・谷山両教授追悼号）と述べている。

昭和初頭はマルキシズムから反宗教運動が盛んであった（ジョン・スパルゴー／渡辺勇助訳『マルキシズムと宗教』一九三〇年、等）。矢吹はそれに対して、「反宗教運動に就て」（『帰一協会紀要』一九三一年六月号）その他を著し、反対の論陣をはった。矢吹は歴史的に見て反宗教運動は成功しないと考えたが、生涯寺院生活をしなかった矢吹は反教団運動や教団改革運動とマルキシズムからの反宗教運動を区別した。プロレタリア運動に従事した本荘可宗は「矢吹先生の思出」（『教学新聞』一九三九年六月二〇日）で、矢吹の社会批判や民衆教育を追憶している。

おわりに　仏教社会事業の近代化コースで、渡辺—矢吹—長谷川はともに、「衆生恩」を社会連帯的に解釈して近代化をはかった。それは、プロテスタントが「禁欲」のもとに、「自立」を主張としたことと対比的であった。

矢吹社会事業の心情体系の基礎にあった戒律は、社会化されて、近代的菩薩行となった。それが今一人の仏教社会事業近代化の指導者、渡辺海旭の「新戒律運動」ともニュアンスを異にするものであった。

三　社会事業思想の成立——長谷川良信

社会事業の実践（マハヤナ学園創立まで）　長谷川は同時代の社会事業家に比してはるかに早く社会事業に関係し、二〇歳代の前半には既に、長谷川社会事業の原点と称するべきものが用意されていた。

長谷川は一八九〇年一〇月茨城県西茨城郡南山内村の士族長谷川治衛門の五男に生れ、数え年六歳で、同県真壁町古城得生寺の小池智誠について出家得道した。

長谷川は時代の動向に対する洞察力に秀れ、その一生にもさまざまな振幅はあったが、その性格の基本は、水戸的国士風の武士の持つ男性的な情熱と、仏教の持つ慈悲的性格が結びついていた。一九一〇年東京の芝中学を卒業し、宗教大学に入学、一九一五年本科を卒業したが、この間の渡辺海旭との出会いが、長谷川の生涯を決定することになった。長谷川は渡辺の自坊西光寺に寄寓し、学問研究に留まらず、日常生活における所作に至るまで渡辺の影響を受けるという風であった。この師弟の出会いほど、思想的にも実践的にも妙を得た例は余りないであろう。

長谷川は卒業とともに東京市養育院に勤め、社会事業の第一歩を踏み出した。そこでは日本社会事業の近代化をめざす多くの先輩僚友に恵まれた。しかし病弱のうえ、激務と過度の勉強により、胸部疾患に侵され、南房州で闘病生活を余儀なくされ、死との対面がはじまった。この体験は、長谷川を理解する鍵の一つとなる。

宗教大学は一九一八年、他の大学に先がけて社会事業研究室を開設した。渡辺・矢吹指導の下に、長谷川は創設の実務に当った。これから長谷川と宗教大学、ひいては大正大学社会事業研究室との長い結びつきがはじまった。

同じく一九一八年長谷川は宗教大学近傍のスラム地帯、東京巣鴨の通称二〇〇軒長屋に居住し、宗教大学社会事業研究室の学生とともにセツルメントをはじめた。これは東大セツルメントより五年ほど早い。一九一九年一月、これを正式にマハヤナ学園と命名し、組織的継続的に事業を開始した。その創立には渡辺海旭らの影響もあったが、結核から再生した長谷川がスラム改善に自己を賭けたのであった。それは神戸新川のスラムにおける賀川豊彦と軌を一にするもので、「西の賀川」

に対し、「東の長谷川」と呼称されたりした。長谷川は後半世さまざまな仕事に手を染めたが、マハヤナ学園が終世のハイマートで、本籍を一生このマハヤナ学園のある東京巣鴨から他に移さなかった。マハヤナ学園長長谷川良信の肩書きは、教授や学校長より長谷川に最もふさわしいものであった。

社会事業実践の展開（マハヤナ学園後）　長谷川は一九二二年、浄土宗海外留学生、兼ねて内務省嘱託として、シカゴ大学に半年間学び、次いでベルリン女子社会事業学校に留学した。このベルリンでの研究テーマは「ドイツ社会政策の基礎的問題」であった。この時期はアメリカ社会事業の成立期でもあったので、M・リッチモンド等にも会い、署名入りの著書を贈られたりした。長谷川がベルリンで社会政策を選んだのは、師渡辺の労働者保護の影響もあったが、労働者教育に関心を持っていたからである。アメリカ型の機能的社会事業と、ドイツ型の社会政策をともに吸収しようとしたことは、長谷川社会事業の特徴点で、師の渡辺のドイツ型、矢吹のアメリカ型を受け継ごうとしたからであろう。

長谷川は師渡辺と同じく、ナショナリスティックな立場で「在野性」をギリギリのところまで詰めた人として記憶される。その「在野性」はプロテスタント系の慈善事業的「使命観」とも異なり、日本近代社会事業の思想的課題でもあった。長谷川は一九二九年、同志とともに東京私設社会事業連盟を創立、翌三〇年全日本私設社会事業連盟へと輪を広げ、常務理事に就任、私設社会事業の振興発展に努めた（拙稿「民間社会事業の系譜」一九八三年九月日本社会福祉学会大会シンポジウム報告）。

長谷川は日中戦争から太平洋戦争にかけて、東京私設社会事業連盟を代表して、東京都国民精神総動員連盟理事となり、三度中国大陸に渡り、社会事業を中心に視察し、論策を発表した。内ではマハヤナ本館の一棟を、軍人援護会西巣鴨授産場にあてて場長となり、また隣保事業の経営者として、戦時下の地域組織を考案し具体化した。

長谷川は戦時下で、急速に後退を余儀なくされた私設社会事業の経営者であり、官僚や批評家とは異なる実践家であった。多くの社会事業「対象」を抱え、この人びとの明日の食糧、特に生命をいかにするかという命題があった。一九四〇年一月「全く近年の私設社会事業は、早く止めよがしに幾多の官庁官公衛直営の事業や、それらの代行機関から、重圧と侵迫を受けているのである」(「私設社会事業は何処へ行く」『社会事業研究』一九四〇年一月号)と居直っている。この居直りには勇気がいり、思想的発言となっている。

長谷川の戦時下の社会事業や教育実践はナショナリストであるが、同時にヒューマニストというより「志士仁人」意識が濃厚である。戦争政策の立案者ではなく、しかも戦争が生み出す戦時生活の矛盾を背負わされ、「愛民の情」をたぎらせつつ、私設社会事業の苦難の途を歩む長谷川を見ることができる。

学校や自宅も戦災にあったが、敗戦で荒れ果てた社会の救済も、長谷川に課せられた仕事であった。マハヤナ診療所の病棟を引揚者病院に解放し、身寄りのない病貧者や引揚げ者のために日夜奔走し、マハヤナ学園内に児童福祉法による養護施設撫子園を創立し、戦災孤児の救済に当った。敗戦を契機に長谷川は、国家再建の途は社会事業・教育・宗教の三者一体にあると確信した。既に五五歳、晩年にさしかかったが、敗戦から没するまでの二〇年間は、長谷川の座右の銘である仏教的な「感恩奉仕」を以って、この総合的事業に挺身した。

しかし、大正民本主義からも影響をうけた社会事業人でもあった長谷川は、必ずしも戦後民主化風潮に馴染みがあるとはいえなかった。学校関係の職員組合による争議も勃発した。どちらかといえば、同志的結合や施設共同体に身を置きがちな長谷川にとって、組合組織とは異質のものがあった。悩んだすえ、既に還暦を過ぎていたが、学校関係等の要職を離れる決意を固め、ブラジルへの脱出構想を固めた。

ブラジルに渡った長谷川は、サンパウロ市外に南米浄土宗別院「日伯寺」を創建し、布教に挺身した。そして日伯寺学園を開設し、日本語学校、老人クラブなど日系開拓者に対する福祉事業に着手した。そして現地の要請による智慧遅れの児童の収容施設「イタケーラ子供の園」を開設した。日本人による最初の社会福祉施設であった。

長谷川の最後の仕事は淑徳大学の創設であった。それは単一の社会福祉学部だけの大学であった。長谷川は一九五〇年、すでに淑徳短期大学を設立、社会福祉科を置いたが、いわばその仕上げが淑徳大学であった。開学式に学長として臨んだ時はよわい七〇歳をすぎていた。

一九六六年没した時、淑徳大学は開学二年目であり、最初の卒業生の顔をみることはできなかった。遺骨は東京小石川伝通院、千葉大巌寺、茨城県真壁得生寺、ブラジル日伯寺にそれぞれ分骨埋葬された。

社会事業思想　長谷川は『社会事業とは何ぞや』（一九一九年）以下多くの著述を執筆しているが、現業家をもって本領としていたので、その著述の多くは体系的整理をしたものではなかった。それぞれ独特の名文ではあったが、学究として割ける時間は少なく、したがって専門書執筆も青年期を除けば余りない。

欧米のみならず中国系の語学にも通じ、学問的才能を持ちながら、師渡辺と同じく実践に身をゆだねた生涯であった。

私は社会事業論史から見て長谷川の場合、社会事業思想、社会事業理論、隣保事業、仏教社会事業思想の四つが、重要ではないかと思う。

大正後半期は日本社会事業の成立期である。長谷川はこの成立期に、社会事業研究開拓者の役割を担った。長谷川の『社会事業とは何ぞや』は一九一九年の出版で、大正社会事業の代表的著作田子一民『社会事業』（一九二二年）、生江孝之『社会事業綱要』（一九二三年）、或いは長谷川の恩師矢吹慶輝の『社会事業』（一九二六年、谷山恵林と共著）も、まだ現われていない時期であった。長谷川の本書は、日本社会事業成立に対する予言的位置をもつ書物の一つである。

長谷川社会事業思想を端的に整理すれば、国本的なナショナリスティックな立場で、汎大乗的《パンマハヤナニズム》な仏教的立場を基礎にしつつ、大正デモクラシーという民本主義的風潮のもとに、それを在野の立場で実現しようとしたものと思う。

その特色をあげれば、第一次大戦の終末期に出された『社会事業とは何ぞや』には、資本の独占化に対する憤りが各処に現われている。

彼の資本主義《キャピタリズム》の猛威日に甚しく、比々たる成金者流、傲岸暴戻自ら居ると雖、社会公同の福祉に就て片念無く、而して飢人寒民累々然として天下依所なきに苦しむあるをや（『長谷川良信選集』上、一九七三年、一五頁。以下『選集』）。

むろん長谷川は社会主義の途をとったのではない。大正デモクラシーに影響されつつ、むしろ明治の三宅雪嶺らに源を持つナショナリスティックで「愛民の情」を一体化した立場と、仏教平等観が各処に現れている。

長谷川社会事業思想の基礎は、後述の通り仏教にあるが、それは「社会共済」「共済互恵」「衆生報恩」等である。「共済」という仏教有機体観に立脚する「平等」性の提示で、この仏教的思想が、長谷川の東西の学識により止揚され仏教的な、「社会連帯」となったのである。渡辺海旭・矢吹慶輝も仏教社会事業の根拠を「衆生恩」に求めているが、長谷川も「感恩奉仕」が生涯の座右の銘となった。この報恩、特に「衆生恩」が「共済」となり、矢吹・長谷川により大正デモクラシーを媒介に「社会連帯」と結合した。「差別」的慈善救済思想が否定されて、仏教福祉は「社会連帯」思想に脱皮したのである。長谷川の得意な「フォア・ヒズ（彼の為に）」ではなく、「トギャザー・ウィズ・ヒム（彼とともに）」である。

長谷川の著書には「社会共同」等の近代的意識が各処にみえる。資本集中の弊をつきながら、公的救済や慈善事業を否定するとともに、階級闘争を容認しなかった。大乗仏教的な「共済」「中道」「報恩」を提示して、「国本的建設主義」と「科学的進歩主義」の下に、総合的組織的社会事業により、労働問題までも含む社会問題の解決を考えたのである。

一九二八年『労働運動および無産者政治運動』を著したが、「緒言」の中で、

悲しむべきかな、人類の幼稚なる、徒らにマルクス、スミスの徒をして夫の名を成さしめ、労資離絶し、虐、被虐、搾取、被搾取の対立闘争は悪鬼羅刹となり、被虐階級はいまや奔流激流と化して、社会共存の基礎を震撼するに至った（前掲『選集』上、三二七頁）。

とのべている。また前掲『社会事業とは何ぞや』では、

現今の時難に鑑みて、労働者不遇の位置を擁護する為に資本家の横暴を制することは正しくその任であらねばならないが、それは即ち人道的公正精神《デモクラシー》に基き、天命によって之を為すので、当然為すべきを為すに過ぎぬのである。吾等は眼中資本家なく、労働者なし、生々進化の当体たる渾一社会あるのみである。何事も社会共同の福祉を念として運びたい。（前掲『選集』上、一三四頁）

と主張している。

「社会連帯」思想は、大正デモクラシーの象徴的思想であった。長谷川は「人道的公正精神」にデモクラシーとルビをふっている。そして、この大正期社会問題の対策は、長谷川の場合、主としてその役割を社会事業に求めたのである。

長谷川の「総合的組織社会事業」は一般的にはセツルメントを意味しているが、長谷川のそれは、社会事業の狭い枠を離れて、労働問題や教育問題に及んでいる。これは戦後の東京都板橋区志村をはじめとする、地域社会を中心とした宗教・教育・社会福祉一体化構想に連続している。

社会事業の主体性を民間に求めようとする長谷川の考えは、生涯変わらなかった。前掲『社会事業とは何ぞや』で、

蓋し御役所的救済の弊は物を与へて心を頒たぬからである。今後公営的救済事業は大に勃興せんとして居るが、之によって国民廉恥の風を奪ひ、感恩相資の俗を害なふことを危虞せざるを得ぬ（前掲『選集』上、二六五頁）。

と述べながら、救済の形式化や権利化を排した。

長谷川の社会事業思想は、明治の感化救済事業から、大正の社会事業の開化時代に、ナショナリ

スティックな「志士仁人」思想と、大正人道的公正精神《デモクラシー》、それに仏教的共済や平等観とを兼ね備えた未分化ではあるが、壮大なものであった。

最後に多少重複するが、長谷川の社会事業思想を整理してみたい。第一は、仏教的「社会共済」や「感恩奉仕」が「社会連帯」と結合していることである。それがキリスト教社会福祉と異なるところである。第二は、長谷川社会事業の影響点として、ドイツ的社会改良とともに、アメリカ的機能的社会事業であることで、その点が渡辺とも矢吹とも異なる。第三は、在野的ナショナリズム性が中心となっていることである。第四に、「社会連帯」等に見えるように、大正デモクラシーの影響が見えることである。これらは十分体系化できたとはいえないが、長谷川社会事業思想を探る基本点といってよい。

社会事業理論　長谷川の社会事業の定義や、社会事業の分類体系は、日本で最も早いものの一つである。その定義は前掲『社会事業とは何ぞや』で、「社会事業とは社会の進歩人類の福祉の為めに社会的疾病を治療し社会の精神的関係及経済的関係を調節する機能をいふ」（前掲『選集』上、一一三頁）である。社会改良主義に立脚する社会進歩主義の立場で、社会的疾病を治癒する機能とする広汎な定義である。感化救済事業や慈善事業のような、施与主義や主観主義を払色して、社会共同の責任としての社会奉仕を主義とするものとしている。

長谷川は社会事業の分類について、既に一九一六年に「大正五年に於ける社会事業の功程」（前掲『選集』上、五八九～六〇〇頁）でこれを示している。この図式に概括的であるが、従来の慈善事業や救済事業とは異なった観点からの分類となっている。

これを更に精密化したものが、前掲『社会事業とは何ぞや』（前掲『選集』上、収）の一三大別五大綱である。一三大別とは、労働擁護事業、窮民共済事業、児童保護事業、衛生増進事業、都市改良事業、地方改良事業、部落改善事業、犯罪共済事業、悪疾救治事業、婦人覚醒事業、民族発展事業（人口対策）、国民経済事業（経済保護）、国民教化事業である。この一三別を集約すれば、細民救助事業、児童保護事業、労働擁護事業、自治振興事業、社会教化事業の五大綱となる。五大綱をさらに基本的な整理をすれば、救貧、防貧、教化の三つとなるとした。本分類の規定には井上友一らの影響があったとみられるが、いかにも長谷川らしい気宇浩大な概括的分類であった。そこには慈善事業、救済事業との相違点を明確に打出そうとする意図が示され、その後の社会事業分類への分水嶺的な試みとなった。これはその『日本の社会事業』（前掲『選集』上、収）の分類に見られるように整序されるが、青年期に提起したこの分類のほうが、むしろ歴史的には重要である。

注目されるのは社会事業学樹立の構想である。それは原理論（社会事業の哲理）、実理論（①本質論＝定義・目的・範囲・主義等。②現象論＝社会問題を静態的動態的に分析総合する）、実務論（歴史論・制度論・方法論）（前掲『社会事業とは何ぞや』）に分けられており、構想は長谷川の手によっては体系化されなかったが、試論として興味深いものがある。長谷川社会事業理論における概念や体系は、いわば社会事業理論の開拓的役割を担うもので、総合的なところに特色がある。

隣保事業　長谷川社会事業は研究上であれ、現業上であれ、その中心は隣保事業におかれ、大学での講義も好んで隣保事業を取り上げた。セツルメントを隣保事業と訳すことの当否は別として、それは長谷川の訳語であり、長谷川の社会事業思想からいっても、ふさわしいものであり、そしてこの訳語は日本に定着した。

長谷川の隣保事業に対する基本思想は、一九一九年一月に発表した「マハヤナ学園創立趣旨」(『社会福祉法人マハヤナ学園六十五年史』資料篇一九八四年、七〜九頁)に見られる。即ち「本学園事業の三方針」として、「講壇的社会事業の普及」「総合的済貧計画の実行」「労働問題の宗教的解決」を掲げ、

マハヤナ学園は上、広大の仏恩、海嶽の皇恩を涓滴に奉答せむとして開設する所、仏陀大乗の精神に依遵し、法界荘厳の理想により、正義に由る仁愛(正道大慈悲)と社会的奉仕(衆生恩報答)とを本領となし、国本的建設主義と科学的進歩主義とに立脚して、綜合的組織的済貧計画を試みむとする者、即ち範を綜合慈善及び大学殖民事業に取り、特に隣保的意義に於て、細民生活の改善、児童の積極的保護、労働者地位の向上、地方自治の振興、社会教化の策進を期し、経済の充実と相俟ち、実際上及講壇上より逐次之が遂行の歩武を進めんと欲す。

と大文字を打出している。即ち大乗《マハヤーナ》精神に則り、国本的建設主義と社会的進歩主義に立脚して、総合的組織的済貧計画を試みようとしたものである。ヨーロッパ近代社会事業の粋である慈善組織協会(C・O・S)運動とセツルメントを参照しつつ、東洋的隣保との結合を図ったもので、この「趣

旨」は日本隣保事業の曉明を語るもので、その内容も頗る広汎な目的をもつものであった。

長谷川が「隣保事業」の用語を使用しはじめたのは、おそらく一九一七年三月、東京府慈善協会主査会における報告、

現代に緊要なる救済的施設としてはセツルメントの事業であります。何と申しますか、私は隣保事業と言う意味に解したいのでありますが、西洋に於てはソーシャル・センター（部落中心）、あるいはソーシャル・セツルメント（殖民事業）、又はネーバーフード・ウヮーク（隣祐事業）などの名を以て盛んに行なわれて居ります。


あたりであろう。同年二月にも「大学殖民運動を頌す」（前掲『選集』上、収）を執筆している。そして一九二〇年マハヤナ学園出版部より『隣保事業とは何ぞや』が出版され、長谷川の隣保事業論が成立した。

長谷川はイギリスのデニスン、特にイースト・ロンドンのスラムで中道にして倒れたアーノルド・トインビーの殉教的死を深く敬慕し、自己の結核の体験とを対比させながら、トインビーのイメージを日々の支えにしていたと思われる。しかし長谷川がセツルメントを隣保事業と訳したのは、単に同語に留まらず、理論的にも実践的にも「共済」等、師渡辺の影響があったからであろう。一九世期型セツルメントにおける、エリートによるスラム教育に対して、日本的に再編成したのであ

る。『セツルメント運動の沿革』（未定稿、前掲『選集』上、収）は、シカゴのハル・ハウスの紹介等も多いが、その中で、セツルメントを「その能うかぎり隣邑全体のあらゆる必要に適応するの用意あるべきである」（五五七頁）、一九世紀型セツルメントに対する「総合」的立場を示している。

アメリカ型社会事業的セツルメントに対し、長谷川の隣保事業には「労働者教育の形成的機関」という視点が濃厚である。渡辺海旭の浄土宗労働共済会は労働者の保護的視点が濃厚であったが、長谷川にはむしろ労働者教育的視点が特徴であった。そして宗教大学生等に対し、盛んに「大学《ユニバシテイ》展開事業《エクステンション》」を勧めた。

長谷川によるマハヤナ学園創立から死に到る、約半世紀の隣保事業経営は、階級闘争が激化する時代の隣保事業、戦時中における隣保事業と町内会との関係、戦後の隣保事業とコミュニティ・オーガニゼーション等、歴史的変遷の中で、絶えず新しい構想により進められた。

「隣保事業の現在及び将来」（『社会事業』一〇巻一一号）は、一九二八年のマルクス主義全盛期に執筆したもので、「将来の問題」として、第一に都市スラムの改善のために方面委員制度の基礎的任務の遂行をはかるべきである。第二に、階級闘争の防止を職能とすべきである。第三に、隣保事業の根本精神には宗教的態度を持つべきである。第四に、隣保事業は元来私的なものであるが、日本では公私が長短得失を互いに補塡し合うべきであると、自己の立場を明確にしている。

仏教社会事業思想　長谷川は仏教社会事業研究会の委嘱を受けて、一九一七年『仏教社会事業大観』を稿し、つぶさに仏教社会事業の現状を調査した。そして仏教社会事業施設が、キリスト教社会事業施設に比し、数は多いものの内容的には旧式のものが多いことを知り、仏教社会事業に新風を吹きこむことを決意した。特にその所属する浄土宗に期待をかけた。これがやがて渡辺・矢吹・長谷川の指導によって浄土宗が「社会事業宗」と目されることになった。

長谷川は宗教大学本科を卒業した一九一五年、「我が徒の社会事業」（前掲『選集』上、収）で「夫れ社会事業に仏祖大慈悲体験の起行也。往生と報恩との勝縁也」（二六三頁）と述べ、仏者の社会事業は第一義諦として、「内界に立脚せる徹底的社会事業」（二六四頁）を主張し、似而非なる社会改良家にはなるまいと自戒している。ここでも「報恩」を挙げているが、これをさらにはっきりさせるのは「社会的精神の勃興を促す」（前掲『社会事業とは何ぞや』）で、

社会的精神と申すは共同の公共心自治心——要するに感恩愛人の精神である。仏教は教へて衆生恩を説くこと最も痛切であるが、現代に此仏教精神を復興したいと思ふ（前掲『選集』上、一五九頁）。

と主張している。この『感恩愛人』こそ長谷川終生の仏教社会事業の基本精神であったし、それはまた渡辺・矢吹の仏教社会事業を継承するものでもあった。

長谷川は『日本の社会事業』（前掲『選集』上、収）で、インド、中国仏教と日本仏教とを対比して、前者は個人的内秘的独善的、空想的隠遁的消極的、形式的苦行的出世的、これに対して、後者は社会的公開的利他的、実際的活動的積極的、精神的楽行的世間的としている。この対比の当否に

対しては異論があるとしても、長谷川が社会的・実際的・精神的な日本仏教こそ大乗仏教の真髄と考え、そこに自己の立脚点を見い出そうとしたのである。長谷川は矢吹が一生入寺しなかったのに比し、寺院に期待をかけた。『宗教に於ける教育及社会事業』(前掲『選集』上、収)で、「教団の最高の事業は人類の社会的救済であり、即ち仏国土の建設である」(五四〇頁)と述べている。師渡辺と同じように寺院社会事業を重視している。

長谷川は布教と社会事業の関係は、それぞれ主体的特色を発揮すべきだと考えていた。「布教対社会事業私見」(前掲『社会事業とは何ぞや』)で、次のように述べている。両者が同じ点は、ともに社会的・救済的・教化的性格を持つこと、異なる点は布教は宗教的・唯信的・心霊的であるのに対し、社会事業は社会的・汎信的・経済的であること、そして両者を宗教的活動としてみた場合、背中合せの存在ではあるものの、両者が一方の方便となったり、即一と考えたり、逆に対立的存在と見るべきではないとしている。

長谷川は一九一六年、早くも「社会事業に於ける人材養成の急務」で、宗教大学社会事業科の創設や、仏教社会事業研究所の開設を訴えた。一九一八年には宗教大学に社会事業研究室の開設をみた。長谷川は二一年宗教大学講師として「救済事業」を講じた。一九六二年大正大学名誉教授となるまでの四〇年間、多くの仏教社会事業界の人材を養成した。

第二部　儒教の福祉思想

まえがき――儒教の福祉思想

中国の孔子・孟子、日本に影響を与えた朱子・王陽明、そして日本近世の特色ある古学派の福祉思想を主にかんたんに解説しておきたい。

『論語』（金谷治訳註）　孔子（BC五五一年―?）の「仁」については、はっきりした定義はないが、例えば「衛霊公第十五」に、

子の曰わく、志士仁人は、生を求めて以て仁を害すること無し、身を殺して以て仁を成すこと有り。

をはじめ、各所で「仁」にふれている。

個人倫理としての「仁愛」とともに、注目されるのは孔子の「徳治主義」で、後世の仁政思想の系譜点となっている。「雍也第六」に

子貢が曰わく、如し能く博く民に施して能く衆を済わば、如何。仁と謂うべきか。子の曰わく、何ぞ仁を事とせん。必ずや聖か。

とある。人倫の大なるものは治国である。山井湧は「徳治主義」（『孔子』『中国思想』東洋思想2、一九六一年）で、

徳治主義とは、為政者（特にその最高の責任者なる君主）が最高の徳の所有者であって、そのすぐれた徳の力によって民を指導し教化して、民の各個人の徳を高め、その結果、道徳が世に行われて、国が自然に平和に治まる、という一種の哲人政治の思想である。

と説明している。「徳治政治」には当然福祉が政策となる。

『孟子（上）』（小林勝人訳註、一九六八年）　孟子（BC三七二年―？）は「公孫丑章句上」で、

孟子曰く、人皆人に忍びざるの心有り。先王人に忍びざるの心有りて、斯ち人に忍びざるの政有りき。人に忍びざるの心を以て、人に忍びざるの政を行なわば、天下を治むること、之を掌の上に運らす〔が如くなる〕べし。人皆人に忍びざるの心有りと謂う所以の者は、今人乍（猝）に孺子（幼児）の浮に井に入（墜）らんとするを見れば皆怵惕惻隠《じゅってきそくいん》の心有り

この文字で注目されるのは、性善説に基づく「怵惕惻隠」の心で、それこそ儒教的「仁愛」の原点である。「仁愛」に理性的な「義」を加えて、福祉思想に「仁義」が完成した。
孟子は政治論として「王道論」を展開している。「梁恵王章句上」（前掲書）に、

恒産無くして恒心有る者は、惟士のみ能くすと為す。民の如きは則ち恒産無ければ、因りて恒心無し。苟も恒心無ければ放辟邪侈、為さざる無し。罪に陥るに及びて、然る後従いて之を刑するは、呉れ民を罔（無）みするなり。

は著名な言葉である。
また「梁恵王句上」で、

老いて妻なきを鰥と曰ひ、老いて夫なきを寡と曰い、老いて子なきを独と曰い、幼にして父なきを孤と曰う。此の四者は天下の窮民にして告ぐるなき者なり。文王の政を発して仁を施すや、必ず斯の四者を先にせり。

「鰥寡孤独」を「天下の窮民」と位置づけたのは孟子がはじめてではない、しかしこの位置づけ

を、救済に一般化したのは孟子で、東洋各地に普及した。

宋学　張横渠は「西銘《にしのめい》」で「天下ノ疲癃鰥寡ハ、皆ナ吾ガ兄弟ノ顛連シテ告グルナキ者ナリ」は、「万物一体」の「平等主義」的思考（島田虔次『朱子学と陽明学』一九六七年）として日本近世の儒者にもよく引用される。

朱子（一一三〇～一二〇〇年）は中国社会事業史で著名な人物である。『朱子語類』（吉川幸次郎・三浦国男『朱子集』中国文明選3、一九七六年）にもその仁愛的救済思想が見える。

朱子は「惻隠多ければ、便ち流れて姑息柔懦と為り」と述べ、「愛は是れ惻隠、惻隠は是れ情なり。その理は則ち之を仁と謂う」と、「理」の本源的性格を主張し、その本源性に支えられた「惻隠」を主張したのである。

陽明学　王陽明（一四七二～一五二八年）は「心即理」を唱え、外的な形式などより人間の心情を重んじ、「致良知」「事上磨錬」が特色となっている。「致良知」は人間の内心の「良知」に従って行動するを善とし、したがって「良知」を同時に「理」とした。「良知」は「気」であり、万物を造り、貴賤上下を超えたすべての人間に固有のものとした。「事上磨錬」は「知行合一」で、そこで「良知」が発揮され、即時即決の中で人間が錬磨されると考えた。

王陽明は『大学問』（島田虔次編『王陽明集』中国文明選6、一九七五年）で、

孺子の井に入るを見れば、必ず怵惕惻隠の心有らん。是れ其の仁、孺子と一体を為すなり。孺子は猶

ほ類を同じくする者なり。

という。また『伝習録』（荒木見悟責任編集『朱子・王陽明』世界の名著19、一九七八年）で、

そもそも人は天地の心にあたり、天地万物はもともと自己と一体のものであり、生民の窮乏困苦はそのままわが身に切なる疾病に他ならず。

と、「万物一体」観を高調している。この一体観が、経世思想としては同胞愛となり、生民の困苦は直ちに「わが肌にしみ通」（前掲書）るのである。それが「知行合一」として、躍動的な救済実践となった。

日本では幕末の佐藤一斎（一七七二～一八五九年）の『言志四録』の「志士仁人」思想は、近代社会福祉の内面思想の一つとなり、また意識・無意識を問わず、福祉実践の原動力の一つとなった。

古学派　日本近世儒教の中で、最も多く福祉を論じているばかりでなく、独特の発想もあるので、一言解説をしておきたい。その代表は荻生徂徠で、徂徠の慈恵思想は単なる「仁愛」などでなく、「安民」「安天下」の経世政策である。『太平策』で、

後世ノ儒者、仁ト云ヘバ至誠惻怛ナド釈スレドモ、タトヒ至誠惻怛ノ心アリトモ、民ヲ安ンズルコト能

ハズンバ、仁ニ非ズ。何ホド慈悲心アリトモ、皆徒仁ナリ。

と批判している。同時に『政談』巻之一（前掲書）で、

乞食・非人ト云フ者ハ、畢竟鰥寡孤独ノ輩ニテ、天下ノ窮民也。如何ナル聖人ノ御世ニモ鰥寡孤独ハ有コトナル故、文王ノ仁政ト云ハ鰥寡孤独ヲ愍ミ救フコトヲ第一ト仕玉ヘル也。

と堂々の文字で「鰥寡孤独」を制度・行政の対象としている。丸山真男は「徂徠学の特質」（『日本政治思想史研究』一九五二年）で、徂徠学に至って、規範（道）の公約＝政治的昇華により、私的＝内面生活の一切リゴリズムからの解放になったと主張している。

第3章　近世儒教の福祉思想

一　山鹿素行の「民政」思想——「士」的慈恵思想の範型

「士」的慈恵思想の範型　山鹿素行（一六二二（元和八）～一六八五（貞享二）年）が古学に転じたのは一六六二（寛文二）年、四一歳の時である。素行は武士道を儒教理論で確立し、朱子学を批判し、実学的傾向を持つ古学の祖として著名である。その慈恵思想を一言でいえば「士」的慈恵思想であるが、同じ古義学の伊藤仁斎の「仁愛」思想とも、古義学の荻生徂徠の「経世」的救済思想とも異っている。

慈恵思想を前において、朱子学と素行古学の相違点を挙げれば、朱子学は個人の倫理を主とするが、古学は聖人は人とともに楽しみ、人とともに患う公共的本質を持っている。次に、朱子学は「理気」説を基礎として、直ちに本源に迫るが、素行学は社会的職分として、日常の具体的事物に関心があった（田原嗣郎「山鹿素行における思想の基本的構成」『山鹿素行』一九七〇年、四五九頁）。そこでは「礼」が強調され（『聖教要録』中、一九～二〇頁）、この点は徂徠と同じであった。

さらに重要な視点は、朱子学の「理」は普遍的一般的で、世界の本体を永久不動とみる「静」的性格にあるが、素行学の「天地」は、世界の本性を「動」的と認識し、いわゆる「生々無息底」である。この動的認識は、その後の仁斎学や徂徠学に対し、予言的立場を与えることになった。

素行学の基本である聖人の道とは何か。「聖人」(前掲『聖教要録』上、一一頁)で、それを述べているが、素行学では天下の「誠」が社会に実現化したものが「聖人の道」である。しかしそれは人の側からあまり説明が与えられず、自明の理とされている。そして天地自然の「誠」として、父子の親、君臣の義、夫婦の別、長幼の序、朋友の信などが挙げられている。聖人の道はむろん先王の造るところである。

慈恵思想の前提として、素行の政治思想、特に「分」の思想が重要である。もともと素行の政治とは、道を根幹とする道徳行為で、政治は社会を構成する「分」の統合者たる君主のもので、君主の役割は聖人と同一視されている(田原嗣郎「山鹿素行における思想の構成」『徳川思想史研究』一九六七年、四七頁)。士・農・工・商の四民固有の社会的職務は「職分」とされているが、それは単に職業だけでなく、上下の差別としての「分」で、両者は不可分に結びついている。素行の考えでは士・農・工・商の四民が社会を構成していることは、宇宙的規模における役割の分配であり、それはそのまま江戸の封建社会に適用されている。そして現実社会の制度は、そのまま「理」の有機体的秩序である。人間のよきあり方は、この「分」に安んずることであり、それが天地の徳に相応することである。

このヒエラルキーによる支配原理には、「君臣」関係が、家族原理の「父子」関係に等置されている。家↓郡↓国↓天下で「天下の大と言へども、其の細微を推すときは家にあり」（「父子談」『全集』思想篇第六巻、一九四一年、三七八頁）である。そして君は天に代わって民を治める「民の父母」という教説と結ばれている。

「分」は「職分論」として、有機的分業論と結合している。万人が身分に従って職業をもち、それぞれの職業を通じて「天地」にかなうわけである。「士」は君子で、三民教化という政治的道徳的職務をもっている。三民は物質生産を職務とする「小人」で、「三民は身体四支にして君は心気の如し」（『山鹿語類』第五、前掲『全集』思想篇第四巻、二九一頁）である。素行にあっては、上下の身分差別は社会的職務と結びついている。これに対して朱子学の「分」は、天理としての自然法である（田原・前掲「山鹿素行における思想の基本的構成」四九二〜三頁）。

さて本題である山鹿素行の「民政」的慈恵思想に入る前に、素行の全体的な慈恵思想を考えておきたい。素行の慈恵思想は「天に代わって民を治める」政治であるから、「君職」（前掲『山鹿語類』第一）として君主のものである。「万民の父母……如ㇾ保二赤子一」「下を撫育」である。政治と道徳と不可分の関係にあるということができ、慈恵思想における政治と道徳の未分離を最もよく代表しているといえる。

次に素行思想には、「分」を媒介とする有機的相互扶助が見える。しかしそれは「フラットな共同体」（守本順一郎「山鹿素行における思想の歴史的性格」『徳川政治思想史研究』一九八一年、四三頁）

であり、士と三民の支配―被支配関係という政治過程における、血縁・地縁関係のもつ共同体的情愛、相互扶助性は稀薄である。

さらに素行的慈恵論は、三民の物資的生産と関係して説かれることが特徴で、単なる救貧論ではない。「君職」（前掲『山鹿語類』第一、七二頁）では、

仁義の二つは聖学の根本とする處也。仁は寛仁にして物を愛するの徳なりといへども、敬以て内を直くし、義以て外を方にするの警戒あらざれば、惻隠に陥り儒弱に入りて、物皆節を失う事、定まれる理也。

と誠に厳しい。「四端」についても、情の放恣を戒めている（前掲『聖教要録』下、二六頁）。孟子の「怵惕惻隠」は、情であるが、素行にとってはそれを規制する「義」がより重要であった。仏教の慈悲も「仏子の小恵姑息の仁」として排されている。

「士」的慈恵の特色は「惻隠」的「仁」より、「羞悪」的「義」を重んじ、「誠」より「敬」が先行している。また、「義」や「敬」といっても、カリタスにおけるトマス的「理」のような神との関係ではなく、「安民」的政治的道徳的なものである。君主の治政として、慈恵が安民政策とされる以上、「小恵」が排されるのは当然である。「政を為すに小恵を以てせず」「小恵を行うときは、民の俗却ってあしし」「民を恵むに道を以てす」「民を歓ばすを必とせず、民を安んずるに在り」

（「君道」等、前掲『山鹿語類』）などの主張が所々に見える。

そして、民衆を「愚者」とみながら、慈恵政策が展開された。「天下の者多くは愚者にして道を不レ知、愚者の人をほむるは一つも理にあたらぬ者也」（前掲書）として、はじめに道を知らず、教を正さずして、ただ衆を誉めたり、慈恵を行うことは「小恵」として排除している。素行の慈恵はあくまで為政者のもので、その慈恵思想は「士道」に立脚した教化性や道徳性が基調となっている。君主たる資格を聖人と同一視し、民衆を愚者とみて、民衆を教化対象とする士道的慈恵であり、そこにはリゴリズムが濃厚である。

民政思想(1)　『山鹿語類』巻五・第六の「君道」、「民政」上下の諸項は（前掲『全集』思想篇第四巻、収）、君道としての民政を詳説し、江戸時代の「士道」的慈恵思想をもっともよく代表するものである。以下順を追って解説してみよう。

「民を以て国の本と為すを論ず」では、農・工・商三民を「国の本」としながら、先述のように「身体四支」と見、統治する君主を「心気」としている。慈恵は聖人に比せられる君主のものであり、したがってそれは単なる慈善ではなく、「安民」政策として政治的道徳的なものである。道徳的対象である以上、慈恵を受ける三民にとっては、当然厳粛な姿勢が要求される。

「田産の制を正す」は「民政」の中でもっとも長文で、田制を論じたものである。そして田制と関連して「什伍の制」に言及している。そこには「病疾相扶」等相互扶助的項目も見えるが、全体としては共同体的相互扶助というより、治術や教化との関連が濃厚である。

「民戸を詳にす」は、民戸とは民数戸数で、この項は救済と関係が深い。素行は困窮を五民に分かち、

民幼なる間は不レ能二自立一、すでに老いては又自ら存すること難し。子細あって時の災難にあひ、とぼしく苦しみて上へ可レ告のやうもなきあり、又類親広く子孫多くなりて貧乏なるあり。其の身長病をわずらひ家業を遂げがたきあり。此の五は具に糾明して其の養を上より不レ下ば、必ず死亡に及ぶの所なり。

この五民はいわば生理的限界の貧困状態であり、加えて残疾、癈疾、篤疾の三種の障害、疾病を挙げている。これらの人々の救済が「人君民の父母たるゆえん」とされている。

「窮民を救ふを明にす」の項は、その視点を別にすれば、制度的組織的な点も見える。無告の「鰥寡孤独」を「天下の窮民」と位置づけ、それが人君の養恵の対象とされている。この窮民も無告に限定され、血縁関係のある者は「窮民と云ひがたし」として除かれている。そして無告の窮民救済は大徳ではあるが、

養ふに不レ以二其道一、則ち奸人其の養を得てまことの窮民は養を不レ得事其の例多し。ことに無二子細一糾明することをおろそかにして、唯だ養を専らとするときは、民却って業を廃て養を待つに至り、奸民

父兄にさからって上の養につくあり。是れ民を養ふにあらずして、民を暴悪に至らしむると可レ謂也。と救済の適否、そのための調査、そして惰民論を展開している。素行救済論の前提には、先述の「職分論」で展開した「業」があった。

限りある「天下の窮民」救済には「五々の組を正しくする」として、五人組制度が組織として使われている。ここでは親属→一村一郷→奉行という封建的秩序的救済が組織化されている。まして救済の前提には厳重な調査、被救済者の道徳的教化が用意されている。特に注目されるのは、都市の乞丐非人の救済は本貫主義で、国に帰し救済したことである。施設を避け、在宅主義の主張であるが、悪疫者は例外とした。「明レ救二窮民一」では、愛敬のみで調査の伴わない救済は、実恵とはならないとする素行の哲学から出ている。無告の「天下の窮民」のみが、仁政の対象であったからである。

「民の害を除く」の項では、民の害は水火風疾の四つに区分されている。特に注目されるのは、「患を救ふの備を詳にす」の項で、「田産の制を正す」と並んで長論である。素行慈恵政策にとって救貧は末で、農業生産の保護こそが「職分論」としての本であった。「民飢えて始めて驚いて其の救うべき術を求むるは政の末也」である。そして古来から備荒政策としての三倉をはじめ、さまざまな工夫がなされ、儒者もこれにあずかって力があった。

素行も熟・不熟の兆しを早く知り、賑恤の法を設くべきことを主張している。そして凶作で餓死者や乞丐が輩出するのは、天災ではなく人災としながら、対策を怠った君主を「暗君」呼んでいる。そして救済に当って、ただ愛を専らにして、義を欠けば実益なく、また「永久の計」でもないとしている。素行はこの観点から著名な「其の法貸と賜と養にあり」の三策を案出した。すなわち賑貸策＝飢饉以前の対策、賑賜策＝飢饉時の対策、養民策＝回復策の三策である。素行は荒政には「時宜あり」とし、古法にも定められているが、それに泥むべきではないと述べながら、「随レ時理会し便二其民一」という「本末体用」の必要を力説した。そこにも素行学の特徴である「生生無息底」という、その時代時代に応じて改変されるという認識が見える。

「使を遣はして巡察せしむ」は、農村を主とした「民政」上の末尾にある。素行慈恵論の特色の一つは「巡察」とか「相糾」という調査にある。本項にも「乞丐非人鰥寡孤独貧民の有無多少」の項目が入っている。そして民苦の巡察や、下情を正すことが大徳とされている。

「民政」思想(2)　『語類』「君道」の「民政下」は、主として都下の民政に当てられているが、農村ほどに詳しくはない。「町人の制を詳にす」には、五人組の相救などが見えている。「町人雑品の制を立つ」項には、「貧者の烟、棚(店)かり、ひとり身」の世話が述べられている。注目されるのは都市下層労働の日傭などとは区別された、都市窮民に言及していることである。山伏・比丘尼・巫女等の遊民は、町中に相雑り居くべからず、諸勧進の輩、願人は本貫に帰えし宿を貸すべからず、座頭・瞽女は貧困で無告のものは五人組を通じ奉行に申告し宿を貸して差支えなし、牛つかい・船頭・猟師・漁者は相互に相糾相救すべし、非人・乞食・三病の者・障害者は官に申告し町から離れた場所で施設収容させ、路頭で食物を乞うてはならない。被差別部落民は公罪執行、倒牛馬の処理、牛馬の皮剝等の職業に勤めさせ、衣類紋処にもその験を定めておくこと、等々こと細かに述べている。

「市民の諸式を立つ」項は、公儀の諸令を詳かにすることで、隠売女や遊民、願人等にそれぞれ諸式・法令を立つべきことを主張した。「市廛風俗を害するの甚しきを正す」項は、行商・傾城町などの風俗営業、願人等の遊民等を、風俗を正す対象としている。そして農村と同じく「糶銭の法を論ず」として、常平・義倉・社倉論に及んでいる。

素行の時代はまだそれほど都市問題は露呈されていない。その点、都市問題を詳細に論じた荻生徂徠と異なる。素行にとっては「職分」の論理が重要であった。そして同じ窮民でも、無告の「天下の窮民」からはずれた「遊民」的窮民には厳しかった。

二　貝原益軒の仁愛思想

はじめに

貝原益軒（一六三〇（寛永七）～一七一四（正徳四）年）は、近世儒家中福祉にもっとも親しい名前である。『大疑録』を著し、朱子学への大疑を綴っているが、朱子学派に数えられる。朱子学の厳粛主義に対し、「生命讃歌」（荒木見悟「貝原益軒の思想」『貝原益軒・室鳩巣』一九七〇年、四七九～八〇頁）が各所に現われ、その仁愛思想は珍しいほど明るい響きを持ち、庶民の同情心や仁愛心が重視されている点も儒家の中では珍しい。この点、山鹿素行の「士」的慈恵思想と対極的である。

益軒はその実学で世に知られているが、関心は広範囲に及び、特に医学に関心があり、名著『大和本草』を著した。その「格物窮理」は、道徳的見地が色濃いものの、また自然法則的「理」をも目ざしている（井上忠「貝原益軒の生涯とその科学的業績」前掲『貝原益軒・室鳩巣』五〇二〜三頁）。それは江戸朱子学者には例を見ないほどであるが、岡田武彦は『江戸期の儒学』（一九八二年、四九頁）で、益軒実学は朱子学の「全体大用」思想と密接な関係があると指摘している。

益軒に「理一分殊」の論理がある。「理」は「仁」で、親・兄弟以下の「品」は「分殊」とした（『五常訓』巻之二末、前掲『貝原益軒・室鳩巣』一一〇頁）。益軒の人間論には「仁＝愛」における普遍的人間と、「性」における個別的人間の二面性があり、そこでは現実社会の身分制も是認されている。しかしこの「分殊」としての仁愛の対象に対しては、珍しいほどの気配りがなされている。前掲『五常訓』巻之二（前掲書、九八頁）に、

> 鰥寡・孤独・病者・カタワ・乞食・貧人アルハ、皆ワガ兄弟ノ内ニテ、不幸ナル人ナリ。有レ位ヲウヤマヒ、不幸ナルヲアハレムハ、皆是ワガ兄弟ヲアツクシタシムノ道ニシテ、即是天地ニツカフマツル道也。

と「理一分殊」の論理で説明されている。益軒は「西銘」から影響を受け（『初学知要』『益軒全集』巻末二、三九二～三頁）、「万物一体」に即して、「四海同胞」を重視したが（井上忠『貝原益軒』一九六三年、三三六～七頁）、同時に「分殊」も強調され、儒教的仁愛論を脱してはいない。

また「理」としての道徳は平等であるが、「天命」の自然秩序は、それぞれの個別的人間に現われると、人事界の貧富禍福はそのまま是認され、是認の上で救済が行われるとした。そこで著しく重視されるのは「天地に事ふるの道」である。「人之吉凶禍福壽夭貧富皆天命之所二素定一」（『慎思録』巻之五、前掲『益軒全集』巻之二、一〇一頁）と述べられ、それは自然的秩序の承認であるが、また「天譴」思想とも結びついている。

益軒の経済論は「農は国の本」とする儒教的経済論で、入るを量って出ずるをなすの「倹約論」が中心である。それは生活水準向上に背を向ける一般儒者と変わらない。

益軒仁愛思想の特色　益軒仁愛思想の基本は「天地ノ大徳」（『五常訓』巻之二、前掲書、九五～六頁）であろう。そして「理一分殊」として、人を愛するには「品々」あるが、それはすべて「『仁』に帰す」（『大疑録』巻之下、前掲『貝原益軒・室鳩巣』四五～六頁）という楽観論がある。仁愛の基本思想である「惻隠」を「仁」の「端」としながら、「アハレム心ナクンバ、仁ナキナリ」（『五常訓』巻之一、前掲『益軒全集』、七三頁）と述べ、さらに「巻之二末」（一一七頁）で、

孟子曰、「人皆有二不レ忍レ人之心一」。忍ブトハ、コラユルヲ云。カンニンスル也、人タル者、必皆人ニ

対シテ、堪忍ナラザル心アリ。云意ハ、人ノウレヒクルシメル事ヲ見テハ、ワガ心カナシミテ、コラヘガタクシテセウシガリ、ウレヒカナシム。是人ニ忍ビザルノ心ナリ。即仁心ナリ。此心人皆コレアリ。

と説明し、次いで「西銘」に見える無告の病者・障害者・鰥寡孤独の貧窮者を「皆我が兄弟ノ内」（前掲『五常訓』巻之二末、一一九頁）として挙げている。

『慎思録』「巻之四」（前掲『益軒全集』巻之二、七四頁）には、「温和慈愛為レ仁之本博施済衆為レ仁」とあり、「温和慈愛」は「仁」を行う基本で、「博施済衆」は仁の「発用」と考えている。益軒にあっては「仁」と「愛」は「一理」であるが、「仁」は扇で、「愛」は扇で人をあおぐような「用」とし、「性」と「情」、「体」と「用」の混乱を戒めている。

益軒の仁愛思想の特徴を整理してみる。第一に、天地より生まれ、天地に仕える道として、救済を「職分」として考えたことである。『五常訓』「巻之二末」（前掲書、一一二頁）に、

天地ノ、我ニ財禄ヲオホクアタヘテ、富貴ニシ給フハ、必我一人ノタメニ、アツクメグミ給フニハアラズ。ワガ力ヲ以、貧ナル者ニ財ヲホドコシメグマセンタメニ、ワレニオホク財禄ヲアタヘ給フ理リナレバ、人ニホドコサヾルハ、天ノ御心ニソムク理ナレバ、オソルベシ。

と述べている。そこには現存の秩序を是認し、貧困の社会的原因などは問うていないが、貧民も同

胞であり、生活を営める者が、自分の「分」に従って行う救済は、天地の心にかなう心地よいものとされている。

第二に、救済は「分」に応じてできることで、庶民、場合によっては貧困者でもできると考えていることである。儒教的救済思想の多くは「士」的倫理からの発想であるが、益軒救済思想の特色はここにある。『慎思録』「巻之二」（前掲書、三三頁）「陰徳」に、「上自㆓王公㆒下至㆓乞人㆒皆有㆓利㆑人之事㆒須㆑要㆑尽㆓其心㆒」とある。この「分」に応じた救済思想は「志士仁人」意識のような窮屈なものではない。

第三は、天下みな兄弟としても、救済には順序次第があり、その「次第」が「拡大」して四海平等に至るという点である、それが墨子の「兼愛」を否定する理由である。『五常訓』「巻之三」（前掲書、一二二頁）の「義」で、

> 人ヲ愛スルハ仁也。父兄・兄弟・妻子・親戚・朋友・賓客・親疎貴賤ノ品ニシタガヒ、其相応ニ愛スルハ、宜也。是ヲ義ト云。「人ヲ愛スルハ仁也」トテ、オヤモ他人モ一ヤウニ愛スルハ、宜ニアラズ。是墨子ガ兼愛ナリ。

と述べている。ここでは「仁」は温和・慈愛、そして「理一」であり、「義」は断制で「分殊」として行われるわけである。したがって「親疎」とともに、「貴賤貧富」の「品々」が問題となって

いる。しかし一方、益軒の「拡充」の論理を見逃してはならない。『自警編』(『全集』巻之二、三四五頁)で、

惻隠之心。人皆有レ之。知二皆拡而充レ之。則若二火之始然。泉之始達一。

という、惻隠の良心を「おしひろめば」、四海は収めて余りがあるとされ、「ワガ子ノミ愛シテ、人ノ子ヲ愛セザル」は「人我ノ私」として排斥される。

第四の特徴は、第三の特徴を受けて「人我」の論理、公私の論理である。『大和俗訓』巻之三(前掲『益軒全集』八三頁)で、

仁者は人を愛す、人我のへだてなし。人を愛せずして、ひとへに我を愛するは、人我のへだてなり、是私なり。仁者は私なし、我を愛する心を以て人を愛し、わがきらう事は人にほどこさず。

と述べている。「ワガ身ヲ愛スル心ヲ以、人ヲ愛」する心は「公」で、それが「仁者ノ心」で、「ワガ身ヒトツヲ利セントオモフ」は「私」で、それは「少人ノ心」として排されている(『五常訓』巻之二、前掲書、九三頁)。ここでの「公」は「人我ノヘダテガナク」が前提であり、それは聖トマス有機体の「肢分」としての「個」と相違する。人我関係における「私」のへだてを去り、はじめて

「万物一体」の仁が行われるとする。益軒にはまだ古文辞学などにみられる公・私分裂の危機は含まれていない。楽観的な「公」による仁愛が主張されているだけである。

第五に、益軒仁愛論に著しくあらわれるのは「陰徳陽報」論である。『五常訓』巻之二末（前掲書、一一三頁）に、

人ノ世ニヲルハ、陰徳ヲツミ行ナフベシ。陰徳ハ、カゲノメグミトヨム。慈愛ヲ心ノ内ニヒソカニタモチテ、人ヲスクヒタスクルヲ云。世俗ニコレヲ慈悲ト云。

と述べ、「陰徳」には「必ニ有天報一」とした。ましてその陰徳の発動は「無告の窮民」をはじめ、さまざまなケースにも説明されている（『大和俗訓』巻之三、前掲書、八七頁等）。この「陰徳」はあらゆる人が行い得ることで、「陰徳ハ、富貴ナル人ノミ行フベキニアラズ。貧賤ノ人トイヘドモ、其志アレバ、行ハレズト云事ナシ」（『五常訓』巻之二末、前掲書、一一三頁）と、その篤志性が万人に解放されている。

第六に、仁愛の実行は、天が喜こぶ「楽しみ」と考えられている。まさに「自娯」で、この系譜は留岡幸助の『慈善問題』などにも見られるもので注目される。仁愛は「天性の自然」なのである。『慎思録』巻之一（前掲『益軒全集』巻之二、四頁）に、

以㆓仁愛㆒作㆑善為㆑楽是君子之心雖㆓衆人㆒若有㆑志㆑好㆑善則其知㆑之行㆑之也。

と述べられている。その『自娯集』「巻之一」（前掲書、一八二～三頁）には、「抑所㆘以順㆓天地愛㆑人之心㆒而事㆖之也」と説明されている。

しかし益軒の仁愛重視は、朱子学者としては、まれに見る例であるが、やはり「理」の裏づけのない仁愛は「姑息ノ仁」（前掲『五常訓』巻之四、一四五～六頁）とし、「仁政」思想を欠いた衝動的な貧人に対する施与は「小恵」（『君子訓』上、前掲『益軒全集』巻之三、三九五頁）として斥けている。

救済主体　益軒の一生は幕藩体制の確立、安定期で、生涯の大部分は黒田藩に出仕していたから、その仁愛論、救済論も体制的な枠から大きくはずれることもなく、「仁政」的救済論を展開した。しかし前述のように庶民による「仁愛」も論じ、それによる儒教的「仁愛」思想を、庶民生活に定着させた一定の役割は否定できない。益軒自身も一六八〇（延宝八）～八一（天和元）年の飢饉には、知行地の農民を救済している（井上・前掲書、一四九～五六頁）。

益軒は君主を、天が立てた「代官」（『君子訓』上、前掲『益軒全集』巻之三、三九一頁）と見なし、その「天職」としての「経世済民」政策を「仁政」とし、「養民・民政」を治国安民の要としている。『大和俗訓』巻之三（前掲書、八六～七頁）にも、民を司どる人は民の父母なれば、民をあはれむ心を本とすべし……民の司となる人、我一人のたのしみを好むべからず、民と共に楽しむべし。

として鰥寡孤独、貧窮病者の救済をその任務としている。そして救済の敏速性、救済行政、常平倉などの具体策にも及んでいる(『君子訓』下、前掲書、四〇〇～一一頁)。

益軒の救済論で最も注目されるのは『自娯集』(滝本誠一編『日本経済叢書』33、一七三～五頁)に現われる「散財論」である。倹約して備蓄し、不慮に備え、余れば救済に使用するのを「天地之化」にかなうと、自然経済を基礎とした「散財論」を展開した。

古之君子汲㆓汲乎賑㆒㆑民者、是畏㆓天命㆒而賑㆓人窮㆒也、苟積㆑財有㆑餘、而不㆑知㆑救㆓補不㆒㆑足、則是逆㆓天意㆒也。可㆑不㆑畏乎。

と、「天道みつるをかく」という易の思想を用いながら、財を蓄えて施さない者に対し警告した。益軒は欲望をできるだけ抑えて節倹する目的を、分限に応じて生活すること、人のために財貨を費すことにおいている(野村兼太郎『概観日本経済思想史』一九三九年、九七～八頁)。したがってこの救済論は天命を出発点とすること、自己の生活に余裕があること、救済のため散財することは「陰徳陽報」の道であること、などが前提となっている。まさに「自娯」としての救済である。

この救済論の持つ前提の一つに「倹約」論がある。「初学知要」（前掲『日本經済叢書』、二六八～九頁）の書き出しは、「篤信嘗著二尚倹論一曰、倹約者人君治レ世之大用、而大臣経国之要務也」ではじまり、それにより「賑二貧窮一」わけである。しかし同時に「礼儀廉耻、生二於富足一、貧汚侵奪、起二於貧困一、富足生二於倹約一、貧困起二於奢侈一」と誠に楽観的である。勤倹は「治レ国保レ家」の道であり、怠者は「亡レ国破レ家」の道とされ、そこには貧の持つペシミズムはうかがえない。ちなみに益軒が「無告」の窮民としてあげるのは、鰥寡孤独・疾病・身体障害者などである。瀧川政次郎は『貝原益軒集』（『近世社会経済学説大系』収、一九三六年）の「解題」第五節で、「救貧論」（八二～四頁）を掲げている。上述の諸例からも、益軒の救済論は楽観的といえよう。

しかしまた前述のように、益軒救済思想の特色の一つは、「仁政」的慈恵や君子的「仁愛」が主調の江戸儒教の中で、庶民による救済も主張されていることにある。『慎思録』巻之六（『全集』巻之二収、一三五頁等）に、「富貴則易二驕怠一故道心滅貧賤則易二勤検一故道心生」とされ、富貴者は貧饑寒者の生活困難に同情少なく、むしろ貧賤者の徳を好む者に「不レ若」とされている。晩年の著『初学訓』巻之一（前掲『益軒全集』巻之三、三九頁）にも、貧富貴賤を問わず陰徳を積み、「人のうれへをあわれみめぐみ、人のくるしみをたすけ救ふべし」とし、鰥寡孤独・貧窮・疾病・障害者の救済を主張している。

益軒が庶民の「陰徳陽報」をはじめ、平易な言葉で「仁愛」を説いたことは、慈恵思想が庶民生活に定着する一つの途となったであろう。そしてそれは、近代の庶民生活にも継承されていった。

救済を「人間世の最も楽しむべき事」と益軒が主張したのは、封建社会の矛盾が表出する前であったことにもよるが、しかし、東洋ボランタリズムの一つの型を指向したことは間違いない。

三　荻生徂徠の「経世」的救済思想

徂徠思想の特色　荻生徂徠（一六六六（寛文六）〜一七二八（享保一三）年）の思想の特色を三点挙げておきたい。第一に、徂徠には変遷するものへの歴史意識が濃厚であった。「太平策」（『荻生徂徠』一九七三年、四六四頁）に、

> 茂卿ガ愚在ニハ、厳廟ノ末、憲廟ノ初ヲ、ヨキ時節ノ至極トス。ソレヨリモハヤ三四十年過テ、世界ノ困窮ヨホドツヨク、高位ノ人ニ愚庸多ケレバ、モハヤナリガタク思ヒ侍ル。然レドモ世界ノ困窮ヲ救フ道外ニナク侍ルユヘ、右ノ在㆑安㆑民在㆑知㆑人ト云ルニ句ヲヨク受用シテ、下ナラシヲシテ見タランニハ、今二十年バカリマデノ間ハナルベキコトナリ。

厳廟は四代家綱、憲廟は五代綱吉であるが、この短い文章にはよく時代の洞察が見えている。人間の歴史は、自然法的な永遠と普遍ではなく、個別と一回限りである。徂徠は興亡の歴史の法則を富と倹約、困窮と奢侈と文華に求めた（今中寛司『徂徠学の基礎的研究』一九六六年、四四八頁）。

第二に、徂徠の活動した時代は、江戸初期の安定期と異なり、商業資本は展開しているものの、それによる動揺は決定的段階でなく、いわば過渡期である。丸山真男に倣っていえば、すでにオプティミズムの時期ではなく、「政治的なるもの」（前掲『日本政治思想史研究』三〇頁）が、思惟の前景に現われた時期である。朱子学的自然秩序に疑問が生じ、先王の作為である治術に目を開くのはこのような時代である。徂徠が『荀子』の影響を受け、「道」は社会的な規範であり、客観的存在であって、人間を外から規制するものと考えたのも必然であった（小川環樹「論語徴解題」『荻生徂徠全集』第四巻、一九七八年、七一七頁）。

したがって徂徠によって、政治的経世済民思想、あるいは政治＝教化が正面から取り上げられ、徂徠は近世経世思想の先覚者と位置づけられた（野村兼太郎『荻生徂徠』一九三四年、二〇三頁）。

第三点は、聖人は教を立てるに名、空言によってではなく、「物」を以てした。具体的な物（事）を重視したことである。それは歴史的変遷を認識する際に、実証によらなければならないことであった（島田虔次「徂徠先生学則」前掲『全集』第一巻、一九七三年、六〇九頁）。

徂徠は「聖人の道は、要を民を安んずるに帰するのみ」（『弁名』上、前掲『荻生徂徠』五二一～四頁）とし、それを「聖人の大徳」とした。そして君・農工商が「相愛し相養ひ相輔け相成す」ことで生をなし、それを「群」と考え、その「群」を去っては生活不可能であるとした。そして「君なる者は群」で「人を群して統一する」には、「仁」以外にはないと考えた。「君子の道は仁」で、具体的には「安民」であり、「人の上たるものの道」（『徂徠先生答問書』中、井上哲次郎・蟹江義丸共編

『日本倫理彙編』巻之六、古学派の部下、一九〇三年、一七八頁）とした。そして「仁」は「民の父母」としての心と説明されている。この「父母の心」は、単なる愛情や慈悲や、あるいは「吾身ひとつ」の修道を目指す心ではなく、まさに「群」としての民を統一し、「安民」させ、民が「相愛相養相輔相成」できることを指すものである。この「父母の心」は、日本近代国家がしばしば利用した「天皇の赤子」のような、抽象的なものとは異なり、そこには責任の重大さや、リアリティが目立つ（『答問書』前掲『彙編』一四七—九頁）。近代的解釈が許されるならば、「人間として連帯意識に裏付けられた責任感」（尾藤正英「大宰春台の人と思想」『徂徠学派』日本思想大系37、一九七二年、五〇～二頁）と見られないこともない。

徂徠は「道」を天地自然や「理」でなく、先王の製作した制度法律を含む「安天下」と考えた。「道とは礼楽刑政等凡て先王聖人の建つるものを統括する名称」（岩橋遵成『徂徠研究』二九〇—二頁、一九三四年）なのである。一言でいえば、天下を安んずる治安の術に外ならぬ。『答問書』下（前掲『彙編』一九八頁）に、

　後世の儒者見識低く器量小さく、何事も我身一つに思ひ取候故、心法理窟の説盛に成行今日の修行を以て聖人にならんと求め候。

と、鮮かに朱子学的「我身一つ」の「道」と、「安天下」の「道」の相違点を述べている。野崎守

英が、徂徠の「道」を「天下」として現にある人間が生きている空間の全体を、いかに「治むる」か、いかに「安んずる」かということの方式（『道――近世日本の思想』一九七九年、五七～八頁）としている。

徂徠の学問は古文辞学と呼ばれている。その特色の第一はすでに述べたように、実学的実行的で活動的なことである。第二は、広い分野にわたり、「自由主義・啓発主義」（岩橋・前掲書、二三六頁）である。第三は、社会の実態に詳しく、上総時代の経験なども加わって、学問における構想力が豊かなことである。

徂徠は「天地自然の道」（山路弥吉『荻生徂徠』一八七三年、一二三頁）を否定し、聖人の道とは、先王の製作にかかる「治国平天下」や「利用厚生」など、製作者の治術とした。そこには経書の絶対視から、諸子百家への積極的な道が開かれ（相良亨『儒教運動の系譜』一九五五年、一五八頁）、そして『荀子』なども使用されている。

また完全な理想人を目する朱子学を空想とし、「一器一材」を唱え、人間の能不能はあるが、天下に「棄材」（岩橋・前掲書、三〇〇頁）はなく、すべて社会有用の人材となるとしている。吉川幸次郎は徂徠の政治重視の儒学説は、朱子学ばかりでなく、儒学にとって「空前である」（『徂徠学案』『仁斎・徂徠・宣長』一九七五年、一七八～一八九頁）といっている。

経世思想　徂徠は経世思想の開拓的地位にあるが、寛政以降の封建体制の動揺と外圧の中にある佐藤信淵らと、質的な相違がある。徂徠経世論は『太平策』『政談』『徂徠先生答問書』などに表われ、『太平策』はもっとも整備されている。今徂徠の経世思想を理解する前提として、封建社会論、職分論、群論（集団論）に触れておきたい。徂徠は地方分権的な、原初的封建的共同体による「相愛相養相輔相成」を讃美した。「弁道」（『荻生徂徠』日本思想大系36、一九七三年、二一〜二二頁）で、

郡県に至りては、すなわちただ法にのみこれ伎り、截然として太公、また恩愛なし。

と中央集権的郡県制を排した。そして商品経済の展開をきらった。この点「彼はまぎれもなく「反動的」思想家であった（丸山・前掲書、二二二頁）。

次に士農工商は先王の作為であり、その職分は天命が定めた「天職」であるとして是認している。士農工商の万人がそれぞれの「職分」を尽すことによって、全体として安定した社会を実現できると考えた。それは「満世界の人ことゞゝく人君の父母となり給ふを助け候役人に候」（『答問書』上、前掲『彙編』一五一頁）という著名な言葉にもそれは表れている。人君が「民の父母」として天下を治める仕事の一環を、担っている自己の職分（尾藤正英「太宰春台の人と思想」前掲日本思想大系37、五〇〜一頁）ということである。

さらに徂徠学の特色の一つに、「群観」がある。荀子の「君なる者は群するなり」を引用しながら、「弁道」（前掲『荻生徂徠』一七頁）で「孰か能く孤立して群せざる者ぞ」と主張する。いわば「群論」は徂徠社会学である。「人に接するの間」に「群」をなし、「相愛相養相輔相成」する。し

かしこの「群」は「君なる者は群なり」で、相互間の平等に基づくものではない。

徂徠は『太平策』（前掲日本思想大系36、四四八頁）などで、

聖人ノ道ハ、世ノ政道トハ各別ノ事ノヤウニ、人々ニ思ハスルハ、誰ガ過ナルベキ。

と「心」や「性」を重視する儒学を批判した。その結果は、個人的道徳である「徳」が政治の方法である「道」より下位に置かれざるを得ないことにもなる（吉川・前掲論文、一七八〜八九頁）。それは仁斎の「非政治的」主張とは逆の地点にあり、儒教的慈恵思想としては問題になる。

徂徠経世思想と、朱子学的経世観の対比はいくらでも挙げられる。朱子学の自然的抽象的理念的静観的厳粛的に対しては、客観的具体的礼学刑政的等々である。個人的動機的内在的に対しては、此岸的相対的結果的現象的、あるいは「見る者」に対しては「行う者」の立場等にである。しかし徂徠経世思想に、被治者である人民は「小人」「下愚」「庶人」として、政治の圏外におかれ、一種の愚民観が展開されていることは否定できない。『弁名』下（前掲日本思想大系36、一八二頁）に、

小人もまた民の称なり。民の務むる所は、生を営むに在り。故にその志す所は一己を成すに在りて、民を安んずるの心なし。これこれを小人と謂ふ。その志す所小なるが故なり。

と述べられている。

最後に徂徠の貨幣経済批判はよく知られている。ここでは庶民の困窮原因となる物価騰貴にだけ触れておきたい。徂徠の物価論は『政談』（前掲日本思想大系36、三二六頁）にいうように、

困窮ノ上ニモ近年困窮甚ク成タル子細三色アリ。一ハ諸色ノ直段高値ニ成タルコト、二ハ金銀ノ数減少シタルコト、三ハ借貸ノ路塞リテ、金銀少ク、不通用ナルコト是也。

の三点である。それは商人盛んになり、「物価ノ上リ下リハ御自在ニハナラヌヤウ」（『太平策』前掲日本思想大系36、四七五頁）になった結果にほかならない。物価騰貴による上下困窮を「制スベキ術ナキ」（『太平策』前掲日本思想大系36、四六二頁）状態となった政治に対し、「制」をたてることを主張したのである。徂徠経済学は政策提言としては、誠に新味がない。

経世的救済思想(1)　はじめに徂徠の慈恵思想全体にふれ、次いでリアリティに充ちた実態認識、続いて改良論、救済論などの政策思想、最後に徂徠の慈恵思想にみえる公私論の順に叙述することにしたい。

徂徠の慈恵思想は、単なる仁愛などの私的動機や私的同情ではなく、「安民」「安天下」の経世思想の一環である。それは『太平策』（日本思想大系36、四六六頁）に鮮やかに述べられている。

後世ノ儒者、仁ト云ヘバ至誠惻怛ナド釈スレドモ、タトヒ至誠惻怛ノ心アリトモ、民ヲ安ンズルコト能ハズンバ、仁ニ非ズ。何ホド慈悲心アリトモ、皆徒仁ナリ、婦人ノ仁也、母ノ子ヲ可愛ガル類ナルベシ。或ハ孟子ニ泥ミテ、不㆑忍㆑人ノ心ナドヽ云フ、是又婦人尼御前ナドノ心也。亦不㆑嗜㆑殺ヲ仁トスルモアリ。マコトニ殺スコトヲ好カンハ、仁者ノセザルコトナレドモ、サイウトテ、人ヲ固ク殺サヾルハ、仁ニハ非ズ。コレ皆理学ノ輩、多クハ心法ニカヽリテ仁ヲ説クユヘ、古ノ道ニ非ザルナリ。安㆑民ト云ハ、世俗ノ所謂慈悲ト云ヤウナルコトニハ非ズ、民ヲ安穏ナラシムルコトナリ。安穏ナラシムルト云ハ、飢寒盗賊ノ患モナク、隣里ノ間モ頼モシク、其國ソノ世界ニハ住ヨク覚ヘテ、其家業ヲ楽ミテ、民ノ一生ヲクラスヤウニナスコトナリ。天命ヲウケテ天子トナリ諸候トナレバ、民ヲ安ンズルハ、天下諸候ノ職分也。

ここには見事に、古学派の儒教的慈恵思想のエッセンスが述べられている。

この視点から徂徠は、従来の仏教的慈悲的慈善論や、仁斎的な仁愛的惻隠論を批判する（例えば『答問書』前掲『彙編』収、一四七〜九頁等）。特に「怵惕惻隠」を高調した孟子批判は鋭い（例えば『徂徠集』前掲日本思想大系36、四九八、五四二頁等）。そしてさらに孟子に深く傾倒し、仁愛を主張した仁斎批判に及ぶ（『弁名』上、五〇頁、『弁名』下、一四六〜七頁、前掲日本思想大系36）。仁斎批判は「四端」論となり、「端本」を主張し、その「拡充」を力説した仁斎学説を、人はだれでも自力で仁義礼智を完成することになり、聖人の教えは不必要となる。また人はだれでも同じように徳を具えることになり、性によって、徳がそれぞれ異なる所以を知らない論だと批判している。

徂徠は前述のように、仏教の慈悲的慈善を批判した。それは仏教の「出㆑家出㆑世」的慈善と、聖人に見立てた天子の国家統治という経世思想とが、両極の関係にあるからである。岩橋遵成は、徂徠の「群」を「相互扶助の社会的本能」(前掲『徂徠研究』二七六頁)と理解したが、それは平等的相互扶助ではなく、そこには「小人」「下愚」などの愚民観があった。仏教のとる宗教的絶対平等による慈善福祉思想と、徂徠のとる経世的慈恵思想は、そのよる思想的基盤を異にしている。

徂徠の救済思想で、特に優れているのは、貧窮に悩む人々の実態認識である。山路愛山は「彼れは殆完全なる社会事彙なり」(前掲『荻生徂徠』八〇～一頁)と賞讃している。徂徠をして「空疎な腐儒」(前掲一一～二頁)とさせなかった原因の一つに、上総国本納村時代の経験がある。『政談』(前掲日本思想大系本36)は「巻之二」を中心とする貧窮の実態認識は、現実感にあふれ、それは貧窮者の状況ばかりでなく、発生原因にも目がそそがれ、したがって貧窮者の生活も歴史的社会的に把握されている。そしてその貧窮把握も、個々の貧窮者に興味を示すのでなく、「安天下」「安民」という経世的制度的対象としてとらえられたものである。

それに関して、徂徠は著名な二つの政策を示している。『政談』巻之二(前掲日本思想大系36、三二六頁)に、「制度ヲ立ルト、旅宿ノ境界ヲ止ルト、此二ツガ困窮ヲ救フノ根本也」と記している。「旅宿ノ境界」にある者は、商品流通経済展開の結果、困窮したものであるから、制度の建て直し以外には救済できないという意味である。詳細は『政談』巻一、二に譲るが、まず底辺労働に従事する側からのべれば、徂徠の「旅宿ノ境界」論の前提には、原初的封建共同体のイメージがある(『政談』巻之一、日本思想大系36、二七五～六頁)。しかし徂徠の時代は、農村の窮乏がこのような貧困の流動化をすでに起しているので（拙著『日本貧困史』二章—二）、その点では徂徠の視点はむしろ反動的である。しかし流動化の結果としての都市下層の描写は、さすがに現実的で鋭い（『政談』巻之二、日本思想大系36、三〇六頁）。

諸国ノ民ノ工商ノ業ヲスル者、棒手振・日雇取ナドノ游民モ、在所ヲ離テ御城下ニ集ル者年々ニ弥増テ、旅宿ヲモ旅宿ト心得ルトキハ物入モ少キ事成ニ、江戸中ノ者旅宿ト言心ハ夢ニモ著ズ、旅宿ヲ常住ト心得ル故、暮シノ物入莫大ニシテ、武士ノ知行ハ皆商人ニ吸トラル也。

しかし、ここで徂徠のいう「遊民」の存在は、需要する都市の側から見れば欠かせない存在である（辻達也「『政談』の社会的背景」前掲日本思想大系36、七四九頁）。棒手振、職人、日雇などは都市下層を代表する種職である。

徂徠はこの底辺労働の下に、鰥寡孤独等の救済対象を位置づけている。注目されるのは乞食・非人・道心者も「天下ノ窮民」として救済の対象としていることである。『政談』巻之一（前掲日本思想大系36、二八五頁等）に、

乞食・非人ト云者ハ、畢竟鰥寡孤独ノ輩ニテ、天下ノ窮民也。如何ナル聖人ノ御世ニモ鰥寡孤独ハ有コトナル故、文王ノ仁政ト云ハ鰥寡孤独ヲ愍ミ救フコトヲ第一ト仕玉ヘル也。増テ今ノ乞食・非人ハ世

ノ風俗ノ悪ト世ノ詰リタルヨリ生ジタル者ナレバ、畢竟上ノ治ノ届カヌ所。有ニ帰スルコトナル故、是ヲ救フ道アルベキコト也。然ルニ何ノ思ヒ廻シモナク、善七手下ニ成スコト、唯仕形ニ困リテノコソナレバ、奉行御役人ノ才智ノ拙ナキト云ベシ。

と、単なる仁愛の対象でなく、「天下の窮民」として制度・行政の対象とし、その発生原因も、単に個人的原因に帰さず「風俗ノ悪ト世ノ詰リタル」と述べていることが注目される。

制度樹立を改革の第一目標とする徂徠の反動的側面をあらわすものは、部落差別や遊女差別である。浪人・乞食・非人に比較的「同情」（野村・前掲書一七四～五頁）があった徂徠が、その部落差別は「其種姓各別ナル者、賤シキ者ニテ」（『政談』巻之一、二八三頁）、あるいは「穢多ノ類ニ火ヲ一ツニセヌト言コトハ、神国ノ風俗、是非モナシ」（『政談』巻之一、前掲日本思想大系36、二八六頁）とのべている。さらに政策の提言として、

古法ノ如ク種姓ヲ正シ、遊女・河原者ノ子ヲ、男ヲバ野郎ニシ、女ヲバ遊女トシ、平人ト混ジル事ヲ堅ク禁ジタラバ、此悪風自カラヤムベキ也。

といっている（『政談』巻之一、前掲日本思想大系36、二八四頁）。確かに衣笠安喜がいうように、輩出する野非人が被差別の境遇に大量に入り込み、その事態に対する徂徠の「政治的憂慮」（『近世儒

学思想史の研究』一九七六年、一一九〜一二三頁）もあったであろうが、衣笠も指摘するごとく、徂徠には「復古的身分確立」の思想があり、その制度的身分差別思想が明らかである。鰥寡孤独等を「天下ノ窮民」とし、それと被差別民とを区別するのもそうである。

遊女も「悪風是正」の制度的差別対象となっている（『政談』巻之一、前掲日本思想大系36、二八四頁）。そこには制度はみえるものの、個々の遊女の人間性などは問題になっていない。制度における人間のみが問われ、個々の人間の重視がない。

経世的救済思想(2)　徂徠の救済思想は「吾身一つ」のモラルではなく、経国済民の一環である。徂徠は政治的テクニックに注目し、個別的政策を論じている。「旅宿ノ境界」の改革、金を媒介としない武士の土着論、そして封建制を本来の姿に建て直すことを先王の道と考えた（『政談』巻之一、二九五〜六頁）。具体的提案は戸籍法（人口調査）を敷き、鰥寡孤独者、乞食、非人などの「人返し」である。『政談』巻之四（前掲日本思想大系36、四三九頁）に、

鰥寡孤独ノ者ニハ御扶持ヲ可レ被レ下事也。是ハ畢竟七十ニ余タル者ノ、誰モ養フ人ナキヲ云也。田舎ナドニテハ、二三百石ノ村ニテモ、両人ナラデハ無レ之事也。江戸ハ旅人ノ心儘ニ集リタル事ナレバ、箇様ノ人多カルベシ。一巻目ニ言タル如ク、悉ク人返シヲシテ、余ル人ヲ江戸ノ人ト定テ、其中ニ下サレバ、多モ有マジ。

と述べている。

徂徠の「旅宿ノ境界」を止め、それに即した封建諸制の建て直しという改革案は、享保段階からいえば「矛盾」（今中寛司『徂徠学の基礎的研究』一九六六年、三五九～六〇頁）であろう。奢侈を制度によって食い止めようとしたのもそうであった。ただ多くの儒者が抽象論を振廻している中で、制度によって改革しようとしたのである。しかしこのような現状認識の鋭さに対して、その対案は「上下ノ困窮ヲ救フ道トテ別ニ奇妙ナル妙術モナシ」（『政談』巻之二、前掲日本思想大系36、三〇五頁）と告白するように、意外に乏しい。

徂徠は『政談』巻之二（前掲日本思想大系36、三〇三～四頁）で、救済の方法についても触れている。

何程法度ヲ厳クシ、上ノ威勢ヲ以テ下知スト雖モ、上下困窮シテ働ク力モナキ様ニ成タル時節ニ至ラバ、其働ク力モナキト云フ所偽モナク真実ナル故、用捨セズシテ不叶コトナルベシ。

と優れた見解を示しながら、

其困窮ヲ救フ道ハ如何ニト言ニ、愚ナル輩ハ唯上ノ御救々々ト計リ言テ、金銀等ヲ賜ルヲ御救ト思ヒ居レドモ、御蔵ノ金ヲ悉ク御出払ヒアリテ御救ヒナサレテモ、又跡ヨリ元ノ如ク成べシ。

と論じ、結局は儒教の伝統的理解である「恵而不レ費」に先祖返りをしている。

最後に徂徠が政治的な経世的救済思想を主張したが、倫理的私的内面的な「仁愛」領域はどうであったか。徂徠にとっては、個人道徳は「小」であり、政治は「大」である。「群」も「人に接するの間」を包みながら、為政者のものであった。『弁名』上（前掲日本思想大系36、一〇五頁）で、「君子の道は、衆と共にする者あり」と「公」とし、「己の独り専らにする所、これを私と謂う」と対立的に理解し、その救済思想は「私＝個人」を内面的に包む「公」ではなかった。丸山真男は「徂徠学の特質」（前掲『日本政治思想史研究』）で、徂徠学に至って、規範（道）の公的＝政治的昇華により、私的＝内面的生活の一切のリゴリズムよりの解放になったといっている。これに対し田原嗣郎「徂徠学における理論的構成の諸問題」（『徳川思想史研究』一九六七年、三三九〜四六頁）で、徂徠のいう「公」は公法領域で、私法的領域は「内証ゴト」として排されていると述べている。経世的救済思想に対する私的内面性の問題は、まだ将来の課題であった。

四　三浦梅園の「経世」ならびに「地域」思想

視　点　私は、日本の近世儒教の「仁愛」思想が、社会福祉の近代化に全く役立たなかったか、あるいは近代化の起点に多少なりとも役立ったかの検証が急がれていると思う。儒教的「経世」思想等がそうであり、特に三浦梅園の提起した「地域」を中心とした「仁愛」思想はそうである。

儒教思想は孔子・孟子をはじめとする思想家によって、古代社会に形成され、中国近世の宋学、あるいは陽明学によって再編成された。したがって日本近世封建社会の教学としては、時代的にも国際的にも限界があった。儒教的建て前と、幕藩体制下の商業資本の展開をはじめとする現実とのギャップがあったからである。それは幕藩封建期の崩壊過程に特に著しくなるのはいうまでもない。「貴穀賤金」「尚農棄商」「農本商末」「棄利愛民」等々の儒教的価値観は、江戸前期はともかくとして、江戸後期ではすでに合理的根拠を失っていた。その中で同じ儒教的土壌から生れているとしても、その否定された価値観を、経験的合理的立場で肯定しようとする、経世思想家群が誕生してきたのも当然であった。

江戸後期の農民的商品経済の発達、幕府・諸藩の財政難、度重なる大飢饉、そこから生れる百姓一揆や打ちこわしの頻発、農民や武士の窮乏化と、農民の貧困の流動化と集団化（拙著『日本貧困史』第三章、一九七九年）は、すでに一藩内の「仁政」的救済ではいかんともし難くなった。すでにこれらの窮乏は、統一国家でなくては解決できないものであった。

松浦玲は「江戸後期の経済思想」（家永三郎ほか編『岩波講座日本歴史第13』近世第5、一九六四年）で、一方では「貴穀賤金」思想の転換、商業資本活動の是認、経験的合理主義の系譜として、春台―青陵―利明を挙げ、一方では、農業生産の増大とその分配の合理化、商人活動の抑止等々により、荒廃した農村の復興を図る梅園―尊徳―永常の二つの系譜を挙げている。私はこの中で、「人に忍びざる心＝仁愛」を地域内で、論理的にギリギリまで追求し、内部から荒廃した農村地域での改変や復興、そして福祉を図った三浦梅園をとりあげてみたい。

三浦梅園の思想　三浦梅園は一七二三（享保八）年八月二日豊後国国東の寒村富永村に生れ、一七八九（寛政元）年三月一四日没した。佐藤信淵が一七六九（明和六）年に生れ、一八五〇（嘉永三）年に逝き、二宮尊徳が一七八七（天明七）年に生れ、一八五六（安政三）年に没したのに比し、経世思想家としては、著しく早い。多くの経世家が、幕藩体制の完全な行き詰まりの中で経世思想を展開したのに対し、半世紀も早く、幕藩体制がまだ寛政の改革を行える余力を残した時期であり、いわば変革への胎動がはじまったばかりの時期であった。

梅園は一生で、二、三回の旅行をした以外、富永村を出ることはなかった。交通不便な寒村に、江戸後期を代表する一代の哲学者、しかも「条理学」という整然たる自然科学的論理を展開した学者が、よくぞ村を出なかったものと思う。しかしそれは地域社会や地域福祉からいえば、論理的でしかも地域社会に徹した稀有な例として残ったというべきだろう。「孖溪の水を汲み孖山の雲に臥し、晋に於てか足る」。孖山とは両子山《ふたご》、梅園宅の近傍にある。

職業は祖父の代からの医師で（田口正治『三浦梅園の研究』第四部「年譜」、一九七八年）、平凡ではあるが、熱心な村医者であった（高浦照明『大分の医療史』一九七八年、二三四頁）。医師は、人間に対し自然科学的な客観性をもって観察しながら、その実践はきわめて人間的な職種である。患者の容体について、客観的かつ人間性あふれた梅園の書簡が『全集』に収められている。そしてまた

「医道の頽廃を歎く実地医療家」（服部敏良『江戸時代医学史の研究』一九七八年、一〇二1〜八頁）であったのである。

梅園の家格は村では名望家で、裕福な方（田口正治『三浦梅園』一九六七年、四一頁）であった。幕藩体制が完全に行き詰まった幕末は別として、梅園の時期では、村の上層名望家が、村の福祉について考えるのにもっともふさわしい。貧農は毎日の生活に忙しく、封建支配層はいわゆる「仁政」で、村の生活から遊離している。

梅園の仁愛思想には父虎角の影響が大きい。一七三二（享保一七）年西国を襲った享保の大飢饉は、梅園一〇歳の時であるが、父親の飢饉に対する慈愛心は、少年の梅園に深い感銘を与えた。一七六〇（宝暦一〇）年、父の死に際し、梅園は「先考三浦虎角居士行状」を作り、そのことに触れている（梅園会『梅園全集』上、一九一二年、一一二一頁等）。虎角の自らの勤倹による窮民救済は、梅園に深く影響し、梅園もまた自らの「節倹」（前掲『全集』下、九四四頁）によって救済を行っている。後述の「慈悲無尽興行旨趣並約束」を作ったのは三四歳の時で、父はまだ存命中であった。

梅園の学問的態度は自由で、自主的・批判的であったが、儒教に対しても例外ではない。師事した藤田敬所（中津藩侍講）、綾部絅斎（杵築藩侍講）とはともに古学派を学んだ。しかし梅園が「古学派的要素」を持っていたと見るか（橋尾四郎『三浦梅園の教育思想研究』序章、一九八三年、四頁）、あるいは、梅園の社会政治思想には徂徠学風な所があるかという意見があり、また自然哲学の面では、朱子等宋学者に触発された点も多く、「儒教風自然哲学の最後にして最高の成果（島田虔次「三浦梅園の哲学」島田虔次・田口正治校注『三浦梅園』日本思想大系41、一九二八年、六七〇～一頁）と見る見解によって相違はあるが、やはり儒教的土壌から離れてはいない。

梅園の思想は条理学と称され、条理を理論的に体系づけた『玄語』、古来からの諸説を条理によって批判検討した『贅語』、これを道徳・政治的に実践する『敢語』のいわゆる『梅園三語』がある。『玄語』は全く梅園の独創で難解極まる。（注）梅園の優れた研究者田口正治は前掲『三浦梅園の研究』（一部「序」六頁）で「条理」を端的に整理している。「条理」は天地の有する論理構造で、「一一者会易也。之為二条理一」で、すなわち条理は一一で分かれて相反し、合して一になるということである。「反観合一、捨心之所執、依徴於正」、すなわち相対立して相反し、反するが故に合する。それは主観を捨て、徴によって正す、客観的実証が原則であった。

唯物論哲学者三枝博音は、大著『三浦梅園の哲学』（一九四一年）で、梅園の「一一者会易也」「反観合一」を弁証法的にとらえた。日中戦争の泥沼化の中で、三枝が梅園に寄せる「熱い思い」（前掲書「序」）は別として、梅園の一一は相反する関係であるが、お互いの平等に絶対的に必要としているもので、唯物弁証法でいう「矛盾」のように、お互いに否定しつくす闘争があるのではない（高橋正和『三浦梅園の思想』一九八一年、二九頁、等）。

梅園は「元熙論」の「命」（前掲『全集』上巻、七六二～四頁）で、

> 自然にして使然もの事なるの跡なりいかんともすべきといかんともすべからざるとを事なるをうくる

跡なり。自然にして使然いかんともすべくいかんともすべからざるものは唯そのまゝ成ものなり。

と述べている。この自然は、事物の本来的に備わるあり方、ないし本性、本性が具体的なあり方をとって現実化するのが「使然」である。富貴貧賤栄達窮辱は「自然」であり、そうなって具体的に現実化するのが「使然」である。「自然即使然」で、「命」の結文は「命又他事なし唯孳々として己をつくさんのみ」である。

梅園は一七歳で藤田敬所の門に「自足」を学び、若い時から寒村富永村を出なかったのも、「自足」を己れに課したからであろう。「自足」はその壮大な「条理学」から引き出されるもので、儒者達の単なる「知足安分論」や「倹約論」ではなく、学問的結果によるものである、「貧富貴賤にては人の賢愚はさだむべからず」（「梅園叢書」巻之下『全集』下、五七頁）と主張している。山田慶児は「黒い言葉の空間――三浦梅園の自然哲学」（山田慶児責任編集『三浦梅園』日本の名著20、一九八四年、一四三頁）で、梅園の構築した世界像は、シンメトリーな静的な形式美に満ちているが、動的な偶然的な不安定な美はないとして、梅園の倫理学を「自足の一点に収斂する」（前掲書九五―七頁）と述べている。

梅園の仁愛思想を理解する前提として、「条理」「自然即使然」「自足」等一瞥してきたが、その学風は多くの人がいうように、①根本的徹底主義、②自己の主観にとらわれない自然科学的客観的実証性、③制約はあるが、自主自由主義、④塾制の「位次」（橋尾四郎『三浦梅園の教育思想研究』

一九八三年、二五四～六二頁）等に見える平等主義個別主義、⑤利用厚生の実用主義、が挙げられる。伝統的保守的なものが、ギリギリのところまで合理化、正統化され、ある種の「近代性」さえ予測される。この同居は矛盾といえば矛盾であるが、その矛盾の中から「近代」福祉への曉明を探ってみたいのである。

（注）『玄語』は難解難読のため、島田虔次は『日本思想大系41』では、全く「異例」として、口語訳を施した。本稿は『玄語』に限り本『大系』によった。

梅園の仁愛・慈恵政策思想　梅園は儒教的仁政観をいかに見たか。「天下に二尊あり曰く君と父」「君父と臣下とは自ら定分あり、其位顛倒すべからず」（「梅園先生逸話集」『全集』下、九六二頁）とし、仁恵救済は「治」であり、士の職分と考えていた（「善悪帙下」『贅語』五、『全集』上、六二二～三頁）。

困者振焉。窮者通焉。独者合焉。疾者養焉。孤者育焉。幼者慈焉。老者敬焉。……是固㆓国基㆒也。是結㆓人心㆒也。是建㆓大命㆒也。

また『玄語』の「小冊・人部」（二八九頁）では、

人はその分を守り、その職を勤める。分を守らなければ僨乱し、職を勤めなければ荒廃する。職には士農工商の別があるけれども、しかも上は一人（天子）より下は億兆にいたるまで、造化を賛するを以って職となし、上は一人より下は億兆にいたるまで、その地を守るを以って分となしている。天功（天の仕事）を貪り天物を費すのを汰といい、人功をぬすみ人物を費すのを賊という。仁・義・学・礼は道の綱であり、殺活与奪は政の柄である。鰥寡孤独をあわれみ、士農工商を用い……

と職分論を展開している。この仁恵政策観は、大枠として従来の仁政観を出ていない。

しかし、一方従来の仁政観を批判もするが、また整然たる合理的解釈も多い。第一に「徳治主義」は否定されていないが、伝統的徳治観には情的側面が濃厚なのに対し、前掲の職分や天功・人功については、天子や庶民も同じであるとし、君臣の論理は肯定されているものの、そこには整然たる条理的説明が加えられている。

第二は、封建秩序は否定されていないが、従来下層生活者や貧困者は、封建支配者から一方的に規定されていたが、梅園の場合は後でみるように、実体的政策的に把握され、ここでも「依徴於正」、すなわち実証が貫徹している。一一に偏ることのない正視は、「自足」的で共同体を出るものではないが、その個々の人間認識はやはり重要である。

「人の命」を重視し、「貧しき人富る人の隔あるべからず」（「梅園叢書」巻之三、『全集』下、七

〜八頁）と主張される。人間の社会的存在という理解は欠いているにしても、梅園には「憂苦受楽」などの平等性や、一一の人間存在が示され、時代を一歩抜いている。梅園は人倫としての親疎尊卑は認めたが、その起点は「我」で、己れを及ぼせば、「万物はみな同朋」（『玄語』二九四〜五頁）であるとした。また賞罰の権も君のみでなく、湯武の桀紂《けっちゅう》放伐を衆の賞罰と見て、「天之成」と、整然と説明したのも（『贅語』六「天人帙上」『全集』上、六四一頁）、その条理的論理であろう。

ところで、梅園の仁恵政策論をうかがう原理的な書物は『価原』（『全集』上収）で、その政策論は「丙午封事」である。『価原』は「価」の源を尋ねたものである。杵築藩士上田養伯の奴婢の値段についての質問に一七七三（安永二）年、条理に照らし研究したもので、その貨幣論は「グレシャム」の法則と一致するとして、早くから有名になった。篠崎篤三は、本論の遊民・窮民・貧民や農村失業者根絶政策に注目している（『慈悲無尽の創始者三浦梅園』一九三六年、八四頁）。

梅園の問題意識は、貨幣が偏在し、富豪階層が発生すると、必然的に奢侈驕怠な風俗が生じ、不生産的人物が醸成され、一方、土地離脱の農民が遊手・乞食・非人となり、社会不安を招くとしたところにある。しかし梅園は重金思想の誤りを指摘し、従来の尚農卑商の価値観を継受してはいるが、それは「善悪論」とは無縁で、「独得の貨幣論」（松浦・前掲「江戸後期の経済思想」）であった。金銀尊重を道徳的悪とするのは、論理的に無意味で、生産者の手に剰余金を蓄積しておくことが必要であるとしたのである（九二五頁）。

梅園の政策論は、まず第一に土地復帰策に現われる（九二〇頁）。この政策は、従来の観念的帰農論ではなく、有用な財貨があるべき生産者の手に蓄積されるためである。

第二は奢侈を抑え、倹素の俗に戻し、礼法を確立しようとした。「実利節欲主義」(高橋正和『三浦梅園の思想』一九八一年、一二五～九頁)である。無用の奢侈贅沢品の生産と流通を止め、生産と消費のバランスを図る実利主義で、そこには「一切一一」の哲学があり、「自足節欲主義」がある。自己の職分の勤勉こそ「条理」的人間である。

第三は余剰としての備荒策(九二五頁)である。

梅園には「制度ヲ立テザレバ仁恵モ益ナシ」(九二五頁)などの優れた主張があるが、その整然たる社会の不安定を衝いた実態論に対し、その解決策である政策論は意外に貧しい。それは荻生徂徠と同じである。その暗示しただけで解決しなかった課題は、一九世紀前半の二宮尊徳に受け継がれることになる。

梅園は杵築藩主松平親賢の諮問に応え、一七八六(天明六)年二月長文の政治意見書「丙午封事」(『全集』上、八二九～九〇四頁)を上申した。これは民政の細部にわたり、具体的現実的で、計画性に富んでいる。山田慶児はこれを、平素から関心を持っていなければ、一朝一夕で書けるものではない(前掲「黒い言葉の空間」『三浦梅園』二二一—四頁)といっている。梅園は二〇代半ばから陰士に近い生活をしていたが、現実を断念したのではなかった。

梅園は、

下情ふさがり候へば下の情と中の情とは別別に相成り候下情だに相違候はば明鏡を以て物をてらすごとく御所置間違申すまじく候

と述べ（八三七頁）、その方法として点検目録・目安筒・目付の三つを挙げ、点検目録には鰥寡孤独癈疾困窮など「術計つき候者」の項目も含まれている。「年労考課」には窮民の救済、流民の帰村に触れ（八四七頁）、特に「検見」には「衆民たらず候へば子を売り妻をうり辛苦艱難」（八五一～二頁）と述べられ、詳細な数字を挙げながら困窮者対策に及んでいる。

梅園は先にも述べたように、鰥寡孤独救済には制度政策を重視している（八七九～八〇頁）。梅園は慈悲無尽を村落単位で考案もしているが、それとは対比的に、ここでは制度を重視していることに注目すべきだろう。梅園が「国害」として挙げているのは、「彼人の私曲奢侈権威」「公事喧嘩口論」「盗賊博奕」「遊民」（八八四頁）の四つで、いずれも共同体の動揺を象徴する項目である。梅園はこの歴史社会の不安・動揺から生じた現実を見抜いているが、打ち出される政策は仁政的国害除去である。そして「富国の術」には「流民」の一項が立てられ、

小民等難儀も至極に及候へば大庄屋小庄屋も手届不申日は不據見捨候事甚心外なる儀に御座候何とぞ御憐愍を以て餓死流亡をまぬがれ候節は御座あるまじきや……まして衰老病身足手まどひ等御座候者不便千萬の儀に御座候近来あれ畑等多く御座候も猪ばかりにても御座なく民力日日におとろへ其上流民と

相成候ゆへに御座候。（八九七頁）

と、仁政的措置を訴えているものの、それは条理を尽した村共同体の側に立った仁政観といえよう。

「慈悲無尽講の趣旨並び約束」について　梅園のように、自然科学的論理思考を持ち、しかも四〇年を越す寒村生活をし、地域の福祉を考え続けた学者が他にあるだろうか。「わたしは寒村の一農夫にすぎない」（『玄語』前掲日本思想大系41、三三頁）としながら、一方では「賢愚同意の別なく、四海みな兄弟として」と、世界的視圏から立論した。村共同体に対する「共感的立場」（橋尾四郎『三浦梅園の教育思想』七三頁）と、一般的普遍的世界観が、分かち難く絡み合っているのである。梅園の条理や自足哲学、あるいはその利用厚生策は、状況内のことで、共同体の持つ歴史的社会的矛盾解決の方向ではないとし、その保守的立場を指摘することは簡単であろう。しかし「四海みな兄弟」として、村共同体を条理にのっとって、「ひろやかさ」と「きびしさ」でとらえたその認識には、「重層的、複合的」性格がある。共同体打破は関知しないが、共同体に即して共同体を超える、一般的なその世界性は、幕藩的共同制に「対置」している側面がある。平凡な日常生活の「一一」に即して、医師としてのその自然科学的人間愛は、評論的でなく、民衆生活に直結している。しかし、その均衡のとれた静的な論理が、動揺をはじめた封建社会を把握する論理とはいえないことも、また見落してはならない。しかしわれわれは、共同体生活の中で、特殊に徹しながら、普遍性を志向する梅園の仁愛思想を、動揺をはじめた社会の一つの類型と考えたいのである。梅園こそまさに幕末に現われる実践的農村改良家二宮尊徳・大原幽学などの歴史的仲介者であり、その先導的役割を担ったのである。

梅園の「慈悲無尽」は社会福祉にとってなじみ深いものである。古くは井上友一の『救済制度要義』（一九〇九年）から、池田敬正の「三浦梅園の慈悲無尽をめぐって」（『社会福祉学』一九八四年）に至るまで、しばしば紹介されている。その中で梅園福祉の集成といってよいものは、篠崎篤三『慈悲無尽の創始者三浦梅園』（一九三六年）であろう。

慈悲無尽講の「旨趣」（「梅園拾英」『全集』下、一六五～七頁）は、村中一家兄弟論からはじまって、

世の中の淵瀬はけふあすもしらざれば皆身の上の事とおもひ行々此事に懈怠なくば一村の交は水と魚との如くにして面面の冥加を天にいのるという物なるべし。

で終っている。地縁・血縁社会を互いに守るため、分に応じて能力や財を拠出し、一村の貧困困窮者を同じ仲間としながら、農村の生活を維持しようとするもので、そこには仁政的権力や慈恵的上下関係は見られない。そしてその前提に、

唯我家業に懈らず人の為に心を尽し老たるを敬ひ稚をばいとおしみ柔和慈悲なる時はその家自然と長

久にして行末の繁昌たのもし

があり、それが基礎である。その上にその整然たる哲学を背景とした「誠の貧」が説かれる。すなわち、

又家業をも知り倹約をもなしながら病難賊難火難水難又は従類多くおもいの外に躓て一生難儀を致す事是誠の貧にして尤哀れなる事なりそのうちにも無子老孤かたわ病身にしてくるれば家なくあくれば食なく春は飢冬は凍へさらばひまわる類身に引うけてみる時はいかに悲しきことならずや。

と「誠の貧」を問題としながら、「あすはわが身」や「一村兄弟」という共感意識が展開されている。そしてこの「誠の貧」に、梅園哲学の論理があることを見落せない。

さらに地域福祉の方法として、

衆力功をなす時は塵つもりて丘となる一村志を運び力を合せすこしづゝの余資をあつめ貧者万分の一の苦をすくふとならば身には仮初の事にして彼には広大の慈悲なるべし。

さらに慈悲無尽の「約束」に、

其家のあるじたらん人は此道理を妻子家内にも合点可申候。

とあり、「趣旨」の徹底、特に妻の人権など無視された時代に、「妻子家内」がうたわれ、しかも「合点させ」と、条理学者らしく合理的立場が取られている。

次に、

夏は麦秋は米冬は銭多少にかぎらず老弱男女各志を運び可申事

と額の大小、物品金品を問わず、特に「老弱男女」も含めての住民総参加で、人間が個々の人間として「一一」に呼びかけられ、家父長的家族主義的救済を離れている。そして自発的参加が基本なので、無理は強制はされない。集った資には公的性格を与え、村役人による帳簿整理、元利算用、担保の制定などがあり、五年間は積み立てて、救済に使用させなかった。さらに、

役人世話人立会評議の上軽重をわきまへ至極の難儀を先としすくひ可申事。

と「評議」が重視され、「軽重」の弁別という合理性、そして敏速性が打ち出されている。その結

果、依怙贔屓は強く排され、また「誠の貧民」が前提であるので、共同体維持に欠かせないモラルも述べられている。最後に銀一〇匁、米一年以上の義捐者は、施主帳に録し、その人が生活困難となった場合いち早く救済されている。

村共同体の個別的参加、自発的参加、そして妻子家内すべての人に内容を徹底させるという、共同体内民主的傾向、さらに方法の論理性や「評議」による合理性がこのプランにはある。その基礎に梅園哲学があったからこそであるが、江戸時代に多くみられた儒教的倫理感過重や、単なる同情による無計画性は見えない。梅園の志は長く継承され、明治以降も慈悲無尽田として残った。

五　大塩中斎の志士仁人思想

佐藤一斎の『言志四録』　大塩の志士仁人思想を述べる前に、佐藤一斎の『言志四録』に触れておきたい。一斎（一七七二（安永元）～一八五九（安政六）年）は、林家の塾長となり、昌平黌の儒官となったが、その主張が陽明学の「万物一体」「心即理」「致良知」に近いことは、早くから指摘されていた。いわゆる「朱王折衷」「陽朱陰王」であるが、幕末のような時代には、折衷の中に、孔孟の精神を探ることが重要である。一斎の『言志四録』は、徳川末期から明治時代の儒教思想を理解しようとする時、「極めて貴重な資料」（相良亨「『言志四録』と『洗心洞箚記』」『佐藤一斎・大塩中斎』日本思想大系46、一九八〇年、七〇九頁）である。そこに見える慈恵思想は、個人の仁愛というより「親民の職」としての倫理であり、武士の倫理を基準とした「志士仁人」性である。『言志四録』（前掲日本思想大系46、一一頁）に、

我既に天物なれば、必ず天役あり。天役共せずんば、天の咎必ず至らん。

という言葉がある。この「天与の役割」に自己を供応しようとする「志」は、欧米型のボランタリズムとは異なる。この「理的天」（溝口雄三「天人合一における中国的独自性」前掲日本思想大系46、七四〇～一頁）は、宗教的なものでも、「運命的天」でもない。陽明学に傾く一斎には「万物一体」ばしばしば説かれている（『言志録』前掲日本思想大系46、四六頁、『大学一家私言』『佐藤一斎』日本教育思想大系12、一九七九年、四五〇頁、等）。この「万物一体」観は、「天下の人は皆同朋たり」（『言志晩録』日本思想大系46、一三八頁）と同朋観で説明されている。しかし一斎は惻隠に偏することを避け、「中和」を尊び「敬」を重視した。

一斎の主張で注目されるのは「公愛」であるが、それは「親民の職」の基本であるからであろう。各所で「孤寡を矜み」と説かれている。『言志老至録』（前掲日本思想大系46、二〇七頁）に、

郡官たる者は、百姓を視ること児孫の如くし、父老を視ること兄弟の如くし、鰥寡を視ること家人の如くし、傍隣の郡県を視ること族属婚友の如くし、

と述べているのもその一例である。一斎の「志」意識は、武士を基準としたものであるが、幕末儒学に広く影響を与えた。そして明治の政治家ばかりでなく、明治・大正・昭和の社会事業家の内面的な支えの一つになっている。それは民主的とはいえないものの、民衆の「代表者」意識として、日本近代社会事業の思想に一つの位置を持っている。

大塩中斎の思想　中斎（一七九三（寛政五）―一八三七（天保八）年）は、日本陽明学でもっとも著名な人物である。宮城公子が「大塩の思想基盤」（『大塩中斎』日本の名著27、解説、一九七八年）として挙げているのは、「良知を致す」、「良知を致す『工夫』」、「理気・性情の合一」「心即理」「格物致知」「事上磨錬」などで、また「思想の展開」（宮城前掲解説）では「明徳・親民」「万物一体の仁」「孝」「太虚」などである。このリストでも中斎の思想の大筋は察せられるが、中斎の読書ノートである。『洗心洞箚記』（前掲日本思想大系46、三六一頁）の「箚記自述」には、

一に曰く、太虚。二に曰く、良知を致す。三に曰く、気質を変化す。四に曰く、死生を一にす。五に曰く、虚偽を去る。

の五つを挙げている。太虚については、孔子以来の太虚に関する古人の言論を集めた「儒門空虚聚語」（『日本倫理彙編』第三、陽明学派の部、一九七〇年）を、一八八三（天保四）年に刊行し、その

「自序」で説明している（四四三頁）。太虚とは、宇宙の摂理を司る大生命であり、その根本的なものに即し、自我にとらわれずに生きることで、「良知」もまた太虚を知ることである。太虚から間断のない働きが流れ出る。中斎は「明体適用」を重視し、「道徳功業」も必然的にそこから押し出されると見た（相良亨「『言志四録』と『洗心洞箚記』」前掲日本思想大系46、七三一頁）。それは天をもって感じ、天をもって動く「物我同体」の「大無心」の境地であり、その大無心をもって社会に働きかけ、止むことがない状態である。中斎の学問は同じ陽明学の藤樹や、あるいは経世済民の学と異なり、道義の本質を究明することを任務とした。

　次に「良知を致す」であるが、中斎における「良知」は、知的には是非善悪の識別、情的には他者への「忍びざるの心」で、それに通ずるものは「無私」である（相良亨『近世の儒教思想』一九六六年、二二〇頁）。この他者への痛みを痛む心を「良知」の根底とし、それを「知行合一」的に実践することが、「仁愛」や「救済」にとっての基本であろう。事実、中斎による門弟の生活上の面倒みのよさも並々ならぬものがあった（安藤英男『日本における陽明学の系譜』一九七一年、五四頁）。

「人に忍びざる心」は、中斎の場合「万物一体」「物我同体」の立場で説明された。一八三二（天保三）年「古本大学刮目」（前掲『日本倫理彙編』第三、三一五～六頁、陽明学派の部、下）を上梓し、その中で、

　陽明子曰。大人者以㆓天地万物㆒為㆓一体㆒者也。其視㆓天下㆒猶㆓一家㆒。……見㆓孺子之入㆑井。而必有㆓

怵惕惻隠之心㆒焉。是其仁之与㆓孺子㆒而為㆓一体㆒也。

と述べている。「一体の仁」は鳥獣草木にも及ぶとされている。

中斎は「鰥寡孤独」などに対する恵施についても述べているが（前掲『古本大学刮目』『増補孝經彙記』等前掲『日本倫理彙編』三、三八六、五七九〜八〇頁等）。しかし中斎の思想の特色は救済の功業にあるのではなく、むしろ「太虚」―「良知」―「惸惕惻隠之心」―「万物一体の仁」という、道義的本質を実践化しようとしたところにあった。そして中斎の社会的諸問題のとらえ方も、客観的な社会的認識ではなく、家父長的な原理で、上から人民の困窮を救う方式で、その騒動もおこした幕藩体制に対する抵抗ではない。諸役人等の不正を討つという体制内改革である。しかし社会的問題をそのまま主体的課題とし、直接実践に訴えていったことは、幕末期における一揆等の変革運動を鼓舞することになった。

洗心洞箚記　『箚記』（前掲書）は一八三三（天保四）年、中齋の挙兵四年前家塾洗心洞で出版されたもので、主著であり、この時中齋は四一歳であった。相良亨は『箚記』に、挙兵の可能性を見ているが（『言志四録』と『洗心洞箚記』」前掲日本思想大系46、七三七頁）、私も三七年の挙兵を前景に置きながら、その志士仁人的な慈恵思想の重要点を探ってみたい。

中斎にあっては、社会的矛盾の把握は、外的客観的な方法ではなく、「心伝の工夫」（五二二頁）で、万事万物は「太虚」に包まれながら、「功徳」（三九九頁）として働くと見たのである。つまり

「明体適用」(四三六—七頁)で、「太虚」という明体、「人を利し民を救う＝利済」という「適用」論理である。

中斎は「万有一心」「一体の仁」を本書の所々(例えば三七〇頁、四九三頁等)で引用している。

しかし重要なことは、

「民を視ること傷めるが如し(視民如傷)」の四字は、前には明道先生に崇ばれ、後に敬軒先生に崇ばる。……戦国秦漢に至りて、傷めるが如きの政、地を掃ひて蕩尽す、悲しい夫。而して二先生、或は坐処に皆書し、或は心に銘ずるは、則ち三代已上の人なり。謹みて想見すべし。

と述べ(四一一頁)、「視民如傷」を「想見」し、明道・敬軒に続こうとしたことである。他者の傷みを傷むことが「良知」(四一四頁)に他ならない。それを「知行合一」として実践窮行しようとしたのである。これは「陽明先生の良知を致すは、知りて行はざる者の為めに之を発せしなり」(三八〇頁)という、激しい言葉でも明瞭である。

しかしいかに内的な「良知」の道ではあっても、それを触発する動機となるものは社会的条件である。

嗚呼、政の道は、実に其の害する者を去るに尽く。故に鄭声を放ち佞人を遠ざくるは、亦た只だ人心を害する者を去るのみ。

といい（四二八頁）、また、

其の群下を恣にせしめ、共に誅剝を行い、更に貧富と無く、皆其の殃を被る。

と（四六二頁）と述べている。それは単なる小愛小恵を施すことでなく、人心を害する者を除くという変革の途につながる。

しかし中斎の変革は「志士仁人」の道（三七四頁）であり、「常人の知る所」ではない。一八三〇（天保元）年天満与力の職を辞し、学問や教育に従ったのも、「我れ独り自ら知るのみ」（三八六―七頁）で、そこには中国陽明学の「狂者」に通ずるものがあった。

況んや吾が輩の聖人を学び、一に良知に任じて以て是非を公にすること狂者の如くなるをや。則ちその人禍は殆んど測るべからざるもの有らん。然りと雖も徒らに人禍を怖れ、遂に是非の心を昧ますは、固より丈夫の恥づる所にして、何の面目ありてか聖人に地下に見えんや。故に我も亦た吾が志に従はんのみ。

と（四六五頁）、後年の挙兵を予想させるような決意を述べている。そして『箚記』一三九条の終条の末言（五五二頁）、

> 嗚呼、湯先生は理学の名儒なり。其の言を信ぜずして誰をか之れ信ぜん。故に口に良知を説くと雖も、之を致さざれば、則ち但に湯先生に叛しのみに非ず。罪を王子に得ん。罪を王子に獲ば、則ち是れ亦た孔孟の罪人ならんのみ。

と記し、『箚記』を閉じている。四〇歳そこそこの出版であるこの『箚記』には、天命に準じようとする「志」とともに、その去就に動揺する心もうかがえる。日本の曲折した陽明学の中で、中斎は中国陽明学の道義的系譜を身をもって証明しようとした。

騒動檄文の思想　大塩騒動は著名な事件で、ここでは触れないが、大塩中斎の思想を尋ねようとすれば、省略はできない。その「檄文」（大阪城天守閣蔵）に流れる思想のみを取り上げてみよう。中斎の理想社会は血縁的色彩の濃厚な共同社会であり、その「一視同仁」も封建的身分関係是認の上に成立しており、その政治教化も「徳治主義」の枠を出てはいない。そして中斎も一度は幕政の一端を担った為政者である。にもかかわらず、兵を挙げ反乱者として死んだ。

本テーマから「檄文」で注目される文言は、「災害並致」「鰥寡孤独においてもっともあわれみを加ふべくは是仁政の基」「諸役人の堕落」「人々の怨気天に通じ飢饉」「米価高値と役人不仁、悪徳

商人擁護」「下民救わず役人遊楽」「天下のため役人大坂市中金持誅伐」「難渋者に金米をわけ与える」「堯舜天照太神の時代に復しがたくも中興の気象に恢復」「天下国家の簒盗にあらず」「庄屋、年寄百姓並に小前百姓の奮起」等々である。「視民如傷」という士太夫的動機が明瞭に表われている。

門人松浦誠之は『洗心洞箚記』に、一八三五（天保六）年「箚記跋」を執筆し（五五三頁）、

藤樹・蕃山・執斎の三子の後、其の緒の本邦に堪ゆること既に百幾十年なり、而して先生独り悟りたれば、則ち豈に亦た不伝の学を継ぎし者に非ざるか。藤樹の徳行、蕃山の才学、執斎の篤信は、皆王子の一体を具ふと雖も、然れども良知の奥を闡明は、則三子必ず当に我が先生に遜ること二三歩なるべし。

と陽明学統を挙げながら、中斎の特色を述べている。騒動はあっけなく終ったが、この騒動の思想は、当時の社会的騒動に拡がりを持つばかりでなく、明治以降の社会事業にも影響した。

第三部　キリスト教の社会福祉思想

まえがき——キリスト教の福祉思想

原典から日本社会福祉に提起する問題点をあげ、ついでカトリック＝トマス・アクィナス、プロテスタント＝マルチン・ルターについてひとことふれてみたい（『聖書』は日本聖書協会口語訳（一九五五年改訳版）使用）。

愛《アガペー》　プラトン的「フィリア」やアリストテレス的「エロース」と異なり、むろん仏教の「慈悲」や儒教の「仁愛」と相違する。キリスト教福祉の基本思想である「隣人愛」（レビ、マルコ、ルカ、マタイ等々）は「神を愛する」ことが第一の命令で、「隣人愛」は第二の命令である。自己愛の伴う偽善や人道主義はアガペーではない、自己・他者を越えて神の中に生きる愛では、「隣人愛」は隣人に生命を得させることにより、己が生きることである。アガペーは「義」（ローマ人）という神とのあるべき正しい関係のもとにある。アガペーは己を捨てて敵を愛し（ルカ、マタイ）、右の頬を打たれたら左を向けよ（マタイ）と愛の主体となる。国境を越え（レビ、コロサイ）、階級をこえる。「地の塩」（マタイ）、「一粒の麦」（ヨハネ）となり、「恵み」（ローマ人）、「憐れみ」（マタイ）、「施し」（箴言）、「慈善」（マルコ、ローマ人）等々に具体化されている。

「神の像」と堕罪　神の本質から純粋に現われる自由な主体的人間である（創世期）歴史のできごとを通じて神は自己を啓示し、人間は歴史を通じて啓示する神との関係において生活するのである。神と人間、人間と人間等々を結びつけ、関係づけ、意義づける人格神で、「神の像」は人格としての人間で、それは神に負っている。と同時に自分の十字架を負う（マルコ、ルカ）人格で、神への反逆、つまり堕罪に対して責任を負う人格である。堕罪は自己を中心とする自己愛のエゴイズム等からくる。この人格はケースワークのバイステックその他に影響を与えているのは周知のところである。

「正義」（ヨブ・イザヤ）　「聖なる神は正義によって」（イザヤ）、「共同の相続人」（ローマ人）、「信者共同体」（マタイ）、「自由と平等」（イザヤ）、「階級分裂の批判者」（アモス）、「十字架と平和」（イザヤ）、「両性の倫理」（マルコ、コリント第一）、「カイザルのものはカイザルに」（マルコ、ルカ、箴言、エゼキテル）等々、人間生活のあらゆる面に関係する。「正義」「公平」「公義」は福祉には社会的にも個人的にも重要で、権力意思を根底から否定し、人格的意思や人格共同体意思を表現する力である。

福祉そのものに関係する事項　「恵み」「憐れみ」「癒し」等々である。その対象は取税人（マタイ）、寄留外国人・異邦人（エレミヤ、レビ）、雇人（マタイ）、男女の奴隷（出エジプト）、障害者、聾・盲・唖・四肢障害・癲癇・精神障害等々（イザヤ、ヨブ、マルコ、ルカ）、貧困者・乞食・飢人（創世紀、イザヤ、マルコ、ルカ、マタイ）、寡婦・孤児（レビ）、病人、ハンセン病、中風（マタイ、マルコ）、遊女・男娼（ヨブ、マタイ）、囚人・犯罪者（イザヤ、ピレモン）等々雑多であるが、イエスはこれら最下層の人々とともにあった。ルカはイエスを「貧困の友」といっている。「癒し」にみえる奇蹟物語は、イエスに対する病める者等の一途の信頼と、イエスの限りない愛の人格力で、単なる同情や自愛でなく、弱い者を強くさせようとする神の「義」と「愛」である。精神疾患は特にそうで、またハンセン病は、伝統的にも民族的にも、一般庶民から「神罰」とみなされていたからである。

宗教革命を通じてカトリックとプロテスタントの福祉思想が相違を見せるので、その代表的思想を簡単に紹介しておきたい。

トマス・アクィナスの福祉思想（カトリック）。トマスは中世キリスト教円熟期における神学者である。トマス・カリタス論。施与論はその主著『神学大全』一六巻II―2（稲垣良典訳、一九八七年）に整然と説明されている。トマスは「愛徳《カリタス》について」（一六巻第二三問題）で、

神は自らの至福をわれわれに分ち合いの基礎の上に何らかの友愛が成立するのでなければならない。

と述べているが、稲垣良典はさらに単純化して、トマス・カリタス論を「愛徳《カリタス》とは至福の共存にも

とづく神と人間の間に成立する友愛」（『トマス、アクイナス』一九七五年）と説明している。カリタスの内的結果は、「よろこび」「平和」「慈悲」で、外的結果は「善行」「施与」「友愛的矯正」の三つである。カリタスは神の愛が隣人への愛にわかち合い的に成立し、そこに友愛が成立するのである。

「共通善」の正義としての「施与」の定義に、

施与と同情からおよび神のために何かを与える行為。その動機は慈悲（憐愍）から発する。

とあり、そこには七つの身体的施与、七つの霊的施与が定められている。身体的施与として、飢えている者に食べさせ、渇いている者に飲ませ、裸の者に着せ、旅人を宿らせ、病人を見舞い、捕われ人を身受けし、死者を葬るの七つである。

マルチン・ルターの愛《アガペー》（プロテスタント）の福祉思想。ルターの宗教改革の記念塔的論文に「キリスト者の自由」（一五二〇年）、「キリスト教界の改善に関してドイツのキリスト教貴族に与える書」（一五二〇年）があり、ともに福祉に革新的意義を与えている。「キリスト者の自由」（石原謙訳、一九五五年）には著名な命題、

キリスト者はすべてのものの上に立つ自由な君主であって、何人にも従属しない。キリスト者はすべ

てのものに奉仕する僕であって、何人にも従属する。

その主張を結論的にいえば、「信仰によって義とされる」で、「信仰のみ」「聖書のみ」「万人司察性」である。人間は罪や欲望の奴隷であるが、信仰によって無条件であがなわれ、自由な主人となり、その自由によって隣り人に仕えるということである。ここに中世に支配的であったカリタスに対し、近世的な「他者に仕える自由」の源泉が提示され、純粋なアガペーが蘇り、施設中心から、社会一般、特に地域に解放された。

キリスト教的人間は自分自身においてではなく、キリストと彼の隣人において、すなわちキリストにおいては信仰を通して、隣人においては愛を通じて生活する。

が、ルター福祉思想の結論である。

「キリスト教界の改善に関して、ドイツのキリスト教貴族に与える書」は、ドイツの全貴族に宛てた公開質問状である。ルターの批判は、何よりも免罪符と一体化された喜捨の慈善思想に向けられた。乞食・托鉢に反対し、ゲマインデでの救貧事業を提案した。その具体案が共同金庫で「共同金庫の規定」（一五二三年）がある。喜捨、托鉢修道会のような中世的慈善を脱して、市民的共同体と宗教的共同体による生活を保障しようとした試みであった（岡田英己子「ルターの救貧思想」吉

田・岡田『社会福祉思想史入門』四八頁、二〇〇〇年)。

第4章　日本キリスト教（プロテスタント）社会福祉思想の展開
――日本プロテスタント社会福祉思想小史――

一　幕末の初期宣教医――J・C・ヘボンとJ・C・ベリー

初期宣教医と幕末・維新の日本　一八世紀後半から一九世紀初頭にかけての欧米キリスト教は、リバイバル運動と海外伝道が盛んで、その伝道を背景に植民地活動が行われていた（工藤英一「ミッションの日本伝道」明治学院編『明治学院百年史』一九七七年、二頁）。むろん日本や中国のような宗教や文化が発達している国の布教には、東洋と西洋の「接触対決」（海老沢有道「日本カトリック史緒論」海老沢・大内三郎『日本キリスト教史』一九七〇年、一三頁）という面は否定できないが、幕末維新期では、宣教師はむしろ近代化された福音信仰や文化の伝播者であった。むろんこの時期には、修道女サン・マティルドの育児活動もあったが、近代化の点からいえば、プロテスタントで、なかんずく宣教医であった。

宣教と帝国主義の関係については、Ｊ・Ａ・ホブスン等の周知の研究があるが（『帝国主義論』下、一九五二年、第三章ほか）、それよりも幕末維新期の日本にとって、緊急な課題は、外圧に対し近代化の方向でいかに対処するかにあった。この点キリスト教への関心は哲学的神学的より、百科全書的啓蒙性や、泰西文明の根底にある市民社会の倫理的啓蒙性にあり、日本伝道にはそれを体現しながら、人格をもって日本人の信任を得ることが必要であった（山本秀煌『日本基督教会史』一九二九年、一三頁）。事実初期プロテスタント教師は、厳格なピューリタンであり、使命観に燃えた気魄ある宣教師達であった。

ここでは一八五九（安政六）年から一八七七（明治一〇）年における、主要ミッション来朝の一覧表を、小澤三郎『日本プロテスタント史研究』（一九六四年、一四〜五頁）から引用して掲載しておこう。

山本秀煌は前掲書で（一三—七頁）、初期宣教師はその人格性とともに、バイブルの和訳出版頒布、教育事業ならびに医療を中心とする慈善事業を、伝道の功績として挙げている。竹中勝男は「本邦近世社会事業の先駆者としての宣教医」（『基督教研究』一九七三年一〇月号）を発表し、医療活動は、日本人の疑心を打破緩和し、科学と人道主義的進歩性をもって、人格の至上価値や社会的観点を日本に導入したといっている。また長門谷洋治は「宣教医関係文書」（ユネスコ東アジア文化研究センター編『資料御雇外国人』一九七五年、一九一頁以下）で、竹中以後の新しい研究を加えている。

Ｊ・Ｃ・ヘボンの医療と日本福祉

ヘボン（J. C. Hepburn、ヘッバァンが正式な名前であるが、通称

主要ミッション来朝の一覧

事項	①ミッション名（教会名）	②最初の宣教師来日年	③最初または初期に来日した宣教師名	④備考、その他
1	カトリック教会	幕末	プチジェアン	上智大学
2	ギリシャ教会	幕末	マアホフ(函館)、ニコライは1861年	神田のニコライ堂
3	米国監督教会	1859年	J.リギンズ、C.M.ウィリアムス	日本聖公会系
4	米国長老教会	1859年	J.C.ヘボン（医師）	日本基督教会系
5	米国和蘭改革派教会	1859年	S.R.ブラウン、D.B.シモンズ、G.F.フルベッキ	日本基督教会系
6	米国バプテスト自由伝道会社	1860年	J.ゴーブル	浸礼教会系
7	アメリカン・ボード・ミッション	1869年	D.C.グリーン	組合教会
8	英国教会伝道会社	1869年	G.エンソル	日本聖公会系
9	米国婦人一致異邦国伝道協会	1871年	M.プライン、L.H.ピアソン、J.N.クロスビー	日本基督教会系
10	米国メソジスト監督教会（北部）	1873年	R.S.マクレイ、J.C.デビソン、M.C.ハリス、J.ソーパル、H.コレル	メソジスト教会系
11	米国北部バプテスト外国伝道会社	1873年	N.ブラウン、J.ゴーブル	関東学院大学
12	カナダメソジスト教会伝道会社	1873年	G.カクラン、D.マクドナルド	東洋英和系
13	英国福音宣伝協会	1873年	A.C.ショウ、W.B.ライト	日本聖公会系
14	スコットランド一致長老教会	1874年	R.デビッドソン、H.フォールズ、H.ワデル	日本基督教会系
15	米国福音教会	1876年	F.クレッカー、A.ハルムヒュベル、ミス・R.J.ハドソン	
16	米国カンバーランド長老教会	1877年	J.B.ヘール	日本基督教会系
17	英国浸礼教会	1879年	W.J.ホワイト	バプテスト系
18	合衆国改革派教会	1879年	A.D.グリング	
19	米国メソジスト・プロテスタント教会	1880年	ミス・H.G.ブリテン	成美学院 美普教会系
20	基督教会	1883年	C.E.ガルスト	女子聖学院系
21	フレンド教会	1885年	J.コーサンド	非戦論主張 友会系
22	米国南長老教会	1885年	R.E.マカルピン	日本基督教会系
23	米国南部メソジスト監督教会	1886年	J.W.ランバス、W.R.ランバス、O.H.デュクス	メソジスト系
24	独逸普及福音新教伝道会社	1887年	W.スピンネル	三並良
25	ユニテリアン	1887年	A.M.ナップ	島田三郎入会
26	米国南部バプテスト教会	1889年	J.W.マコーラム、J.A.ブランソン	浸礼教会系

出所　小澤三郎『日本プロテスタント史研究』（1964年）14-5頁より引用。

に従う）はペンシルバニア大学で医学を専攻したが、『書簡集』（高谷道男編訳、一九五九年）で、医療は民衆の偏見を取り除き、日本人と自由に交際を開く方法だといっている（八四〜五頁）。山本秀煌は、ヘボンは余り神学等研究せず、単純な信仰を持ち、日本の悪口を決していわず、ミッションから金銭を受けず、自費伝道をしたといっている（小澤三郎『幕末明治耶蘇教史研究』一九四四年、三〇八〜一〇頁）。また、大浜徹也は、ヘボンが日本伝道に必要と考えたのは、次の五項目としている。①為政者による庇護、②実利的功利的性格が強い日本人に対する、医療教育等の啓蒙活動、③優れた人格を持つ宣教師、④日本人教育者の養成、⑤聖書の翻訳である（『明治キリスト教会史の研究』一九七九年、二二一〜三頁）。

ヘボンは「己れを待つこと極めて厳格で、他人を処すること甚だ寛大であった」（佐波亘編『植村正久と其の時代』第一巻、一九三七年、二五四〜八頁）という。

ヘボンが幕末尊攘運動の渦中に来日したのは、「厳粛な義」（高谷道男『ヘボン』一九六一年、二五頁）の遂行と、「犠牲的精神」（山本秀煌『ゼ・シー・ヘボン博士――新日本の開拓者』一九二六年、一二頁、など）からであろう。

ヘボン研究の基本的文献の一つ『ヘボン書簡集』であるが、編訳者高谷道男は、書簡は文学的でなく、実務的で淡々とし、そこにみえる使命観も窮屈なものでないといっている。本書簡集等を中心に、日本慈善思想に対するプロテスタント開幕期におけるヘボンの貢献を整理してみたい。

第一は、社会的にみれば、人格を基礎においた四民平等の施療で、身分制に基づいた医療ではなかった。老中から浮浪癩や乞食に至るまでその人格が対象であった（前掲『書簡集』一七〇～一頁）。「異人聞書秘録」（前掲『植村正久と其の時代』第一巻、二五九～六〇一頁）に、戸部浦の漁民は難病をヘボンに助けられ「泣いてヘボンの恩を謝し候」とある。それは幕府の圧迫や、神奈川奉行による施療所閉鎖命令の中で行なわれた。身分制から離れたプロテスタント的人格概念による思想である。

第二は、プロテスタンティズムの「義」に基づく、犠牲的使命感をもって、「癒しの業」として医療に従事したことであった。その施療はミッションや、横浜在留外人の寄付によったが、それ以外は「私財」（高谷・前掲書、七二頁）によるもので、とくにアメリカの南北戦争前後は本国からの送金もなかったが、ヘボンは動じなかった（前掲『書簡集』八九頁）。

第三は、ピューリタン的倫理、とくに医師として、日本のルーズな性道徳を批判し、一夫一婦制を主張し、性病対策に及んだ（前掲『書簡集』一七〇～一頁）。

第四は、ヘボンの医療はいうまでもなく、近代科学に基づくものであった。眼科が専門であったが、その他結核、障害者にも及んだ。特に外科の評判が高く、さらにコレラ・天然痘等の流行病の治療にも当った。宗興寺で治療を始めてから、一八七九年健康を害し、廃止するまでの一八年間、施療患者は六〇〇〇ないし一万人に達するといわれる（前掲『明治学院百年史』一〇～一頁）。

一八九二（明治二五）年七十七歳で帰国したが、その送別会の演説（高谷・前掲書、一八八頁）は、

日本へ参りまして日本の内で老年となりました……私は唯旅人、宿り人の生涯です……私の旅路はチ

ット永くなりました……あなた方も私どももともに我父の家（天国――筆者注）に集って誠に相互に喜びましょう。

というものであった。ヘボンの慈善は、日本ではプロテスタンティズムとの本格的出会いであり、近代慈善事業―社会事業の系譜的存在となった。

宗教医J・C・ベリーと監獄改良　一八七二（明治五）年来朝したアメリカンボード派遣のベリー（一八四七年生）は、ジェファーソン医大卒業の宣教医であったが、慈善事業の上からいえば、監獄改良思想も大きい。その事蹟や思想の研究は、大久保利武編『日本に於けるベリー翁』（一九二九年）が基本文献であるし、同志社関係については室田保夫『キリスト教社会福祉思想史の研究』（一九九四年）が詳しい（二七～三三頁）。

ベリーが一八九三年帰国までの二一年間、神戸・岡山・京都等関西の近代医療に尽したことはよく知られている。来日直後、神戸生田神社前の外人居留地で、貧民施療をはじめて以来、神戸国際病院、あるいは神戸県立病院等に関係したが、常に施療に関心があった。例えば神戸県立病院に自分の施療病院を併合させる際の条件も、県費をもって貧民を救済する件、病院内に聖書を講義し得る件、各地にある診療所を巡回訪問し得る件等であった。各地の診療所とは、県下の三田・明石・加古川・高砂地方のことであり、また有馬・住吉・西宮にも巡回診療を行った。

特記されるのは、兵庫県下の漢方医師に西洋医術を研修させ、また運動は功を奏しなかったが、当時浮浪ハンセン病が多く、その救済並びにハンセン病伝染防止のため、ハンセン病院建設をも政府に献言した。ベリーの縦横の活動は、兵庫県知事で、かつ啓蒙思想家であった神田孝平との親密な関係も幸いした。ベリーも神田を「自叙伝」（前掲『日本に於けるベリー翁』、一一九頁）で、「極めてデモクラチックな人で」といっている。ベリーは一八七九年には同じ派の宣教師ケリー・ペテー等と岡山市に移り、同県の医療事業に尽した。

しかし医療事業にまさる功績は、犯罪者を一個の人格として、獄中でも人格を傷つけないように矯正し、また社会に戻った時の準備をさせるという監獄改良思想である。明治キリスト教慈善事業の開拓者原胤昭・留岡幸助ら多くの人も、監獄改良に当ったが、ベリーはその始祖的存在である。そして一八七八年大久保利通内務卿へ上程した「獄舎報告書」（伊藤己代治訳、前掲『日本に於けるベリー翁』収）が残っている。

監獄改良への直接のきっかけは、神戸県立病院に在任中、神戸監獄の囚人患者の治療や、囚人伝道を行ってからである。兵庫監獄の報告ができたのは神田孝平知事との関係からであり、その他の府県飾磨・大坂・京都等は大久保利通内務卿の許可による（「留岡幸助氏に宛てし書簡」前掲『日本に於けるベリー翁』収）。一八七二年三七八号布告「監獄則」には「獄は人を仁愛する所以にして人を残虐する所以に在らず」の名文句があるが、財政も伴わず、刑罰理論も進んでいなかった。ベリーの報告書は単なる報告書でなく、改良の意見書で、刑法学者でもある泉二新熊によれば（「ベルリー氏の獄舎報告書を読みて」前掲『日本に於けるベリー翁』収）、この意見はロンドン第一回監獄会議の際に、参列諸国政府に提出されたものと「殆んど同一」であったという。ベリーの意見は日本で受容される可能性はなかったが、当時世界最新の行刑思想が盛り込まれたものであった。この報告書は印行されて各府県に配布された。

「獄舎報告書」は、「前がき」の部分に監獄改良について、

其ノ事業ハ仮令罪悪ヲ極メシ人ト雖モ、未ダ必ラズ天賦ノ善心ノ幾干ヲ其ノ胸間ニ在スルモノト信用スル信仰者ノ総テニ関係ヲ生スルモノナリ（前掲『日本に於けるベリー翁』二一三頁）。

とある。注目点は「囚人分科ノ方法」「囚人教誨、小年罪囚教育」「囚人ノ工作」「放囚ノ保護」「囚人ノ親書、牢内通気、牢内ノ疾病」および囚人の環境への注目等で、牢内の教法・倫理は「独り耶蘇教法ノ道徳ヲ以テスルヨリ外能ハサルノミ」（前掲『日本に於けるベリー翁』二四五頁）と述べている。ベリーはやがて展開される、プロテスタントの北海道監獄改良の先駆的存在ともいうべき人物である。

二　維新啓蒙期の慈善思想——中村正直と楽善会

啓蒙思想とキリスト教　明治啓蒙思想の代表的存在は明六社である。当初の社員は西村茂樹・津

田真道・西周・中村正直・加藤弘之・箕作秋坪・福沢諭吉・杉享二・箕作麟祥・森有礼の一〇名。一八七三（明治六）年発起され、七四年制規を定めて発足した。機関誌『明六雑誌』は七四年三月創刊、七五年一一月の四三号で終刊となった。初期同人の社会的共通点は、世代、下級士族出身、当初儒学後に洋学学習、ほとんどが幕府開成所勤務、幕末までに西洋見聞者過半、薩長出身者はほとんどなしといわれる。大久保利謙は『明治啓蒙思想集』解題（大久保利謙編、明治文学全集第３、一九六七年、四三九頁）で、

明六社の人々は政府の政策を、当時の日本の国策の線で受けとめ、しかも一面的にはこれに批判であった。

と、新政府の漸進的な開明政策の線に添い、国民の蒙を開こうとしたと位置づけている。同時に渦中の中村正直は、明治維新を「政体ノ一新とイフマデニテ人民ノ一新シタルニ非ズ」（「人民ノ性質ヲ改造スル記」明治文化研究会編『明治文化全集』第三巻）と論じ、日本は西国の教法（キリスト教）という内面に注目しなくては、欧州の人民と等しくならないという警告もあった。

ところで儒教的教養に育成された人々のキリスト教理解や、特に啓蒙期クリスチャンのキリスト教理解はどうであったか。キリスト教の「神」や、「天」と儒教の「天」はいわば対決的存在であるが、儒教的「天」とキリスト教の神、儒教的厳粛主義とピュリタニズムの結合を考えた人も多か

った。

後年、田村直臣は『信仰五十年史』(一九二四年、二四頁)で、

別に深い確信があった訳ではない。何処までも国家的で、霊的な基督教の味はまだ少しも味って居なかった。単に基督教は、文明国の宗教である。依って神道や仏教やは駄目だ。基督教でなくては、欧米の如く文明国にはなれないとか云ふ様な点にのみ心を執られて居った。神という観念は多少あったが、基督とか基督の救ひとか云ふ霊的な問題は、私の心を少しも支配して居らなかった。

と回顧している。

中村正直も「天」や「上帝」もキリスト教的な超越的人格と認めていなかったし、中村の「敬天愛人」もキリスト教的「天」を儒教的に説明している(「敬天愛人説」前掲『明治文化全集』第三巻)、中村の人間像にはいわば儒教とキリスト教という異質的な両者が存在していた。

慈善救済思想に即して儒教とキリスト教の関係を啓蒙的視点からみれば、儒教的個人倫理としての「仁愛」と、一方「治国平天下」的「仁政」的救済から、キリスト教的「隣人愛」的慈善への転換ということである。儒教的「仁愛」と「仁政」の密接不離の関係は、江戸時代の「名君」群にもよく見られるが、近代的発想からいえば外的政治世界の「救済制度」と、内的世界の慈善やボランタリーを分離して、両者を「相補」関係におくことであろう。ヨーロッパにおけるカリタスの変革

とは、教会支配や中世的神学思想から、人間の理性や自由への解放であるが、それはすでに宗教改革によって自律的な人格概念の創出に歩みはじめていた。
しかしこの啓蒙期になっても、儒教的慈善救済からとき放ち、「神」の「愛」を基調とするキリスト教的近代的慈善が理解されるのは、まだ次の時代を待たなければならなかった。キリスト教的「愛」の理解は、まだ明治維新期の啓蒙思想には困難なテーマであったのである。

中村正直の慈善思想　啓蒙思想家の中で、直接慈善ないし博愛にもっとも深い関係を持ったのは中村正直（敬宇）である。一八六六（慶応二）年幕府派遣留学生を率いてロンドンに赴いたが、「鰥寡孤独、盲唖顛狂、救恤医療」（「自叙千字文」前掲『明治啓蒙思想集』明治文学全集3、中村正直篇）と、早くも救済に注目している。それは「採長補短」的実学的洋学観から出ているにしても、儒教的仁愛観が教養として身についていたからであろう。中村は佐藤一斎の弟子であるが、一八七四年カナダ、メソジストのG・カックランから受洗した。そして明治維新では制度の変革とともに精神的変革の必要性を知った。

人民ノ性質ヲ変シ善良ナル心情高尚ナル品行ニ化セシメント欲セバタヾ政体ヲ改ムルノミニテハソノ功験絶テコレナシ、タヾ円キモノガ六角トナルハ角トナルバカリニテソノ中ノ水ノ質性ハ改タマラズ、故ニ政体ノ改タマルヨリハ寧ロ人民性質ノ変ジテ愈〳〵善ク旧染ヲ去リ日ニ新タニシテ又日ニ新タナルコソ望マシ（「民ノ性質ヲ改造スル説」前掲書）。

山路愛山は中村がキリストと孔子の教との調和を発見したといっている（「中村正直論」『基督教評論・日本人民史』一九六六年、八頁）。初期日本キリスト教徒で、儒教的「天」とキリスト教の「神」、儒教的厳粛主義とピューリタニズムの類似を考えたのは中村をもってしても例外ではない。中村のキリスト教的慈善の下敷きにはもともと儒教的「仁愛」があったのである。

中村の留学帰朝後最初の著述「敬天愛人説」（前掲『明治啓蒙思想集』二八〇頁）に、

> 愛レ民者。必有二天報一。……西銘曰。民吾同胞。物吾与也凡天下疲癃残疾。惸独鰥寡。皆吾兄弟顚連而無レ告也……我既受二利於他人一。則我亦不レ可レ不下施二利於他人一。彼此相資。以レ造中福祉上。是人之奉二天職一之道也。

とある。張横渠の「西銘」は、儒教的福祉のシンボルといってよいものであるが、これが約二年間イギリスで近代的キリスト教慈善に触れた人の文章である。中村は後にユニテリアンに傾斜したが、中村の古今東西一致の道徳観は、いわば儒教的ユニテリアンにあらわれている。

中村の名を高からしめたのは『西国立志編』（前掲『明治啓蒙思想集』）と、ミルの『自由論』を訳した『自由之理』（明治文化研究会編『明治文化全集』第二巻、自由民権篇収）である。前者は「自助《セルフ・ヘルプ》」のみが著名になったが、「書西国立志編後」に、

其俗則㆓上帝㆒。尊㆓礼拝㆒。尚㆓持経㆒。好賙㆓済貧病者㆒。国中所㆑設。仁善之規法。不㆑遑殫述。……凡此㆓民人公同捐㆑銀而設者㆒。凡百之事。官府之所㆑為。十居㆓其一㆒。人民之所㆑為。十居㆓其九㆒。

と述べられている。ここではキリスト教的慈善や、民間のボランティア活動にも言及している。

後者の「自序」（『自由之理』巻之二、前掲『明治文化全集』第二巻、二八七頁）には、「施㆓貧者㆒、救㆓病者㆒」等の文字が見える。自助・自主・自由、誠実・勤勉、あるいは職業の神聖はプロテスタンティズムの精髄で、それは立身出世の原動力ともなったであろうが、また石井十次等の近代慈善事業家にも刺激を与えた。中村は儒教的仁愛を下敷きにしているが、またキリスト教的近代的慈善にも目配りしているところに啓蒙家の面目があった。

中村の慈善博愛思想は「訓盲所ノ事ニツキ問答」（『東京日日新聞』一八七五年九月一二日、高橋昌郎『中村敬宇』一九六六年、八二、一八四頁より引用）の、

半開化ノ国ノ人民ハパブリックアイデア（公同ノ意想）、パトリオチツム（愛国ノ心）トイフモノガ無ク、或ハ有レトモ薄キ故ニゼネラルインテレスト（公利公益）ト言モノニ眼目ガ届カズ……今迄ノ日ニ公利ノ興ラザリシハカクノ如キ人民ノ多キニ由ルナリ……吾輩曰ク、鰥寡・孤独・廃疾ハ国人惣体厄介ナレバ、固ヨリ人民会社ナル政府ニ属シテ至当ナリ、

に表れている。ここに後述の訓盲院を支えようとする戦闘的姿勢さえ見える。「公同ノ意想」「愛国ノ心」に欠ける「半開化」国日本、そしてその欠如を、訓盲院という民間的ボランタリーで担おうとする中村の「志」が見える。

啓蒙諸家の中で、キリスト教的慈善に最も関心を持ったのは中村であるが、前記『東京日々』の記事に見られるように、その思想はアガペーより遠く、むしろ佐藤一斎等が提示した「志」に近いものであった。しかも晩年に近づくにつれて、その世界観は、儒教的「理」に回帰してゆく傾向が、前面にあらわれてくる。いわば「先祖返り」を示してくる。

楽善会の結成　ここでは施設論としてでなく、その設立趣意書等にあらわれる啓蒙思想をうかがいたい。楽善会の結成はいわば近代的慈善のモデルと考えるからである。楽善会訓盲院については東京盲学校編『東京盲学校六十年史』（一九三五年）や、中野善達・加藤康昭『わが国特殊教育の成立』（一九六七年）にくわしい。

かつて丸山真男は、楽善会結成を「自主的結社」「大衆公同の利益」という近代的視点で論じたことがある（「開国」日高六郎編『近代主義』現代日本思想大系34、一九六四年、三〇九頁）。確かに一八七六（明治九）年四月に発表された「楽善会規則」には、「公同楽善」や「私約ヲ基トナシ」（東京盲学校編『東京盲学校六十年史』一九三五年、四二頁）と、私的結社がうたわれている。そしてここではプロテスタント的慈善《チャリティ》が、かつて貝原益軒等が提起した「自娯」という儒教的倫理が「善を楽しむ」と用語の置き換えともみれる言葉となってあらわれてくる。前年一二月発表された「訓盲会社条例」第一条には「日本のハイランスヒロックソサイティ『仁善会社』と名づくべし」とある。「博愛《フイランソロフイー》」の近代的使用例としては最も早いものの一つであろう。その訳として「仁善会社」と儒教的用語を使用しているのも面白い。しかし西洋ではすでに慈善思想の近代化が進み、一八世紀啓蒙思想を背景に「博愛」思想が成立していた。しかし日本ではキリスト教的「愛」の理解が充分ではなかったため、宗教の範疇でない儒教的倫理「仁愛」が容易に「博愛」と結合したのであろう。

会の発端となったボルシャルト、特にH・フォールズは伝道医であったから、ボランタリズムについてはよく理解していたであろう。しかし洗礼を受けた中村正直にしても、会の会頭英学者であり、同じく受洗した古川正雄にしても、個を基礎とした使命感であるボランラリズムを、どこまで理解できたかは疑問であろう。フォールズ等の意図は、伝道の一環として位置づけられていていたが、訓盲院実現の過程では宣教から離れ、木戸孝允・山尾庸三・前島密その他高級官僚の周旋により施設が成立した。そして「私約」を建て前とし、国家の資金を当にしない「約定」であったが、国家の救済政策の肩代わり的性格を持ったことは否定できなかった（小西信八「明治初年の盲啞教育」教育史編纂会編『明治以降教育制度発達史』第一巻、一九三八年、八五二頁）。もともと福祉ボランタリズムは、国家の救済政策とは緊張関係にある。したがって啓蒙的ボランタリズムの典型である楽善会にも限界はあるが、しかし楽善会が日本の近代的民間施設の先駆であることは間違いない。

訓盲院の処遇思想は、一八八〇年五月の「楽善会訓盲院規則」第一条に定められている。「善徳才智」の発達と、「自営自立」の人を養成することである。「自営自立」は儒教的なものではなく、「自立」として、文明開化国策の一翼たらしめようとしたものである。

楽善会に集った人びとは、フォールズ、ボルシャルト、中村正直、津田仙、古川正雄、岸田吟香の六名で、伝道的意図のもとに、キリスト教的慈善を行わんとしたのであった。日本人の出自は旧幕臣か、それに近い人で、幕末から洋学を学び、外遊の経験があり、新政府に関係はあっても、自由な立場の開明的知識層で、いずれも慈善思想の近代化にふさわしい人々であった。しかしこれより先の一八七一年九月、工学頭山尾庸三が「盲唖学校ヲ創立セラレンコトヲ乞フノ書」(前掲『明治文化全集』第二四巻、一九六七年、二四〇頁)と建白している。その論旨は盲人の国家経済道徳の「裨補」、良民と並んで、盲人の「自主ノ権」、「皇朝至仁ノ沢」等で、「自主ノ権」を掲げているが、かなりナショナリステックなものであった。もともと山尾もイギリスに留学した開明官僚の一人であったが、この実力者山尾の楽善会入社条件は、宗教や外国の力を借りず、日本の有志者中心に会を運営しようというものであった。訓盲院実現のために、会員はこの条件に賛成したが、首唱者フォールズは脱会した。宣教師の手から日本人の手に移る過程で、会友の信仰内容が問われたのである。

一八七六年六月一日「楽善会広告」の最後に名を連ねた者は、加藤康昭の整理によれば、華族一、士族七に達し、職業別では官七、僧侶神官四、ジャーナリスト二、実業家一、外遊経験者九である(中野・加藤・前掲書二三四―五頁)。訓盲院設立とともに、仏教側の大内青巒が院長に就任した(拙

著『日本近代仏教社会史研究』一九六四年、一二三頁)。

三　慈善思想の黎明——社会的キリスト教の起点

小崎弘道とラーネッド　明治二〇年前後のプロテスタントの社会改良思想や慈善思想は、すでに産業革命を経過した、一九世紀後半の欧米先進資本主義国の社会的キリスト教をモデルとした。そして、①儒教的仁政思想や仁愛思想に対しては、公私分離やヒューマニズム、仏教的出世間的慈善思想に対しては、世俗内的社会改良や隣人愛を提起した。

②『明治政史』の著者が「華奢風流の余に出る婦人慈善会」という、いわゆる「二頭立ての馬車に乗った」貴族主義的鹿鳴館的、あるいは啓蒙主義的慈善に対して、自由平等な隣人愛に基づく慈善思想をとった。

③自由民権的政治論的救済、解放思想に対して、宗教的内面的慈善の提示が行われた。むろん初期プロテスタントの啓蒙的実学的倫理的技術的、さらにはその社会的性格にもまだ「罪を負えるものとしての自覚」(海老沢有道・大内三郎『日本キリスト教史』一九七〇年、二七六~七頁)や、移入的性格は否定できないものの、私は日本の近代的社会改良思想や慈善思想、特に明治三〇年代のキリスト教社会主義の起点をそこに求めたい。

また慈善事業そのものにとっても、原胤昭・留岡幸助につづく、いわゆる「北海道バンド」(室田保夫『キリスト教社会福祉思想史の研究』一九九四年）の監獄改良事業、そして群馬県の廃娼運動における湯浅次郎や東京婦人矯風会の設立その他もこの期のことであった。

ところでキリスト教的慈善思想の起点をめぐって、見逃すことのできない著述は、日本人のものとしては小崎弘道の『政教新論』（一八八六年）、外国人のものとしては、ラーネッドの『経済新論』（宮川経輝訳、一八八七年）、『経済学之原理』（浮田和民訳、一八九一年）などである。

小崎は一八五六（安政三）年生まれ、熊本洋学校を経て七九年同志社神学科卒業、翌年東京青年会を結成して会長となり、『六合雑誌』を創刊した。イギリス一九世紀後半のキリスト教社会改良や、キリスト教社会主義に注目し、「社会的基督教を唱導した」（竹中勝男『日本基督教社会事業史』思想編七九頁）。小崎は「基督教の新傾向」（『六合雑誌』一八九〇年九月号）で、個人的キリスト教から、社会改良や社会的慈善的キリスト教への転換を主張している。また『六合雑誌』一八八一年第一巻第七号で「近世社会党の原因を論ず」で、マルクスを日本に最初に紹介した人物として有名である。

小崎の『政教新論』（一八八六年）（『明治宗教文学集』第一、明治文学全集87、一九六九年）は、著者の「儒基両教論」のテーマにそった儒教批判が展開されている。前掲『明治宗教文学集㈠』解説者武田清子がいうように、小崎には横井小楠の開明的実学教育に育てられ、儒教はキリスト教に至る準備という視点がある。このテーマに即して、私なりに福祉に即して重要点を挙げれば、①儒教は近代市民の自由を認めていない。儒教は郷党的で、個人の貴重な精神を認めていない。②儒教には政教分離や公私分離が見えない。儒教的仁政には公的政策と倫理的私的慈善が分離されていない。③儒教的人間関係は職業、性、年齢等々は縦の序列であり、キリスト教のように個人的平等、婦人の地位の平等、社会的平等としての社会的改良等も考えられていない、と主張している。つまり近代社会事業の路線、①封建的共同体的思考から近代的個人的自由な思考へ、②公私分離、近代的ボランタリズムへ、③序列的人間から平等的人間への解放へ、等々の端著的視点がみえる。

ラーネッド（一八四八年北米生れ）は、一八七五年、満二七歳の時に来日、翌年より同志社の教師となり、多くの社会改良や慈善事業の開拓者を育て上げた。住谷悦治によれば、その経済学の立場は「新歴史学派」（『ラーネッド博士伝——人と思想——』一九七三年、一九一頁）であるが、根本は「自由主義的経済学」（前掲書二七二頁）という。その貧困救済策も社会政策的だが、ドイツ系のそれではない。

ラーネッドの代表的著述は『経済新論』『経済学之原理』である。前者の救済策は、救貧法は否定されていないが、総じていえばイギリス救貧法の反省が濃厚で、私人相互の救済が有益、かつ効果的とされている。当時のキリスト教的自由主義的救済論としては本格的なものである。後者でも、稼働能力によって貧民を区別し、稼働能力を有しないハンディを持った貧困者の救済を述べている。ラーネッドは右手に聖書、左手で経済学を講ずるヒューマニストであった。

『六合雑誌』と『国民之友』　両誌とも社会的キリスト教の起点を飾る雑誌である。『六合雑誌』は一八八〇年一一月、同年五月に発会した東京青年会により創刊された。『六合』とは津田仙がコスモスからとって命名した。編集委員は小崎弘道・植村正久・田村直臣で、執筆者は新進のキリスト教徒を網羅していた。明治一〇年代初期の重要論文は小崎弘道「懲矯院ヲ設ケザル可ラザルノ儀」（一八八〇年一二月号）で、政府は刑罰等を行うが、犯罪者の減少策、矯正策は、むしろ民間が行うべきと、懲矯院設立を促したものである。小崎と同じ一八七九年同志社の第一回卒業生浮田和民の「婦人ノ地位ヲ論ズ」（一八八四年一月号）、「社会道徳論（前号ノ続キ）」（一八八五年八月号）も注目される。前者の一夫一婦制、男女同権論はむろんであるが、戦争廃止をしなければ、婦人の地位向上はないという指摘は、もっとも早い平和論であろう。後者も儒教圏の婦人軽視を難じながら、貧富懸隔、男女懸隔の是正を力説し、ここでも戦争廃止に及んでいる。

明治二〇年代で注目されるのは、その編集内容で、「雑記」の「社会学と神学」（一八八九年二月号）で、英米の社会的慈善的教会を紹介し、「社会問題考究の必要」（一八九〇年六月号）では、資本主義社会の貧富懸隔、ならびに自由放任主義を批判しながら、社会問題の解決を、キリスト教の博愛による改良によらねばならないと論じている。そして社会改良の重要性を指摘し、アンドーヴァ神学校のタッカー等の所説を紹介している。「社会的基督教」（一八九三年一二月号）がこの雑誌の特色であった。

欧米の社会改良家の紹介も多い。「慈善家チャーレス・ローリング・ブレース氏逝く」（一八九〇年一一月号）、「将軍ブース氏の廃人利用策」（一八九一年二月号）等である。

特に雑誌を挙げてのデモンストレーションは、S・A・バーネットの来朝を機に行われたA・トインビーの紹介である。最初に関係記事を挙げておく。和田垣謙三「バーネット君並に夫人を歓迎す」、一八八九年すでにトインビー・ホールを訪れている横井時雄の「バーネット君夫婦に付て」（以上一八九一年四月号）、和田垣謙三「アーノルド・トインビー小伝」、小野英次郎「アーノルド・トインビー氏の経済批評」、さらに無署名の「英国に於ける社会救済事業」におけるトインビー・ホールの紹介（以上、一八九一年六月号）等が見える。

しかし圧巻は、上野精養軒におけるバーネットの講演「ロンドン府下のトインビー舘及び他の慈善事業」（横井時雄通訳、一八九一年四月）である。バーネットはロンドン市民を三区分しながらも等しく平等の人間とし、保護の重複を指摘した上でホールの成立過程、オックスフォード、ケンブリッジ両大学のレジスタントに及んでいる。演説の中心は「助ケル事ニアラズシテ、友達トナル」ことが、「真正ノ救助」であり、それは政府の救助では不可能であるとした。そして貧者と富者の架橋は、キリスト教の隣人愛による「友情」であると力説し、セツルメントは慈善に社会性を与える社会改良の一翼であると位置づけた。それは慈善の社会的広がりという意味での組織化志向でもあった。バーネットは帰国してからも、日本の伝統的美風と西洋的工業社会の調和、そして貧民問題解決の模範を日本に期待している（『国民之友』一八九二年九月二三日）。

近代的意味での慈善思想の起点の一つは『六合雑誌』である。しかしキリスト教国でない日本で、どこまでこのキリスト教的慈善が理解されたかは疑問である。

社会改良思想が国民化して行く契機の一つになったのは、徳富蘇峯の『国民之友』である。自由民権運動の挫折による政治の季節から、経済の季節への思想的転化を背景に、政府の方針に沿う鹿鳴館的な上からの慈善に対し、平民の側から社会性を持った社会改良思想を提起したのが『国民之友』である。

蘇峯は、一九世紀後半から、二〇世紀初頭は平民主義勝利の時期であり、また明治一〇年代の革命的自由民権運動に対し、時代は「建設」の時期に入ったと認識した。一世を風靡した『将来の日本』(一八八八年、隅谷三喜男編『徳富蘇峯・山路愛山』日本の名著40、収)では、将来の日本の方向は腕力世界から平和世界へ、武備主義から生産主義へ、貴族社会から平民社会へ向うと主張し、また平民主義勝利の第一着は武力から富へであり、第二着は富を労作で制することにあると述べている(『国民之友』社説「平民主義第二着の勝利」一八九一年一二月一三日)。

『国民之友』は一八八七年二月創刊され、蘇峯は「嗟呼国民之友生れり」で、普通人民の視座を雑誌の方針とすると述べている。明治二〇年代、日清戦争まで同誌に展開される社会改良・慈善思想として、次の五点が重要である。

(1)　慈善思想である。従来の貴族少数の慈善や義俠心を虚栄と批判し、義俠を慈善とするなら国定忠治や鼠小僧も慈善家かと批判している(「平民の道徳」一八九二年一〇月二三日)。そして真の慈善は平民道徳である公共心に支えられ、権力や地位から離れた同志社音楽会のようなものとしている(一八八八年三月二二日)。

(2)　社会問題の始まりを明治二〇年代初頭にあるとみて(社説「社会問題の新潮」一八九二年一〇

月一三日）、社会問題や貧民救助策を論じている（一八九〇年六月二三日）。また一八九〇年の恐慌（一八九〇年七月一三日）、高嶋炭鉱事件（一八八八年七月九日、一八八八年八月一七日）、監獄改良（一八九〇年九月三日号）、孤児院公立（一八九一年一二月三日号）にも触れている。特に注目されるのは「木賃宿の退去」（一八九〇年一一月三日号）である。『国民之友』の持つ人道主義的色彩から、下層社会文学、例えば松原岩五郎『最暗黒の東京』等をもそこに連なる（柳田泉「明治文学と民友社」柳田泉編『民友社文学集』明治文学全集36、一九七〇年、四四〇頁）。

(3)　一夫一婦制（一八八九年六月一日、一八八九年七月二日）や廃娼論（一八八九年一二月二一日、一八九〇年二月三日、一八九〇年二月一三日等）、婦人解放の主張である。一八八九年東京婦人矯風会の行った一夫一婦制建白を応援し、廃娼は道徳とともに奴隷廃止であると人権的視点で論じている。

(4)　被差別部落問題である（一八八九年五月二二日、同六月一二日、一八九三年一〇月一三日等）。部落の政治的進出を促し、平等的福音の伝播を望んでいる。そこには個人の人格的尊厳の視点が見えている。

(5)　西欧的社会改良思想の紹介で、ウィリアム・ブース、リチャード・イリー、さらにアモス・ワーナーの貧困原因分析などである。特に重要なのは「倫敦窮民救済事業現状の一班」（一八九二年四月二三日）で、イースト・エンドの実情、チャールス・ブースのロンドン調査、トインビー・ホールの紹介等がその内容であるが、特にロンドン慈善組織協会（C・O・S）のそれはもっとも早いものの一つであろう。

『女学雑誌』――婦人解放・慈善思想

巖本善治の主催する『女学雑誌』が、廃娼運動の開拓的役割を持ったことはよく知られている。この時期は一八八六（明治一九）年矢島楫子を会頭とする東京婦人矯風会の設立をはじめ、各地に廃娼運動が起り、廃娼論・存娼論、さらに中間的立場をとる者（『婦人問題篇』明治文化全集等）等、まさに廃娼論を巡る諸論花盛りの時期であった。そしてかつての自由民権期の政治論が、より内的な人身売買に対する人権論、あるいは性道徳に移行、注目が集った。しかしまだ娼妓を生む原因である貧困等への社会的認識が浅かった。

『女学雑誌』の廃娼論は、女性の人権的視点（社説「娼妓を全廃すべし」一八八六年九月一五日）、近代家族道徳としての性道徳（社説「天下の大勢」一八八九年一一月三〇日）、さらに進んで娼妓の救済論（社説「廃娼論に関する吾人の決心」一八八九年一二月二一日）等々多様である。特に一八九〇年四月一九日号外に載った島田三郎の「廃娼の精神及其の順序」は雄篇で、存娼論者達による風俗悪化防止論、衛生論、密娼増加論にいろいろ反駁したものであった。

次に『女学雑誌』における慈善思想、特に婦人におけるそれについては、あまり注意されてこなかったが、ここでは慈善を「女性の最高最善なる徳」（社説「救済慈善」一八八九年九月二一日）とみているのが注目される。社説「何んぞ貧民を救済せざる」（一八九〇年六月七日）は、救済を神の意志にかなう道としており、特に「貧民救済の方法」（一八九〇年六月一四日）は、救済方法を個人・結社・政府公共の三つに分ち、立法や公的救済の弊をつきながら、夫れ救済は貧民の困窮を救ふが為めにのみ益あるにあらず、更に益あるは貧富相あわれみ、同朋相助くるの愛を通じ、人情を上下貴賤の間に温かにするの功あるに由るなり。

と、即物的施与的慈善救済に対して、神を媒介とした隣人愛に慈善を位置づけ、特に婦人の役割を重視している。それはいわば近代的ボランタリズムの端著であり、儒教的「仁政」「仁愛」に対するアンチ・テーゼの道を開くものであった。また貴婦人的権威的虚栄的慈善に対する真の慈善思想の初まりでもあった（一八八四年八月一〇・二五日、九月二五日、一〇月二五日、一一月二五日、一八八五年一月二五日等）。

北村透谷「慈善事業の進歩を望む」　『女学雑誌』とも関係の深い北村透谷の生涯は、政治から文学へ、文学から宗教に進んだといわれる（勝本清一郎「北村透谷の生涯」『北村透谷全集』筑摩版明治文学全集。以下史料は本集による。未収論文は『全集』その他による。）透谷は「楚囚之詩」や「三日幻境」（『女学雑誌』一八九二年八月一三日、九月一〇日）にみられるように、自由民権に身を投じた。ここで透谷を取り上げたのは、多くの自由民権論者の中には、政治的妥協や無原則的亡命という形を取った人もいるが、透谷は政治的自由民権から、「想世界」や「内部生命」を通じ、慈善論や平和論に到達した点もみえ、文学が社会福祉研究に利用できる稀な例である。それは自由民権時代の政治論や社会論を捨て去ったことではなく、むしろそれを包みながら内化した点にある。婦人問題でも彼の青年期の好色の経験が、そのスピリチュアルな恋愛思想の裏側にあるのと同じである（勝本清一郎「北村透谷」勝本清一郎校訂『北村透谷選集』一九七〇年)。そしてそれが、政治論としての婦人問題、キリスト者にみられがちな単なる精神論的婦人論と異り、リアルな婦人論となっている理由でもある。

透谷にはさまざまな評価がある。色川大吉は、自由民権の体験を内面化しながら、その最良の部分を再生した(『明治精神史』一九六四年、五三頁)といっている。あるいは小田切秀雄が、政治的「実社会」から「想世界」への到達は、内面の世界、精神の世界への近代的解放(「日本近代文学の主体」前掲『北村透谷選集』解題)と評価している。これに対し永井義雄は、近代的個人の探究は認めながら、「内部生命」の直観性等は、文学内の方法論に観念的に閉ざされている(「天皇制と社会主義者」水田洋編『社会思想史』一九六八年、一四五頁)。あるいは片岡良一による現実への深い関心と、超越的霊性や内部生命の混在、そこに見える客観主義が本物かどうか、という疑問提起もある(「文学論史上の位置」前掲解題)。またそのキリスト教も、世俗的人間中心的で、キリストによる人間の救いという視点も充分ではないとの批判もある。しかし、これら賛否両論はともに、透谷の慈善論を解くかぎになる。

透谷の注目点は、まず江戸時代への批判である。婦人論として、透谷はプロテスタント的慈善に対する障害として、「好色＝粋と遊廓的理想」(「粋を論じて『伽羅枕』に及ぶ」(前掲『北村透谷選集』収、その他))で、元禄文学の遊廓的理想を攻撃しながら、慈愛の神聖に及んでいる。そこには植木枝盛的な政治論的廃娼論、また逆に政治のリアリティを欠いたキリスト教徒の精神論に対し、近代的「想」の提起がある。それと直接関係するが、江戸時代の救済慈善を規定した儒教的「志士仁人」、そしてその「平民的理想」と考えられた「俠気」批判もある（「徳川氏時代の平民的理想」『女学雑誌』一八九二年、第二六巻第三〇号）。透谷は徳川時代の平民的理想が「俠気」と「艶美（粋）」にあるとみ、幡随院長兵衛的「俠」が、江戸平民社会の理想となったことを悲しんでいる。

透谷を代表する論文は「内部生命論」であるが、その前提となっているのか「各人心宮内の秘宮」（前掲『女学雑誌』、収）で、そこには、

在世間の出世間の事を行ふの寧ろ大にして眞なる事を記憶せざるべからず。

とある。慈善が外形的偽善的に誤解されることに対しても、「基督の弟子」たることを提起し、また勧善懲悪思想も貴族的発想と排し、

人間の根本生命を尋ねて、或は平民的道徳を教へ、或は社会的改良を図る者をしも、バベルの高塔を砂丘に築くものなり。

と述べ、儒教的貴族的慈善と、各個人の内部生命に立脚する平民的ヒューマニズムによる慈善と対比をしている。また、透谷は近代社会の表層や、特に明治の立身出世主義を根底から覆す新しい地

平を「基督」に求めようとしている。

ところで「慈善事業の進歩を望む」(旧草未定稿、前掲『北村透谷選集』収)には、慈善思想近代化についていくつかの重要点を提起しているが、それは長らく社会福祉研究者から見逃され、また透谷研究者からも余り注目されなかった。透谷は本論で、文明の進歩は一面恐るべき不幸を伴い、社会の裏面に腐敗・病衰・困幣がある。一国は勇敢勉励な農民や貧困を基礎とするが、近代社会には多くの病理現象が現れている。救済は一時の義損や、財閥の施与や、虚偽の貴婦人慈善会ではできない。人間を奴隷視しない、人生の同源泉から流れ出る「同情」こそ「上下を一致せしむ可き交通」で、「宇宙の理法」である。慈善は恵与でなく、同情が真面目と述べ、

要するに方今文明の進展に比して、則ち文明に伴ふ悪結果の度に比して是を禦ぐに必要な慈善事業の社会に現れ出でざるを憂ふるの余り聊か所思を略術して信徒に告げ、廃娼事業基地の勃興せるに乗じ、此の不可欠の緊要なる事業をも合せ興さん事を謹告するに過ぎず。

と結んでいる。透谷の時代は三〇年代の社会主義と慈善事業が分岐する前のことで、両者を一括して社会改良として考えられていた。そしてキリスト教的ボランタリズムの暁明期でもあった。この中で透谷は近代文明の持つ腐敗・不安を予告しながら慈善事業を論じ、その進歩を促しているのである。かつて石坂ナミ宛て書簡(一八八七年一二月一四日、前掲筑摩版収)で、キリスト教の出現以

外には「社会の破滅」は避けられないと予告した思想と同じである。この論文には日本近代社会事業の将来を予告している点が幾つかある。透谷は一八九四年五月一六日、二五歳四か月の若さで自殺した。

透谷は本格的戦争である日清戦争を経験する前、すでに平和運動に参加している。一八八九（明治二二）年、日本に平和協会（後に日本平和会）が創られた。当初外国の影響が大きかったが、フレンド派、特に加藤万治、透谷らの努力により、日本平和会は一八九二年三月『平和』を発行した（終刊一八九三年五月、第一二号）。透谷は編集人となり、多くの論文を執筆している。

透谷は戦死者の寡婦や孤独の悲泣を述べ（「戦争と基督教」『透谷全集』第三巻収）、戦争は障害者や貧困者を生む（「戦後社会と戦争」『平和』一八九三年一月号）と指摘しているが、特に「人間の獣性」を代表し、戦争の性格である「博奕の精神」（『平和』一八九二年一一月二六日付）こそ戦争の父であるとし、また「復讐と戦争」（『平和』一八九三年五月三日付）では、神の愛は個人の復讐心を絶ち、戦争廃止につながると、文学者らしく人間の内部における闘争心の現実を述べている。そして戦争や復讐心と対置するものとして「博愛」を挙げ、それを天国からの「密使」と呼び、「平和は、われらが基督にありて領有する最後の武器なり」と強調している。福祉と平和が日清戦争前に、社会改良・社会科学の世界では浮田和民により、文学の世界では透谷により取り上げられたことは特筆すべきである。

四　慈善事業の成立とその日本的状況——石井十次と留岡幸助

産業革命と帝国主義期への出立

産業革命は直接的には経済上の変革であるが、結果として社会的変動をもたらした。日本では農業革命を欠いたため、依然農林漁業人口は総人口の過半を占めていた。都市の産業構造も、軍需産業等の国家保護産業と、零細家内工業との二重構造であった。この期は日清・日露の二度の戦争、日露戦争後の一九〇五（明治三八）年をピークとする凶作、一八九一年の濃尾大地震、九六年の三陸大海嘯が続き、九〇年、九七〜九八年、一九〇七〜〇八年は経済恐慌も連続している。物価騰貴・家族扶養・地域相互扶助も弛緩《しかん》に向っていた。先進資本主義国では個人主義が確立しているが、日本では近代的自我の覚醒が遅れた。横山源之助が古典的名著『日本之下層社会』（一八九九年）を執筆したのは、このような時代であった。

明治三〇年代はキリスト教社会主義やキリスト教社会改良思想が盛んであった。安部磯雄は主著『社会問題解釈法』（一九〇一年）を執筆し、公的救助義務や救助請求権を主張している。島田三郎は救済にとどまらず、広く社会改良について発言している。また産業革命期にプロテスタント主導によって、日本の慈善事業が成立した。そして、その成立の背景にはヒューマニズムの潮流が発生し、慈善がようやく「社会性」と「専門性」を獲得し初めていた。

日露戦争後、日本は帝国主義の形成に出立した。日本資本主義にとって独占資本の形成期である。

社会問題を生み出す要因として、日露戦争後の戦後恐慌、次いで軍事費増大、満州（現中国東北地区）経営、日韓併合による国民への重税がある。この中で階級分化が進み、貧富の差も拡大した。このような社会問題への対策は慈善事業の手には及ばないことでもあって、国家が前面に出て、慈善事業に代えるに感化救済事業の名称が一般化したが、それはリベラルなヒューマニズムを生命とする慈善事業にとっては一種の「屈折」といえるものであった。

帝国主義形成期における救済事業思想を整理すれば、次のようになる。①天皇制的慈恵の再編確立。②上からの政策的疑似自発性としての中間国体の編成、そして隣保相扶・家族相助の再編、③経済と道徳の調和、救済事業の道徳主義的傾向。④救済事業の国家財政負担の軽減化と「日本型」防貧、⑤篤志善行のイメージ化とその奨励、である。

石井十次の思想　石井十次は日本社会事業史上著名な人物で、彼に関する著書も多い。石井はいわば天才で、その慈善事業を執筆するのは困難である。開拓者としての処遇実験そのものが思想なのである。二宮尊徳・石井十次はともに福祉風土の荒野ともいえる日本で、福祉実験を試みた。明治二〇年代は、日本育児施設の勃興期で、本郷定次郎・小橋勝之助・石井亮一・北川波津・佐竹音次郎等々が輩出されるが、その中で施設処遇の近代化を手探りで、もっとも壮大な実験を試みたのが石井十次である。また石井研究には幸い資料が備っている。資料の中心は一八七九（明治一二）年一〇月四日から一九一三年一一月二六日に及ぶ、三四年間の膨大な『石井十次日誌』である。私は『日誌』を中心に、近代社会事業の開拓者としての石井を偉人視するのでなく、この事件が試行錯誤を繰り返しながら、近代社会事業を開拓していったその思想の跡をたどってみたい。

石井は一八六八年日向高鍋の下級藩士の子として生まれ、幼時儒学を学んだ。父は西郷隆盛の部下として西南戦争に従った。石井は終生西郷を崇敬している。石井はそれによりつつ、飫肥警察署に抑留された経験もある（「国事犯の嫌疑を受けて捕縛せらる」『岡山孤児院』一八八二年）。一八八二年岡山で金森通倫から受洗した。金森は熊本バンドの中心人物で、その信仰は平民的かつ自由主義的であった。守屋茂は金森・石井の信仰には「相通ずるもの」（「石井十次の生涯とその思想」『日本社会福祉思想史の研究』、一九八五年）があるとしている。石井にはこの自由主義的キリスト教とともに、一面愛国の至情がある。まだキリスト教の近代信仰が日本に定着する前、身体をかけて信仰を求めてさ迷う石井の姿がある。二〇歳前に精神疾患の自覚症状があり、医学志望から孤児教育に転ずる思いつめた姿が『日誌』の各処に現われている。

石井の思想として第一にあげられるのは、その孤児教育の根底にあった宗教ならびに倫理思想である。石井のキリスト教信仰は、毎日の「日誌」に見える「所感」の告白をみても明らかである。しかしそれもとおり一遍の信仰ではない。まさに「活ける神」を求めての全生活的なものである。

活ける天地の主なる神様とは即ち神道にては天御中主神と云ひ儒教にては天或は天帝と云ひ「ヤソ」教では天の父なる神様と云ひ仏教では仏様と云ひ天理教にて天理王尊と云ふ拝んで居る方でありまして名は異なれども御本体は同一であります（『日誌』一九一〇年八月二五日）。

と誠にプリミティブな信仰である。しかし石井が終生キリスト教を離れなかったのは、キリスト教に関する知識による信仰というより、体験的キリスト教信仰ともいうべきものであり、「活ける」信仰を追求したからであろう。

基督も、釈迦も、孔子も仰ぎ見た処の活ける天、活ける神を明かに見ることが大切である。自分は三十年間聖書に束縛せられて居たが、此頃は全く之を脱却することができた（西内天行『信天記、石井十次評伝』六六八頁より引用）。

と、「信天教」的信仰を述べている。教会主義者植村正久から「調和主義者」と揶揄され（『日誌』一九〇七年一月一一日）、あるいは山室軍平から、石井のは「葬儀説教」（一九一三年参考資料）で、石井の信仰生活には波瀾があり、ある時は正統派、ある時はユニテリアン風の信仰と、幾度も彷徨したあとがないでもないといわれている。それは岡山孤児院の「敬天愛人」（『日誌』一八九八年六月二一日、「岡山孤児院概則」）等にも反映している。石井は正統的なキリスト教教育も受けていなかった。生涯W・ブースを敬慕し、東洋救世軍の構想を早くから持った（『日誌』一八九一年一〇月六日）。それらが石井をして児童育児の枠を越えて、社会改良に関心を持たせることになったのであろう。

知識より実践の中で、手探りで思想形成をする人物は、二宮尊徳もそうであるが、その思想の整理は困難である。『日誌』一九〇三年一月一七日で石井は、

西郷南州は予に「実地に行く」は成功の秘訣なるを教え、二宮尊徳は予に「分度を守る」ことを教え、ジョージ・ミュラーは予に信仰と祈禱の応験あることを教え、将軍「ブース」は予に進撃は勝利なることを教え、徳富蘇峯は予が常識を教育し、金森通倫は予に愛と貯金とを教え……。

と、多くの先学に学びながら、自己の実践生活に活かそうとしたことを告白している。

西郷南州に対する崇敬は各処に見えるが、二宮尊徳からの影響は、特に福祉実践についてである。石井の尊徳に対する注目は、早くも『日誌』一八九四年六月二七日にさかのぼるが、一九一一年岡山孤児院報徳社を結成している。また、没年の『日誌』一九一三年二月二日には、尊徳を「我邦のキリスト」と宗教視さえしている。しかし石井は尊徳の『夜話』や、『報徳記』以外は余り多く読んだとも思えない。

石井晩年の到達点は「信天教」ないし「天父教」で、そこには「楽天的な」(『日誌』一九一二年八月一九日付) キリスト教理解が見える。『日誌』一九一三年二月八日の「茶臼原憲法」も、

天は父なり人は同胞なれば互に相愛する可き事、

で初まっている。一言でいえば石井の宗教はまことに人間臭いが、終生キリストを離していない。それが人間臭い非キリスト教的風土の日本に、近代慈善事業の鍬を下ろそうとした者にふさわしい気がする。

第二は、石井の慈善・博愛思想である。本来的には慈善は神に属し、博愛は人間に属するものであろう。しかし日本近代プロテスタントは、そのような区別より、この俗世間の人格に、神に応答するものを見い出し、慈善事業や社会改良を行った。石井の仕事をはじめから慈善事業、あるいは博愛ないし社会改良と断定するのは正しくない。石井にとって、それは知識として与えられたものでなく、石井自身が日本の慈善や博愛の形成者として、自らそれを作り上げる立場にあったからである。石井をよく知る徳富蘇峯は「弔辞と追憶」（黒木勇吉『石井十次』収、一九八三年）で、石井を「楽天的」「膨脹的」で、一般慈善家が「老婆的」になり勝ちなのと相違すると述べている。児童処遇における石井の「満腹主義」もそうであるといっている。同じく蘇峯は、石井の事業に「禁ぜんと欲して自ら禁ずる能わず」（『岡山孤児院二十年』『日誌』収）という内から湧き出た事業だといっている。また一九一四年の石井没後一年の留岡幸助の演説には、政治界に入っていたら二、三度大臣になった人（西内天行『石井十次詳伝信天記』一九一八年、七六三〜五頁）とある。石井が慈善事業家であることは間違いないとしても、一般にいわれる慈善事業の範疇に属する人ではない。むしろ自分の事業を「国家的責任」の代行と考えていたであろう。石井自身は岡山孤児院肥料となった尊敬する先輩として、ミューラー、ブース、バナード、二宮金次郎、ルソー、その他クロムウェル等政治家にいたるまでを挙げ、生きている人として徳富蘇峯、山路愛山を含めて「余が教師」（『日誌』一九一〇年三月二九日）としている。石井はその初期紛れもなく慈善事業として岡山孤児院を創立し、それを生涯の仕事としたのであるが、その「膨脹」精神は、やがて慈善施設たることを否定し、博愛や社会改良的視点で岡山孤児院を位置づけていくことになった。

石井がそのはじめ、医学をめざすか、孤児教育の選択の中で揺れ動く姿は、『日誌』の中によく表れている。石井の孤児教育の選択は「天賦の職任」と思ひ定め、「已むを得ざる」（『日誌』一八八七年四月二七日）ことであった。慈善に献身しようと決意した石井にとって、「仁愛の心」「愛人済世」等の儒教思想と、キリスト教的慈善思想とが入り混っていたと思う。それは単なる研究者でない限り、当然たどるコースであったろう。孤児教育推進の直接動機となったのは、イギリスのブリストル孤児院長ジョージ・ミューラーの一八八八年の来朝であった（『日誌』一九一〇年一〇月一七日）。

石井の慈善思想の頂点は、岡山孤児院創設（一八八七年九月）前後であろう。その慈善の動機は、一八八四年同志社の設立趣意書を読み、馬場原教育会設立にすでにその端著が見える。しかし注目点は、やはり儒教的「仁愛」から神の「恩寵」や「天父とキリストの御慈愛」に徐々に移行して行く点で、その両者の対比は一八八七年五月の「邑久郡慈善会趣意書」と、同年七月の「慈善会設立趣意書」に見られる。そして更に八月の「孤児教育会設立趣意書」に「天父の愛子」と述べながら、

八月一五日の「予の精神」で

第一　慈善の事業を以て天父の聖旨を悦ばせ奉る事。

としている。そして第二で「国益の増進」を挙げている。孤児院・監獄伝道・博愛医院・婦人開放等は、プロテスタントが日本の近代的慈善に果した開拓的役割であるか、そこに「国益」的関点も明治プロテスタント的慈善事業に位置づけていることを見落としてはならない。

石井は社会の動勢に敏感であり、一八九一年一〇月の濃尾台地地震には震災孤児院を設立した。社会主義政党の勝利を希望したり（『日誌』一八九〇年二月一六日）、あるいは内には「孤児院の独立」外には「貧民社会改良の模範」（『日誌』一八九二年五月一一日）を強調したりもしている。むろんこの社会主義は社会改良の意であり、その社会改良とは「貧富の中間に立って而して平和な貧民社会の進歩改善」（『日誌』一八九二年五月二八日）を図るということであった。石井はいたく救世軍のブースを敬慕し、『最暗黒の英国』の訳読を聞いたり、ブースの影響で東洋救世軍の構想をたてたり、その一環として「岡山協賛教会」（『日誌』一八九六年一〇月八日）の構想さえあった。石井自身、慈善と社会改良を意識的に区別したというより、初期の慈善事業と社会改良思想に明確な区別があったわけではなく、また石井自身の特徴である「膨脹」的性格があったからであろう。

石井慈善思想の転機は、日清戦争後であろう。『日誌』一八九七年七月一九日には、岡山孤児院を慈善事業ではなく「博愛事業の模範」としたとあり、慈善事業に否定的見解を示している。石井は博愛と慈善を区別し、「博愛は人を活かし慈善は人を殺す」とさえいっている。それは石井の性格もあるが、また社会の進展、貧富分解の中で、社会問題への対策は慈善では不可能と考え、さらに慈善の悪徳の事例をつぶさに見ていたからであろう。後年、

慈善は人を物質的に救済して精神的に殺すものなり、アヽ予は二十四年間実に殺人罪を犯し来れり
（『日誌』一九一一年一〇月二八日）。

と告白している。それは社会的視点からのみいっているのではなく。慈善事業の現場で悪戦苦闘しながら得た、内からの慈善否定の言葉と見られる。石井はやがて、現在の慈善事業は貴族的と反省し、これからは「平民的の態度」で事業を進める（『日誌』一九〇九年六月七日）として、大阪のスラム等に進出することとなる。

日露戦争後、一九〇六年三月二二日の岡山孤児院評議会案件「大阪事務所購入の件」での石井の発言は重要である。この中で事業の縮小主義から膨脹主義へと主張している。石井の言葉でいえば「今日は何事をなすにも一に帝国主義の時代であるが」とあり、『日誌』にもしばしばその言葉は見える。この「帝国主義」とは兄事した蘇峯の影響かと思うが、石井の場合は「膨脹」や国家的責任を意味している。大阪「友愛社々則」（一九〇九年七月二四日）の「目的」に

本社は四海同胞の主義に基き不幸なる人々に同情し其幸福を増進するを目的とす。

とある。石井が近代的大都市大阪で試みようとしたのは、労働者保護からはじまる総合的社会事業であり、それはかねてからの主張東洋救世軍の実現に他ならなかった。

岡山孤児院については項を改めて触れるが、神の直接所産である自然の中で行われる農業労働に、高い価値を見出そうとして（柴田善守『石井十次の生涯と思想』一九六四年、二四〇頁）、一九一二年三月岡山から茶臼原に移住した。明治二〇年前後から大正初期に至るまで、生得的な儒放的「仁愛」、キリスト教的慈善、そして博愛から社会改良思想、さらには社会事業の夜明けまで、石井は現場の中で、混迷と試行錯誤を繰り返す体験を示してくれた。

明治を同時代史とした人々は、日清・日露の二度の大戦、そして「富国」の形成を最大の課題とし、等しく愛国的国家主義者であった。本来戦争とは対極にある福祉に対してさえも、近代国家を創造しようとする場合は同じである。「富国」の道も、慈善博愛の道も、「愛国」としては共通していた。日本社会事業史においては、戦争と福祉、帝国主義と慈善・博愛も、特例を除いてさしたる対立関係は見られない。そしてともに天皇崇敬も共通していた。石井は慈善博愛を通じた愛国的国家主義者で、特に天皇崇拝の念が強かった。まさに福祉と愛国の両立である。しかし、それが明治の福祉従事者の実状であったろう。

石井は一八八五年一二月三〇日岡山孤児院に明治天皇来臨の夢を見ている。石井の国家主義が明瞭になるのは、日清戦争からである。高橋竹千代あて書簡（一八九四年九月七日および一一月三〇日、西内・前掲書、一三八、一四〇頁）には、海外遠征の軍隊の心をもって自分の心とすると述べながら、蘇峯を中心とした「敬天愛国ノ青年政党」を夢見ている。さらに『日誌』（一八九五年一月三日）には、徳富と石井による政権掌握を夢想して、その政治好きを発揮している。対韓政策についても、要請があれば、海外移住隊を率いて渡韓するとさえ述べている。蘇峯とともに、戦後の前後策を実施する（『日誌』一八九五年二月八日）という考えである。兄事する蘇峯は日清戦争を契機に、デモクラットから帝国主義者に転じたとしばしばいわれる。石井も日清戦争を経て、その愛国的心情が現実化されていった。

石井には日清戦争—膨脹的日本という史観が強く、それが膨脹的岡山孤児院—東洋孤児教育会—東洋孤児院の構想につながっていく（『日誌』一八九八年七月二九日および一一月二一日）。東洋諸国に散在する孤児の救済である。石井には応召兵士のため断食して祈るまじめな姿はあるが（西内・前掲書、一五八頁）、内村鑑三のように、日清戦争を契機に義戦から非戦に転ずるような、日清戦争に対するペシミズムは見えない。

大和民族「膨脹」の塩となる責任（『日誌』一九〇三年三月二四日）を考え、「慈善的帝国主義」（『日誌』一九〇三年四月一二日）等の用語も造語されている。日露戦争は東洋に天国を造る使命を自分に与えた（『日誌』一九〇四年三月九日および五月一二日）と考え、東洋救世軍の構想、あるいは

「慈善的帝国主義」（『日誌』一九〇四年七月一〇日）を論じ、自分で音楽幻灯会を率いて渡韓したりしている。また国内的には茶臼原の原野で「戦士的国民」（『日誌』一九〇四年一二月一五日）の教育をし、軍人遺児救護問題に着手したりした。また、「上帝に代って悪露を懲罰」（『日誌』一九〇四年五月二三日）とも主張している。むろん愛する岡山孤児院の出身者で応召した者もいたこともみておかわねばならない。

明治天皇崇敬は、一九〇四年六月の天皇皇后から金二〇〇〇円の下賜、さらに一九〇五年四月の向う一〇年間一〇〇〇円下賜には涙にぬれた。

今予は感慨胸に迫りて……泣いて皇室のため両陛下のため……日本国のために祈れり（『日誌』一九〇五年四月二三日）。

と述べ、孤児の無制限収容に踏み切った。明治天皇の死の際には「天子様も神の子、イエス様も神の子」（『日誌』一九一二年八月一日）といたんでいる。典型的明治人であった。石井の福祉思想は、キリスト教と愛国思想が車の両輪となっていた。

石井にとっては「慈善的帝国主義」も天皇崇拝も愛国もその体質に根ざし、「膨脹主義」的で「挫折」等がみえない。しかし近代的慈善事業の持つリベラリズム、特にキリスト教慈善事業にとっては、石井のそれはいわば日本的状況における慈善事業であったといえる。

石井十次の処遇思想

岡山孤児院以前にも東京府養育院、仏教の福田会育児院、高瀬真卿の東京感化院がそれぞれの処遇方法を展開していた。しかし石井をよく知る小河滋次郎は、「お救小屋」式にすぎなかった斯業を、「組織あり秩序あり具つ能く理性の要求」を満たす経営にまで発展させたのは、岡山孤児院の「殊勲」としている（「岡山博愛会創業廿五年記念式に臨んで所感を述ぶ」『救済研究』一九一六年一二月号）。確かに混沌的状況にあった処遇を、試行錯誤を繰り返しながらも、よくその近代化の端著を切り開いた一人に石井がいる。今その生涯の処遇思想を前・中・後期に分けて説明したい。

初期の石井にはミューラーの影響が大きい（『日誌』一八九〇年八月二三日）。そして石井の場合は、それが実践の試みを通して行われるのが常である。一八九〇（明治二三）年二月の「岡山孤児院概則」にも、職業を通じて独立を目的とする教育がすでにうたわれている。そして「実業・教育並行」（『日誌』一八九〇年一一月一日）のため、生徒を公立学校から退学させ、午前学業、午後労働に従事させた。院内には活版印刷所・米搗・機織の実習場を置いたが、この並行主義は石井が社会経済、体育、道徳、国民生活の四点から考えたもので、目標を一〇年後における社会の人物養成においている。院は一八八七（明治二〇）年九月の開院以来三友寺にあったが、献立その他衣・住等も明記されており（『日誌』一八九一年三月五日）、年齢は六歳から一二歳までとした。院には生徒の投票で曹長・組長を置き、最幼児・新入児の世話に当たらせた。教育方針として日本的良民、世界約自由人の養成においたが、「米洗ひ教育」（毎朝の集会）や、満八歳までの幼児は自由に遊ばせるなど、体育づくりを主としたのが特徴である。岡山孤児院は『新報』を継続発行し、その中の「実験録」は、日本育児施設処遇の発達に役立った。

石井は一八九一年一〇月一四日ペスタロッチ伝を読み、東洋のペスタロッチたらんとし、学作教育の基を農業に求め、日向の荒原における孤児院による開墾を神に祈っている。また院内に理想的小天国を実現せんとし、その実現を軍組織によろうとした。そして孤児院が貧民社会の中心となり、その改革進歩のために一身を犠牲にできる理想的人物の輩出を願ったのである。

石井中期の日清戦争前後は、まずルソーの「エミール」からの深刻な影響を挙げなければならない。それが愛国者石井だけに面白い。しかしそのルソーの影響も、愛国主義も付け焼刃でなく、それぞれ石井の生涯の特色となっている。石井は一八九一年二月一六日すでに「懺悔録」を読んでいる。しかし「エミール」によって、従来の教育法を反省し、いわば処遇への「回心」をするのは一八九四年である。その「自然的教育」（『日誌』一八九四年三月九日）では、「自然」がほとんど信仰と同一視され、自分はルソーによって示された教育を、日本で実行するために生まれたと自負している。そして『日誌』五月二二日には、自分の事業の中で消化され、事業を発達させつつある精神上の刺激物として、旧新約聖書、ミューラーの日記、ルソーの「エミール」、ブースの「最暗黒の英国」、蘇峯の『国民之友』の五つを挙げている。六月二日にはルソーの霊に、エミールをこの世で自分に実行させよと祈っている。日露戦争開始の一九〇四年一一月二五日には、朝鮮釜山に理想的孤児教育院を建て、理想的エミール的教育を行い。満（現中国東北地区）韓を理想郷にしたいと記している。石井には戦争とルソーの自然教育とは矛盾がなく、その積極的「膨脹」的性格の中で、楽観的に統一されているのである。

日清戦争の年は岡山孤児院満七年目であった。組織がすでに完成したとして、宗教はキリスト教、教育はエミール主義と決定している。この中期での養育法の特色として、食糧放任主義＝満腹主義、教育として時代教育がある（『日誌』一八九八年一二月二一日）。時代教育とは、一〇歳以下は遊ばせる（体格教育）、一一歳以上は学ばせる（小学校教育）、一六歳以上は労働させる（実業教育）である。一八九八年版『岡山孤児院』には、それが組織的に述べられている。特に幼年部には体格形成のため「足る程食はしめ、足る程遊ばしめ、足る程眠らせる」とし、積極主義者石井の面目をよく表わしている。食物は生徒一人当り一日平均五合である。また一八九三年からの教育部の音楽隊は世間の評判を呼んだ。院全体の家族主義も「特色」となった（『日誌』一九〇三年三月五日）。岡山孤児院の財政は石井の悪戦苦闘の努力にまったが、その方針にはしばしば変更があり、この期は臨時寄付金・実業部収入・賛助員収入・慈善函収入・音楽幻灯会収入・基本利子の六つによった。

石井晩年の後期処遇法の集大成は、周知のように「岡山孤児院十二則」（『岡山孤児院一覧』一九〇九年四月）である。すなわち①家族主義、②委托制度、③満腹主義、④実行主義、⑤非体罰主義、⑥托鉢主義、⑦非借金主義、⑧米洗教育、⑨宗教教育、⑩密室主義、⑪小学教育、⑫実業主義である。雑然としてはいるが、いずでも多年の経験から発酵したものであり、いかにも石井式である。家族主義は初期の軍隊式塾舎制から、一九〇五年一転して家族主義に改変した、一〇歳未満の棄児と孤児は同じく一九〇五年から里子に委託し、学齢に達した者は院内家族制をとった。満腹主義は院の「秘訣」で、献立もかなり豊かになっている（一九〇七年三月第二回献立表等）。托鉢主義は経営者石井の苦しみに満ちた長年の「乞食主義」の反省の経験から出たものであり（一九一一年一〇月六日）、零細な寄付金募集によらんとしたものである。慈善函寄付金はよく知られている。密室主義も岡山孤児院の特色で、いわばケースワーク的に行ったものである。石井はこの期の精神、事業方法を留岡の機関誌『人道』（一九〇六年一二月五日）で評細に説明している。

日露戦争前後の石井は、東北凶作地孤児収養、無制限収容のため、児童は一二〇〇名にも達した。このため茶臼原復興を決意し、他の援助も受けず、開拓によって独立自活しようとした。石井はこれを「独立戦争」と称している（『日誌』一九一一年一二月一二日）。石井はこの中で二宮尊徳の鍬鎌主義に著しく傾斜している。尊徳にならった一九一〇年茶臼原における新年初感の「天父の恵みの満てる茶臼原鍬で掘出せ鎌で刈り取れ」は有名である。しかしエミール的教育を捨てたのではなく、石井は尊徳の鍬鎌主義によってルソー主義がよみがえったといっている（『日誌』一九一一年四月八日）。一九一〇年一二月一日も、茶臼原でのエミール教育に言及している。石井自身それを「農本主義の教育」（『日誌』一九一二年六月六日）といっているが、それは石井自身が発見した農本主義であり、明治四〇年代の官制的農本主義ではない。石井は、荒村の復興等、自然を基礎とした実践の中に、自己の哲学を築き上げた尊徳の人格に著しく親近感を持った。土の中から生れたその思想に魅力を感じ、「基徳教」というキリスト教と尊徳を合した造語さえしている。たぐいまれな実験精神の持つ主である石井による、奇想とも見られる日本的処遇の特色である。「自然」の自由解釈の中で、ルソーのエミールと尊徳の仕法が統合されているのである。それは明治四〇年代の国家体制に利用された尊徳とはまた別の尊徳の発見といえよう（尊徳については拙著「二宮尊徳の実践的経世福祉思想」吉田・岡田『日本社会福祉思想史』二〇〇〇年、収、参照）。

留岡幸助の思想　一九世紀後半のイギリス慈善事業のように、整然としたものではないが、日本でも産業革命を背景に慈善事業が成立した。その代表的人物が留岡幸助である。

留岡もプロテスタントである。留岡は社会事業から労働運動に飛躍をした片山潜や、純粋信仰の立場から慈善を捕えた内村鑑三と異なり、慈善事業プロパーとして生涯を通した、日本慈善事業の祖の一人である。留岡の思考は論理的でなく、また商家出身でもあったので、言辞は明快であるが、日常生活とのかかわり合いが多いだけに、思想的に夾雑物が多かった。本稿は同志社大学人文科学研究所編『留岡幸助著作集』（第一～四巻、一九六七～八〇年、以下『著作集』）、留岡幸助日記編纂委員会『留岡幸助日記』（一九七九年、以下『日記』）からの引用を主としたが、いちいちその引用をことわっていない。その他の文献名は挙げた。

まず留岡のキリスト教思想である。これについては遠藤興一の「『基督者』としての留岡幸助――信仰と社会の狭間にて――（上・下）」（『明治学院論叢』一九八五年三月号、一九八五年一〇月号）等の先業がある。留岡キリスト教には幼児期の士族による不公平な処置と、その幼児期の教養であった儒教倫理があったが、これに対する否定観はあったが、余りそれを思想化していない。したがって回心・贖罪・復活、あるいは「人格的主体としての人間」等に稀薄さが残っている。「精神的倶楽部」（『基督教新聞』一八九七年七月三日、以下『新聞』）では、

基督教会の天職たるや世を救ひ民を善導するにあり。此を他語せば世にある人の精神及身体を救済し神の王国を此地上に建設すること此なり……吾人は吾人の尊敬する教会が高尚に失して于遠のことを説かんよりは寧ろ平易にして実益あることを教へんことを願ふ。

と、まことに明快簡潔である。この「天職」も窮屈なものではない。「救は遂に人生を楽園たらしむ」（「人生は試錬なり」『新聞』一八九七年九月一七日）で、ここでは宗教的救済より、倫理的「修養」が前提になっており、信仰にも実践性が重視され、「安心立命」や「感恩奉仕」という仏教用語さえも取り入れられている。留岡は一九〇二（明治三五）年「宗教論」（『留岡幸助君古稀記念集』一九三三年収、以下『古稀記念集』）を執筆しているが、神への栄光の道も「勤労」に焦点がおかれている。留岡はユニテリアンには不賛成であったが、「克己修礼の修養を積まないオルソドキシーをも信ずることができない」（「基教の教育法」『基督教世界』一九〇三年一月二九日）といっている。「宗教は未来のことのみに非ずして現世の事なり」（「宗教は活動なり」『基督教青年』一九〇二年三月三一日）等々、そこには楽観的活動的なキリスト教がある。明治プロテスタントには、はじめに「キリスト教ありき」、というより、このような実践活動を過し、キリスト教を知った人も多かった

のであろう。

明治プロテスタントの前には儒教が屹立している。留岡は商家の子弟であるが、多くの儒教関係の書物を読み、儒教的「仁愛」も学んだ。それは貝原益軒等の朱子学等にも及んでいるが、その生地岡山県高梁の幕末から明治初年にかけての陽明学普及からも、また留岡の社会実態やその問題解決に関心を持つ性格からしても、陽明学はもっともふさわしいものであったろう。

後年、留岡は「沈黙の力」(『人道』一九二七年一〇月一五日)で、

> 自然を通して神が働き給ふ道が聖人の教であると云ふのである。自然と云ふ実物、実行を以て人を教へるのが神の筆法である。……パウロが「神の国（基督教のこと）は言葉にあらず能力なり」と語ったのも蓋しこの意味に外ならないことを信ずるのである。

この神を自然の中に認めようとするのも、儒教的発想に近い。さらに儒教的「知足安分」倫理が「衆と共に幸福を分つ」(「如何にすれば幸福な人となる手」『人道』一九一五年一一月一五日）と両者に連結して解釈されている。留岡は儒教倫理に、キリスト教的「愛」の活力生命を与える（「愛の宗教及其活力」『新聞』一八九六年一二月一一日）ことに関心があった。したがってそこでは聖俗の緊張は余り問題とならない。むろんキリスト教的アガペーは、儒教的「仁愛」とは理念的に相違している。留岡はそのことについては知っていたが、思想の現実的有効性を第一に考える留岡にとって、

国民生活にすでに定着している儒教的慈善を、キリスト教的に改善することが先決であったのであろう。

明治慈善事業においては、しばしばミッションとしての「天職」や「使命観」が過大視された。確かにキリストの「受肉」による罪の社会の救済は、建て前であり、この「天」も地上の社会を一度否定して、罪多い社会に復活するものであろう。しかし日本では儒・仏とともに社会の倫理と、「聖」が連続的に理解されることが多い。留岡の「近代生活と宗教」（『人道』一九一六年一一月一五日）における、

力ある人間を作り、此力に由りて家庭及び社会を根底より改善するに非ざれば、基督教は何等社会と交渉せざるものとなり、遂に存在の理由を認めざるに至るのである。

もそうである。留岡は時勢の進歩は「寺院的」キリスト教から、社会的キリスト教にあるとみた（「今日の基督教」『新聞』一八九八年四月二七日）。留岡が監獄改良を選んだのは確かに職業としてでなく、監獄にキリスト教の光を投ずるミッションとして選択したのである。しかしそこでもまた、そのパーソナリティともいえる、本来仁人の系譜である「侠気」が働いていることを否定できない。

留岡の第二は、社会の構造や社会問題の追求より、社会の実態や問題解決の実践に関心があった。社会も国家とほとんど同義語で、相対化して考えている。留岡は近代文明の罪悪や、富国強兵下国

策の暗黒面を認識していたからこそ、監獄改良を選び、公益事業の発達を願ったのであろう（「家か人か」『人道』一九一一年二月五日）。それは一九〇二年七月の政府への「復命書（総論）」（寫本）にも表れている。しかしこの認識は国富への批判ではなく、むしろ「国家万歳」（「国家万歳と基督教」『新聞』一八九九年二月二四日）や、「実業」（「実業と宗教」『新聞』一八九七年七月一三日付）と結びつき、後者では、「国家万歳」に至るには実業と宗教とが結婚してこそ可能といっている。それは実務家留岡が、ピューリタン的歌い文句よりも、金銭の重要性を知り、動機の純粋性よりも、事業の遂行に責任を持つことがより重要と認めていたからであろう。しかし留岡の国家思想に基づく社会改良思想は、保守的な「仁政」を基調とする「国家経綸」であり、そこでの社会改良の「社会」は、没社会的に国家に内包されている。

留岡が国家なり社会なりを取り上げる論理は、一種の「調和論」で、時には「妥協」とも見えてくる。「貧富両全」「官民協同」等々がそれである。そして機能的には「採長補短」主義が特徴である。ペスタロッチやラスキンと二宮尊徳の比較もそうである。ヒューマニズム理解について、それによって社会改良運動の行き過ぎを規制するという言辞もある（「社会改良家列伝を批評す」『新聞』一八九七年六月一一日）。キリスト教をヒューマニティーの宗教としたり、「同胞主義」を主張もしたが、それは「貧民の友」（『新聞』一八九八年三月一八日）や「社会の疵」（『新聞』一八九八年八月一三日）に見られるように、「同盟罷工」等は「忌わしきもの」と排されており、「貧民の友」の主張にとどまっている。そして「貴族の慈善」（『新聞』一八九七年八月一〇日）が賞讃されたりしている。

「貧富両全の道」（『人道』一九一二年六月一五日）でも、社会問題を軽卒に解放すれば、貧乏人の味方ばかりとなり、富者を打ち潰すことになると述べている。ヒューマニティー対「仁愛」という異質の思想も、相互批判や思想的克服の対象となってはいない。さらに慈善はボランタリズムの上に成立するが、留岡の場合は「公私協力」である。また近代宗教は政教分離が特徴であるが、留岡の場合は分離すべからざる主張で、両者が分限を守りながら、相まって国家の秩序や風教を保持すべきものと主張されている（「政教の関係に就ての誤解」『新聞』一八九八年一一月一一日）。

第三に、留岡の思想の特色は、キリスト教の教義や信仰の深化、社会問題や社会関係の究明にあるのではなく、社会適応の実践力にある。底辺生活実態に対する異常な関心、応用技術の駆使があったればこそ、留岡は日本近代社会事業、特に処遇方法の祖となり、その母胎の一つになったのである。そして、キリスト教徒として教育と慈善を選択し（「基督教徒の二大事業」『新聞』一八九八年七月五日）、ペスタロッチに私淑したのであろう（「伝道の姉妹事業」『人道』一九〇七年一一月五日）。

監獄改良思想の形成　留岡慈善事業の成立は、明治三〇年代初頭であるが、監獄改良が母体となっている。

留岡の岡山時代の二つの出来事の中の一つは、商家出の留岡が士族の圧制による差別の体験と、そして高梁の内科医赤木蘇平やピューリタン的人格者ベリー（前掲参照）のキリスト教的感化を受け、士族も町人も神の前では「四民平等」なことを知り、入信したことである（「わが奉教の由来」『古稀記念集』収）。と同時に、性格が多分に政治的志向を持ち、気性も激しかったことを見逃せない（「私は何ぜ感化事業に身を投じた乎」『古稀記念集』収）。

二つめは、一八八五（明治一八）年四月から八八年三月まで同志社神学校に在学し、前述のラーネッドやアメリカンボード宣教師ケリー等の優れた師に恵まれ、またジョン・ハワード伝等を読み、社会の二つの暗黒面、即ち遊廓と監獄問題を知り（「最初の逢着せし社会問題」『古稀記念集』収）、とくに後者に強い関心を持ったことである。

神学校卒業後、京都府丹波第一基督教会牧師に就任し、一八九一年三月まで在任した。これらは二〇歳台後半のことであるが、いわば監獄改良への準備時代である。留岡は『日記』（第一巻、四四頁）の「人間平等論」に、

四海兄弟、天下同胞トハ、公平無私、私心私欲ノナキ所ヲ言ヒ顕ハシタルモノニシテ、誠ニ斯クアル可キ事ナリ。此真理遂ニ我東洋暗黒咫尺ヲ弁ゼザル階級世界ヲ照ラシ、大名、士族之権柄ハ軽減、剝殺サレテ、平民、農夫、穢多ノ権利伸張シ、漸々平等テフ中心ニ向テ、士モ農モ工モ商モ迅速ニ走ルモノヽ如シ……基督教ニテハ天ノ真神ノ天父ト云、人類ハ如何階級ニシテ是ヲ目シテ一トナシ、以テ万民皆造物主トナリ、是以、四海兄弟万民一視同等、神ノ眼ヨリ見玉フトキハ、人類ノ階級ハ恰モ地球ノ山川河海ノ如シ。

さらに「基督の神性を記す」でも、キリスト教の伝道が「愚者貧賤ノ者」から始まったのは、下

等社会が心謙遜なること、人口の多数なること、平等は下民より始めること、下等社会は憐れまるべきこと、神の大能は下より上に及ぶこと、等五点にあるとしている。これらは士族による差別体験に裏づけられた若々しい宣言で、自由民権運動とも共通する点がある。

留岡は丹波時代、ハワードに「感動激発」され（「人事の美妙は複雑変遷の時にあり」（『新聞』一八八八年一〇月一七日）、また「ペスタロジ氏新案」によって、成育教導は書物でなく「天然ノ事物」に接触することによることを学んだ。留岡後年における、いわゆる「汗流の価値」＝「自助」も、「天然」も、すでにこの期に準備され始めている。

留岡は一八九一年五月、北海道空知集治監の教誨師となり、三年間在任した。そこで得たものが、後の家庭学校の基礎となった。北海道各集治監には、多くのキリスト教徒が教誨に従事した（三吉明「北海道の集治監とキリスト教」『キリスト者社会福祉事業家の足跡』一九八四年）。

留岡は、いかなる罪囚も改良感化し得るとの信念（「罪囚果して感化し能はざる可」『大日本監獄雑誌』一八九二年七月二〇日）で、懲罰は方法で感化こそが最終目的である。さらに感化主義は信仰なくしては奏功しない（「感化主義と宗教」）と知った。そして儒教的道義教誨の総囚教誨と、在監者自由選択の宗教教誨とを区別し、その折衷意見を採った（「北海道監獄教誨師諮問会録事」『監獄雑誌』一八九四年一月一五日）。留岡の教誨方針は、宗教教誨の位置づけ、独立独歩＝労働＝自立、感化教育重視の三点である（室田保夫「キリスト教監獄改良の思想」『基督教社会福祉学研究』一九七七年）。

留岡は一四、五歳までに犯罪を犯す要因が形成されると考え、もとを塞ぎ、犯罪を防止する感化の重要さを知った。これがやがて家庭学校創立の源となっていくのである。自立自助の人間は「独立心を養成すると云ふ事に勤める事」(『著作集』第二巻、一〇六頁)と、早くも自助心の重要性にふれている。

留岡は教誨のかたわら、囚徒の生育歴や犯罪歴調査を行い、犯罪の主因は「家庭教育の欠乏」（室田保夫「空知集治監時代の留岡幸助――感化事業の原点――」『キリスト教社会問題研究』一九八〇年一月号）と考えた。「明治二十三年調査」等である。また、個人に対する密室教誨を重視し、個室における個人面談を行った。「個人的の処遇は必要中の必要」（「困難なる監獄事業」『監獄協会雑誌』一八八九年七月三一日）を知っていたからである。

留岡は空知時代にワインスの“The State of Prison and Child Saving Institutrins in the Civilized World”を読破し、後に「イ・シ・ワインス伝」（『監獄雑誌』一八九四年一〇月三一日）を執筆した。またハワード研究に打ち込み、一八九〇年三月には『獄制沿革史』を著した。一八九一年「死刑廃止論」を紹介したことも注目される。

一八九四年五月から、ニューヨーク州のエルマイラ感化監獄、マサチューセッツ州のコンコルド感化監獄等監獄改良を中心に、満二年間アメリカに留学した。そこには囚人とともに椅子工場で働いている留岡の姿もある（「思ひ出を語る」『古稀記念集』収）。またコロンビア大学の講義も聴いており経験と学理の双修も見える（『学説と監獄改良』獄事叢書、一九〇四年一二月）。留岡はエルマイラ監獄教育の「三位一体」（『新聞』一八九四年一二月二八日）や、戒護・作業＝授職、練身＝体育、教誨＝感化の四大綱領を身をもって体験した（「直接監獄事業の四大綱領」『監獄研究録』獄事叢書、一八九五年一月三日）。『獄制沿革史』に見える復讐主義→威嚇主義→改良主義→予防主義→教育主義も、また「処遇に於ける道理的学術主義」（「犯罪者を人間兄弟として処遇する」「遇囚新法」獄事叢書、一八九五年一〇月三日）も、遊学の収穫の一つである。

さらに遊学の収穫として、犯罪を通じて、その視野を国家社会に拡大したことである（「社会進歩と監獄改良」獄事叢書、一八九五年一月三日）。直接的には出獄人保護等で、一八九七年一月一五日論文には「社会事業の一たる出監人保護法」の用語も見えるし、また一八九七年一二月一七日論文には、監獄改良は「人道救護の一大問題」であるとし、

二万の露兵我北境を覗ふを厳戒する政治家が何故に八万の強敵（犯罪者――筆者注）内に埋伏せるを厳戒せざるか

という政治的発言も見える。留岡は「監獄改良と国民との関係」（一八九六年八月九日、『著作集』第一巻）で、犯罪原因を早くも「社会的原因」として力点をおいている。留岡は監獄改良以外にも「大学殖民事業 Settlement」や「貧民救済義会 Charity organization」等、近代慈善事業の紹介も行っている。

家庭学校の思想　留岡は一八九九（明治三二）年一一月、監獄改良を志して以来の目的と見られ

る家庭学校を、東京府巣鴨に設立した。明治を代表する施設である。その指針となったのはペスタロッチだと留岡はいう（「基督信徒としてのペスタロッチ」（『人道』一九二七年二月一五日）。感化院の名称を家庭学校としたのも、家庭即学校、学校即家庭、自然の重視、精神生活の基調としての宗教も、ペスタロッチにならったという（「大教育家ペスチロッチ」『基督教青年』一九〇二年一一月三〇日）。

感化院設立相談はすでに一八九六年八月から行われているが、留岡はこの年「感化院設立に就き」で、精神・金力・学術的方法を事業の三大要素として挙げ、教育・処遇の結論を「家族的感化《ファミリー》」に求め、「貧窮なる家庭も公共的組織に勝る」という近代的主張もある。しかし留岡の思想には、依然「志士仁人」性が残っている（「感化院設立の急務」『監獄雑誌』一八九七年一月号）。

一八九七年一月『感化事業之発達』を著した。これには留岡の思想がよく表われている。「総論」に、

博愛仁義の精神外に発して各種の慈善事業となる……佐倉宗吾の直訴となりて能く細民を憫む……外人之を名けて humanity といひ、孔子之を呼んで仁といひ、我日本人之を以て大和魂若くは義侠心といふ……此人道《ヒユーマニチイ》の及ぶ所、顕れては下層社会に対する慈善事業となり、隠れては即ち一箇人の陰徳となる。

ここでは佐倉宗吾もヒューマニストであり、ヒューマニズムは仁・義侠心・陰徳と相対化されていて、いかにも留岡らしい。そして宗教・金力・学術的方法を事業の基礎とし、院制は否定され、家族制が最上の策とされる。方針として教育・労作・健康・宗教が重視されている。

初期家庭学校については「家庭学校（"The Family School"）」（一九〇一年六月号、第二編、一九〇二年一〇月）が出版されている。その「概則」には目的＝父兄に代わっての教育、方法＝職業教育・徳育・智育・体育・宗教、制度＝家族制、主義＝勤労・独立・正直・清潔等で、教育の五方法としては、キリスト教の普通教育・実業教育（主として農業）、体育、音楽教育が挙げられ、職員も家族制にしたがって家族長、家母及び家母補が配されている。生徒の分類は小学校にならい、午前は授業、午後は労働をさせた。生徒には「境遇の転換」「天然の教育」、さらに実物教育を重んじたが、天然の教育としては、すでに北海道殖民家庭学校の考案があり、強い願望となっている（「感化教育」『社会』一九〇一年六月号）。さらに創立期に、すでに慈善事業家の教育養成所が設立されているのも目につく。

『家庭学校』（第二編、一九〇二年）では、所轄官庁を司法省ないし内務省でなく、文部省とすべしと主張している。学校では、『日記』一九〇二年一一月一二日に見えるように、担当教師の詳細なケース記録がある。家庭学校は留岡にとっての同志社卒業以来、十数年間の経験の結晶であった。

留岡慈善事業論の成立　留岡慈善事業は、思想として前近代性の残滓を残しながらも、方法としては近代的であった。留岡は単なる思想や理論にはあまり興味を持たず、実践の中で思想や理論を必要とするタイプであった。留岡慈善事業論の記念塔は、一八九八（明治三一）年一月から二月にわたり『基督教新聞』に掲載した五論文で、増補して一〇月『慈善問題』として出版された。

留岡はアメリカ遊学中、すでに「慈善事業と其方法」（一八九五年）を執筆し、慈善事業実行の五大方法として教育・帳簿記入・協働・訪問及び職業の準備を挙げ、被保護者には施与より教育が必要と訴えている。次いで「慈善《チャリチー》」（『新聞』一八九七年五月一四日）では、慈善の効果をあげるために「学術的」「教育的」の二点を求め、学術をとらない慈善の害を指摘し、心情・教育・労作の三者の必要を主張した。留岡は一八九七年、すでに「内務省に慈善局を設置すべし」と主張している。そこには「明君政治」という「仁政」観が背景にあるものの、日本には物質文明のみが発達し、精神文明が未熟であるという反省がある。しかもこの「仁政」観や精神文明の高調が、留岡ボランタリズムの限界ともなっている。

留岡慈善事業思想については、村山幸輝「留岡幸助と慈善問題」（『キリスト教社会問題研究』一九八〇年）、室田保夫「留岡幸助と『基督教新聞』」（『社会事業史研究』一九八四年一〇月号）その他先業がある。ここでは留岡五論文について、思想史的角度から考察してみたい。留岡の「慈善家の本領」（『日誌』一月一四日）では、日清戦争後二〇世紀を目前とする、貧富智愚隔絶社会を「乱麻的社会」と見て、怵惕惻隠の心、別してキリスト教同胞愛によるヒューマニズム、すなわち慈善事業をもって、これに当らなければならないと説いている。同時に日本では政府の援助なくしては成功しないとも付言している。「慈善家の資格」（『日誌』一月二一日）として挙げているのは、無欲・

悠久持長・智識・勇往直進・同感同情・事務的才能の六つで、いかにも留岡らしい。

「慈善家の見識」（『日誌』一月二八日）では、文明社会には「大火災」である社会的問題が伴うので、その消化の役割である「慈善的喞筒《ポンプ》」が必要と社会的認識を示し、富者に代わってそれを行う慈善家を「ゼンツルマン」と呼んでいる。「慈善家の本源」（『日誌』二月四日）には、「人に忍びざる心」（孟子）、「大和魂」（吉田松陰）、「義務の命ずる所」（ハワード）等、性善説を取りつつ、その根源は神を愛することとし、

吾人は「ヒューマニチー」の頂上は基督の十字架たるを信ず、神の子天の栄光を棄て、吾儕人類の為に此世に降りたるは博愛の博愛、慈善の慈善にして、於是乎慈善も其極度に達したるものと云ふべし。

と述べ、慈善の本源を「活ける信仰」に求めた。これらの事例を見れば、留岡には自由神学的傾向の強いことがわかる。

「慈善家の方法」（『日誌』二月一一〜一八日）には、慈善の効果は智識・経験・方法によるとし、第一要義は被保護者を教育によって自立を図らせる。第二要義は被救助者の事情調査をし、それにより区別して救助する。第三要義は慈善家の品性を挙げている。そして慈善家同盟会の組織を勧めている。

この年一〇月留岡は『慈善問題』を刊行した。その「自序」には、慈善問題を社会問題としなが

ら、

　　吾人は慈善問題を滞りなく解釈せんと欲せば宗教より出づる熱愛、学術の与ふる光明なかるべからず、
　この両者を融化調和したるものは即ち吾人の所謂学術的慈善事業是なり。

という著名の一文がある。また本書における増補で注目されるのは第九章「政府と慈善事業」で、日本の実情から政府の慈善事業に期待をしているが、日本における純粋なボランタリズムの確立は、まだ先の問題であった。

　この期に留岡は「慈善事業」（『東京独立雑誌』一八九八年七月一〇日）や、「我国の慈善問題」（『中央公論』一九〇一年二月号）を発表している。前者では慈善家を山師的慈善家、伴食的慈善家（自分の生活のために）、名誉的慈善家、愛国的慈善家（政治や行政目的で）、道楽的慈善家（ハワード等）に五分類し、「道楽的」慈善家を最良としている。慈善の目的は慈善を喜ぶということであろう。後者では慈善の要点として党勢・教勢の拡大のためでなく、惻隠の情、宗教的情熱が必要であり、また救助は施与ではなく、教育であるとその所論を述べている。そして日本の慈善の欠点として、実業家の援助がなくて資金に乏しく、女子の無理解、宗教家の同情薄弱の三点を挙げている。

留岡は一九〇一年「東京市細民調査」、一九〇二年「国内慈善施設調査」、一九〇三年欧米巡礼と続いて行い、さらに経験と知識を深めた。

明治三〇年代初頭の留岡慈善事業論を簡単に総括すれば、①社会科学的自覚とはいえないが、産業革命過程での貧富智愚の懸隔等を実践を通して知り、社会的視点からそれを日本の「内憂」とし、単なる慈善ではなく、「事業」としての「慈善事業」とし、社会的問題への「喞筒《ポンプ》」的役割を果そうとした。②科学的合理的とまではいえないが、絶えず「経験」と「学術」を併行させ、日本慈善事業処遇の科学的母胎の一つとした。③慈善事業思想としては、キリスト教慈善思想により、儒教的「仁政」「仁愛」がまだ批判克服されたとはいえないものの、「仁政」「仁愛」が相対化されている。留岡は楽観的ではあるが、実践の中で、キリストによる慈善事業の「活力」を信じて疑わなかった。

明治四〇年代前後の留岡幸助の慈善事業思想　明治四〇年代は、桂太郎内閣の御用記者『国民新聞』の徳富蘇峯が、「内には社会政策を布き外に向っては帝国主義を施し一般人民を提げて起つ」という時代であった。しかしこの「社会政策を布き」は「慈善事業」ではなく、国家が指導する「救済事業」なのであった。日露戦争後の地方の疲弊、風俗の混乱に対する危機意識を留岡も共有した。

竹中勝男はかつて留岡の思想を①キリスト教信仰、②一九世紀人道主義的社会改良思想、③二宮尊徳の報徳思想、の三つを挙げたことがある。私はこれに、留岡の深層にある儒教的「仁政」思想も加えたい。石井十次は処遇思想のいわば「手さぐり」の近代開拓者であり、愛国者でもあったが、留岡は外国の社会的慈善事業も知り、すでに『慈善問題』によって、慈善事業の理論的な考究を終っている。それにもかかわらず、四〇年代の帝国主義開幕期に、何故国家の救済事業にある種の「妥協」もし、「積極的慈善事業《コンストラクチーブチャリチー》」等を主張したのか。この期は留岡が四〇歳代の時であるが、彼の多くの慈善事業論はこの期の『社会と人道』（一九一〇年）に収められているので、本著によりその重要点をうかがってみたい。

第一は「慈善政策」についてである。この名辞は社会政策になぞらえたものである。ここでは内務省に慈善局、大都市に慈善課の設置を提唱している。慈善は宗教家、陰徳家のみがやるものではなく、国家公共も慈善事業を経営しなければならないと主張している。ここには留岡の「仁政」観が、楽天的に「積極的慈善事業」に結びつけられている。この結合は「ラスキンと二宮尊徳」（『斯民』一九〇九年六月号）、「ペスタロッチと二宮尊徳」（『人道』社論一九〇九年五―六月号）等この例が多い。行政官僚等の救済論にはドイツの影響が多いが、留岡のような自由主義国英・米の慈善政策と伝統的な「仁政」の結合例は珍らしい。

第二には「慈善事業の三大要素」として宗教・教育・資金を挙げている。留岡慈善事業の特徴である。留岡もこの時期流行の「経済と道徳の調和」を説くが、井上友一・桑田熊蔵らとは異なり、道徳的世界にとどまらず、絶対的なものとしてキリスト教があるのはいうまでもない。「微温な道徳主義」（前掲『社会と人道』五三二頁）には、道徳では困難な慈善事業を遂行し得ないとの確信がある。教育としては自然教育・労作教育等の導入により、慈善事業に長足な進歩があったとし、資金では施設は完全な資本の充実の必要を説いている。

第三の注目点は「戦時に於ける慈善的設備」で、これは日露戦争における軍人家族救護の保護との重複を反省し、連合戦時慈善協会の急務を主張したものである。ここではロンドン慈善組織協会や、ニューヨーク市連合慈善協会が紹介されている。留岡は慈善事業を単なる救済とは区別し、「慈善は各個人に適応する処遇をするもので、慈善学者之を名けて個人的処遇と云ふ」（前掲書六〇二頁）と、慈善事業の個別的科学性を主張している。留岡のばあい、自助や勤勉力行の精神が特徴で、救貧法に対しても危惧を抱いていた（一九〇八年「貧困と救恤」『日記』三巻、五三五―六頁）。二宮尊徳が個人の慈善を嫌い、報徳社的組合慈善を教えたのも、留岡が尊徳の「自助」の精神にひかれた理由の一つであろう（「二宮翁逸話」『留岡幸助報徳論集』二宮尊徳研究叢書第一、三九頁）。

第四は留岡にも地方改良による一村一郡の有機体的結合により、日露戦争後の地方渡弊を救わんとした点が挙げられる。留岡の自助思想にはスマイルスの「立志編」と尊徳の「報徳記」がある（『報徳一夕話』一八頁、一九〇八年）。

一九〇五（明治三八）年五月一五日留岡は『人道』を創刊し、一九三二（昭和七）年八月まで続けた。日露戦争後の新しい胎動の中で、「人道の大義を発揚」しようとしたものである（「発刊の辞」一九〇五年五月、以下復刻版による）。そして人道の代表者として尊徳を挙げている（「記念号の辞」一九〇五年一二月）。復刻版解説者山本幸規は、『斯民』創刊まで『人道』は、尊徳記念会の「受け皿」をつとめたといっている。人道社員には小塩高恒・篠崎篤三・横山有策ら留岡門下の錚々たる人物がいる。

その「社論」を一、二紹介しておきたい。恐らく留岡の筆であろうが、「国家安泰の道」では大逆事件にふれ、勃発を生活難、悪思想、宗教的努力の衰えに求めている。留岡も「仁政」を主張するくらいであるから、天皇制的「仁政」にも賛成している。社論「慈善界一年の回顧」には「一つの砲台を築き、一の兵舎を建てると殆んど同一の意味に於て、慈善事業の開拓を待たざるべからざるものあり」という注目される主張もある。

留岡は多面的な近代社会事業の開拓者であり、部落改善もその一つである。この期の部落改善は、大正後半に成立する融和事業の前段階である（成澤栄寿「融和事業の成立」『日本歴史と部落問題』一九八一年収）。それは大逆事件に連座した真宗大谷派の高木顕明のような、部落の中からの発想ではないが、留岡の特徴は詳細な部落の「生活状態」の報告にある（前掲『社会と人道』収）。そこにはむろん抵抗の姿勢はないが、藤村『破戒』が「覚めたる者の悲劇」（吉田精一『自然主義の研究』下、一九五八年収）とすれば、留岡の場合は上からの発想であるが、部落の「生活」実態に即している。

留岡幸助と報徳思想　明治を代表するキリスト教徒、内村鑑三（『代表的日本人』一九〇八年）、石井十次（前項「基徳教」等）、留岡幸助が、ともに二宮尊徳に著しく私淑していることに興味がある。むろん尊徳への接近はそれぞれ異なるし、また尊徳の実像は拙著『日本社会福祉思想史』（著作集1、二八五～三〇一頁）で説明した通りである。ここで考えたいのは、すでにアメリカにも学び、『慈善問題』で慈善の理論形成を行ったはずの留岡が、四〇年代前後の政府主導の「救済事業」の中心人物の一人となり、さらに流行となった尊徳に何故これほどまでに入れこんだかである。

留岡は井上友一の勧誘もあり、尊徳の五〇年祭を機に、報徳運動に熱心に参加した。そして留岡が主張する「自助」精神が、明治末期の公的扶助を棚上げにし、人民相互の扶助を建て前とする政府にとって好都合であったとみることもできる。しかし留岡が報徳に行きついた点については、留岡に則してみれば、あまり不自然さは感じない。留岡が生涯の決算を語る時、そのことについて別に後悔も持っていないし（「予を語る」前掲『留岡幸助君古稀記念集』収）、また「内務大臣が報徳をやれといったこともなく、唯我々同志が余力も以てやったに過ぎない」（「報徳の使用」前掲『留岡幸助報徳論集』四九五頁）ともいっている。留岡をクリスチャンとしての代表的ボランタリスト、あるいは日本慈善事業理論の樹立者留岡というイメージを拡大しすぎると、留岡の実像を見失うかもしれない。日本における慈善事業の系譜は、ヘボン等宣教師の時代から留岡の時代まで、僅々、三〇～四〇年にすぎない。留岡を慈善事業思想家として過大視すべきでなく、その「実践性」において、尊徳と留岡の類似点に注目すべきであろう。

留岡と尊徳を並べてみた時に、第一に両者の性格が酷似している点が挙げられる。同時代人の床次竹二郎は留岡を「洗礼を受けた二宮尊徳である」と述べ、日露戦争後という社会状況の中での、両者の類似の人柄を五点にわたって指摘している（「国士としての留岡幸助君」前掲『留岡幸助君古稀記念集』七三六―四〇頁）。私はこれに幕末という転換期の中にあった尊徳を、明治末の転換期における留岡が追体験している点を加えたい。一は幕末農村の荒廃、一は明治末資本主義確立に伴う都市の膨張と農村の疲弊（「留岡幸助地方改良の由来及其の必要」『斯民』一九一五年一一月）。幕藩体制崩壊期における現実主義者尊徳と階級分化開始期における現実主義者留岡の「階級調和論」、あるいは「貧富両全の道」（『人道』社論、一九〇二年六月号）等々。さらに加えれば、幕末に生を受けた明治人には、勤皇、佐幕等の政治的立場をはじめ、思想の「変節」意識より、課題解決の有効性のほうが先決されているのである。仏教の安達憲忠の場合も、自由民権運動から東京市養育院幹事への転換に際して、ほとんど思想が問題とはなっていない。

第二のテーマは、留岡のキリスト教についてである。田中和男は、留岡のキリスト教理解について「内面的信仰の重視より、人間の平等（階級・男女・民族）」「原罪」を強調する「性悪」的人間観より、「性善的人間観」「神・イエスに依る他力的救済より、修養に依る自力救済に傾斜」を挙げ、留岡のキリスト教信仰の相対化を述べている（第三回社会事業史学会報告要旨）。遠藤興一は「報徳思想と留岡幸助」（『基督教社会福祉学研究』一九八〇年）で、留岡はキリスト教の人格神としての性格と、自然神としての性格を共存させるなかで、報徳思想とキリスト教を結びつける契機をとらえたという。『著作集』（第二巻、六五三頁）の解説者も、留岡には神学や哲学を論じたものがなく、「神の国」実現に精一杯身心を傾けたといっている。留岡自身も『日記』（第二巻、六六一〜五頁）に、「人格 personality ノ考ハ、東洋ニハナイ……然ルニ翁（尊徳――筆者注）ハ此観念アリタリ」といっている。それは尊徳は天道を「自然」としながら、「人道」を「作為」と考えたことに注目したのだと思う。留岡が自己の雑誌を『人道』と命名したのもそこからきている。留岡にその著書

『二宮尊徳と其風化』（一九〇七年）の「自序」（『著作集』第二巻、三〇三～八頁）で、

余は今も昔も基督教徒なり……星霜已に四十年を経たる今日に於て尚ほ其西洋臭きものあるは慥に我基督教の普及尚ほ遅々たる所以の一理由たる可し……実行すべき社会機関の欠乏するあらば、如何にしてか能く救世済民の効果を挙ぐることを得んや、是れ疑もなく基督教の一欠点なり。

と反省している。

二宮尊徳は正規の儒学学習もできず、さまざまな経験の中から天地一元・一円相を考案したが、儒教としては、『大学』を中心に『論語』『中庸』が主なるものであったろう。留岡は尊徳の『中庸』理解（「二宮尊徳と其風化」前掲『留岡幸助報徳論集』五六五頁）から、階級調和などを引き出したが、慈善事業に即していえば、海外慈善事業の理解と並んで、貝原益軒―二宮尊徳―留岡幸助の系譜に注目する必要がある。留岡の論文「二宮尊徳と貝原益軒」（『人道』社論、一九〇八年八月二日）もそうである。益軒は富者が救済を行わないのは天理に背き、また貧者も篤志者になり得る（拙著「貝原益軒の仁愛思想」『日本社会福祉思想史』）ことを説き、「仁愛」を「自娯」ととらえた。留岡は「愛するものの為に苦労し精進するは重荷にあらずして実は快楽なり」というが、そこには「推譲論」（前掲『留岡幸助報徳論集』二九五頁）とともに、「人事を尽して天命を待つ」天職観がある。留岡は『慈善問題』（一八九八年）でも、慈善はやめんとしてやむことのできない楽しみとして

いるが、そこにキリスト教的使命感とともに、益軒の「自娯集」を受け継いでいるところがある。留岡のボランタリズムは、キリスト教的ペシミズムより、篤志的「自娯」の面が強い、そこに尊徳と同じく「楽天家」の留岡がうかがうことができる。しかしそれがまた、満五〇歳で内務省嘱託を辞め、念願の北海道の荒野の家庭学校建設へと、天職に一路邁進することにもなってくる。

第三のテーマは、尊徳や留岡の持つ「実践性」や「実践力」である。留岡の尊徳に対する敬意は、その実践力に対してであり、それによって親近感を持ったのであろう。留岡の家庭学校その他に処遇論、教育論に、尊徳の思想が使用されている点がよく指摘される。この実践性は思想においても同様である。「報徳記は東洋の自助論也」(『斯民』一九〇九年一月号)、あるいは「二宮尊徳と其倫理」(前掲『留岡幸助報徳論集』収)の自助的主義・勤労主義・積少成大主義・他愛推譲主義・学問非売買主義・商道即共益主義・協同主義の六点は、いうまでもなく尊徳の「至誠」「勤労」「分度」「推譲」をモデルとしており、プロテスタントの禁欲的克己的隣人愛的信条と矛盾することなく、留岡の社会観や人生観を形成している点も、両者の「実践」的志向からであろう。

また、報徳記と自助論との思想型の相違を挙げて、留岡慈善事業の自由主義的限界、或いはキリスト教的限界を述べても、留岡にとってそれほど意味はない。尊徳にしても留岡にしても、課題解決に関心のある現実的実践家であったからである。

五　日本社会事業の成立——生江孝之と賀川豊彦

生江社会事業論の成立

大正期における社会事業の成立は、明治末の「救済事業」から脱する社会事業民主化のはじまりである。社会事業という名称も、この時期に成立した。社会連帯思想を中心とする社会事業は、独占資本主義の形成・確立を背景として、防貧の勃興を促した。しかし「個」の確立をみない日本では、残念ながら成立した社会事業も僅々二〇年足らずで、戦時厚生事業の前に挫折したことも事実である。

生江は一八六七（慶応三）年仙台伊達藩士の子として生まれ、一九歳の宮城中学時代に、日本メソジスト教会宣教師H・W・スワルツの感化で、一八八六年五月受洗した。九〇歳に余る長寿に恵まれた生江は、東京英和学校（青山学院）高等科時代に社会事業に関心を持ちはじめてから、慈善時代・慈善事業時代・社会事業時代・戦時厚生事業時代・戦後社会事業時代と、五つの福祉関係時代を経験したことになる。一九〇〇年に渡米し、ニューヨーク博愛学校（後に社会事業学校）に入学し、E・デバインの指導を受け、J・アダムズやA・トインビー、あるいはチャルマーズやエルバーフェルド制度、そしてA・ワーナー、C・ブース、S・ラウントリー等の貧困研究を学んだ。一九〇九年内務省の嘱託に就任してから、一九二三年に辞職するまでの一五年間、いわば日本社会事業の成立時代には、上には優れた社会事業官僚に恵まれ、加えてその期の社会事業リーダーであり、かつクリスチャンであった原胤昭・留岡幸助・山室軍平・有馬四郎助その他を、先革知友に持った。生江は、いわば日本社会事業成立時代の申し子であったといえる。

生江の生涯の思想的振幅は小さい。「私は未だかつて書斎の人となった事がなかった」（自伝『わが九十年の生涯』一九五八年、一七〇頁。以下『自伝』）というくらいであるから、研究者で通したわけではない。日露戦争中は出征軍人遺家族救護等各種団体に関係したが、現場人ではなかった。生江の本領は、海外社会事業に明るく、また日本社会事業界を知悉した「実践」的リーダーというべきである。生江は自分の思想を、

当時はもとより今日に於ても共産主義には絶対反対であるが、併し修正資本主義者として一貫し、放任主義の傾向を持つ経済機構には強く反対し続けて来た。私の立場は今日どちらかというと社会主義思想に近い。（前掲『自伝』、一四〇頁）

といっている。それは「社会的基督教」をとったということでもある。振幅が少ないことは、身の処し方にも関係している。そして生江の社会事業思想の最も座りよい場所は、大正デモクラシーであったと思う。

生江の社会事業思想は、明治末から大正初期、大正デモクラシー期から昭和恐慌期、そして第二次世界大戦期に区分できる。

明治末から大正の初期は、生江社会事業論の準備期である。生江社会事業論はその中核を「社会貧」ないし「社会的弱者」、「防貧」「社会連帯思想」、そして「人格概念」をキー概念としており、その萌芽はすでにこの期に認められる。これは、換言すれば慈善事業から社会事業への起点ということであるが、この時期が感化救済事業の流行期だけに、生江の諸論が注目される。また、第一回欧米社会事業の視察研究は、『欧米視察細民と救済』（一九一二年）として発表され、第二回（一九〇八〜九年）は、社会事業および都市行政研究のため欧米各国に出張し、『泰西に於ける自治民育美談』（一九一五年）として結実させている。

生江の「社会貧」への関心の萌芽は、前記『欧米視察細民と救済』の「自序」その他にもすでに認められるが、また「救済要義」（一九一六年七月、『愛知県における感化救済事業地方講演集』）のA・ワーナー、C・ブース、S・ラウントリーの詳細な紹介や、「労働若しくは其他の方法に依りまして辛ふじて生活するか、若くは生活の出来ない状態」という貧民の定義にもそれがみえる。また「弱者の保護」については、『欧米視察細民と救済』の「結論」でのべられている。「防貧」は生江が心服した井上友一の『救済制度要義』（一九〇九年）の中核思想の一つであるが、井上と相違して、生江のそれは一九〇五年のイギリス救貧法王立委員会少数派のS・ウェッブの“prevention”に近い。生江は「欧米に於ける慈恵救済事業の趨勢」（『慈善』一九〇八年七月創刊号）で、恤救規則改正の際には「防貧」が必要であると説き、『欧米視察細民と救済』「自序」でも「救済方法として重きを積極的防貧的救済事業の叙述に置き」と述べている。社会連帯についてはまだ思想として整序されていないが、社会性ないし社会運動性の濃厚なメソジストとして洗礼を受けており、一九世紀イギリスのキリスト教ヒューマニズムや、キリスト教社会主義を、知識としてばかりでなく体験もしている（前掲『欧米視察細民と救済』第八章等）。「公共の思念、協同の精神」（前掲『泰西に於ける自治民育美談』二頁）によって、文明の根底を強固にしようと考え、一九〇〇年代を「社会改良の時代」（前掲『欧米視察細民と救済』「自序」）と見た生江の思想は、すでに欧米流の社会連帯に近かった。生江の思想にまだ論理的構成は見えなかったとしても、フランスのレオン・ブルジョア等の社会連帯思想による『社会事業綱要』（一九二三年）を執筆する以前に、すでに生江はその準備をはじめていたのである。

生江社会事業論の成立は、一九二三年の『社会事業綱要』であり、本書は日本社会事業成立の一里塚となっている。一九二七年、一九三六年と三度改訂されたが、一番ヶ瀬康子はそれぞれの改訂版を比較している（『生江孝之集』社会福祉古典叢書4、「解説」四一六―九頁、一九八三年）。生江は本書について、内容は海外旅行中調査研究したものが主で、書斎で研究したものに比すれば浅薄であるが、実際的には効果がないといえないと、控えめに回顧している（前掲『自伝』一一二頁）。本書における社会事業の定義は版ごとに精密度を増している。最終の一九三六年版定義は、

社会事業とは結局社会生活の充実と福祉の増進を将来すべく社会的弱者（社会貧）を精神的、保健的及び物質的に保護教導し、之を文化的生活（標準生活）の享有にまで向上且つ安定せしめんとする公私

事業の総和であり、全部である。（三〇頁）

である。生江はこの定義を、A・ザロモンの社会政策の主な部分を控除し、比較的E・デバインの諸説に多くの共通点を見い出したといっている。E・デバインに直接指導を受けていた生江が、A・ザロモンの所説に親近感を持ったとしても、それほどザロモンを研究したとは思われない。むしろ著者がいうように、定義は不徹底としても、その社会事業の分類である生存保護事業（救貧事業）、生活保護事業（防貧事業）、保健および医療保護事業、児童保護事業、社会教化事業、および研究機関等の各論の内容によって、高い評価を得たのである。

本書は第一にレオン・ブルジョアを引用しながら、「社会連帯」責任が強調されている。ブルジョアの連帯思想はこの期の流行であったが、生江の場合は、ドイツ社会政策やフランス社会学より、アメリカの初期社会連帯主義や、人類愛的なキリスト教ヒューマニズムが根底にある。第二は社会貧に重点がおかれ、ザロモンにならって「社会的弱者」を文化的生活（標準生活）の共有まで向上、安定せしめるとしている。第三には社会正義を基本に、人格概念が強調されている。そこでは「社会的弱者」の権利が要求されるが、同時に「自助」も重視された。本書には社会事業の本質論などは余りみえないが、社会事業を実践的な「弾力ある生感」でとらえ、現場のよき水先案内の役目を果した。

さらに児童保護のリーダーであった生江は、『児童と社会』（一九二三年）で児童の権利を主張し、

①立派に生んでもらうこと、②立派に養育してもらうこと、③立派に教育してもらうことを力説している。生江はこの期にまた「恤救規則の改正に関する考察」(『社会事業研究』一九二七年五月号)、「文芸復興以後に於ける慈善事業の変革に関する考察」(『社会事業』一九二八年二月号)その他の優れた啓発的論文を発表している。

戦時下の生江には「日本農村の特異性を検討して満州移民問題に及ぶ」(『満州社会事業』一九三三年五月号、篠崎篤三編『生江孝之君古稀記念』収)以下の時局協力的な論文もある。しかしいっぽう戦争下の阿片の密輸入に日本人の罪を感じ、麻薬中毒者救済に熱中するなど、社会愛・人類愛を基調とする人格本位の社会事業思想もみられ、思想のゆれは小さい。

生江孝之と社会的基督教　生江は『増訂社会事業綱要』(一九三六年)の「社会事業当事者の資格」(三四―六頁)で、社会事業には正義と義務とともに、愛と奉仕精神の重要性を力説し、社会連帯責任より生ずる社会正義は、人類愛との融合によって存在を全くするとし、愛こそ最強最美の偉力としている。社会的基督教徒としての面目は、一九三一年著の『日本基督教社会事業史』によく表われている。本書は歴史書というより、著者の体験と信念を述べた書である。現在を転換期とみながら、「宇宙生命は愛」(「序に代えて」)とし、愛を唯一の律法とする「神の国」(「総節」中の「基督教と社会事業」)を地上に建設することを目標とした。昭和初頭の資本主義危機時代は、生江社会事業論の高揚期である。「イエス自身は貧民階級の絶大な同情者……偉大な奉仕者」(一四頁)と見て、一九二八年第七回日本基督教連盟大会では、田川大吉郎部長を助け、副部長として「日本基督

教連盟社会信条」を決定した。そこには、

我等は神を父として崇め人類を兄弟として相親しむ基督教社会生活を理想とし、基督によって示されたる愛と正義と融和とを実現せんとする者である。

と述べられ、唯物論的階級闘争や、反動的弾圧をともに排しながら、「人の権利と機会の平等」以下の条理が列挙されている（二九四頁）。

生江は本書で、キリスト教を禁欲的厭世的消極的宗教ではなく、明朗で現世的積極的な宗教として（三〇四頁）、社会事業は臨床的事後活動より積極的な社会運動にまで進出し、無産階級解放に深甚な関心を持たねばならぬと力説している。個人的救霊より、ウェスレーに近い賀川豊彦らを先頭とした、「神の国」運動による無産大衆の福祉と、社会の進運への寄与ということである（三〇六頁）。

その生涯の最後の告白（前掲『自伝』一九二～四頁）も、

私の夢は信条第一義ではなしに、キリストの実践をその十字架の犠牲が中心となりその信条の信仰の否とは深くねんとしないことが、私を以て云わしめれば真の基督教だと思ふ。

と「社会的」「実践的」なキリスト教を述べている。

生江は思想ばかりでなく、昭和初頭の資本主義危機の時代には、具体的活動もしている。一九二九年三月には田川大吉郎とともに中心人物となり、『社会信条の解説』を執筆し、キリスト教ヒューマニズムの立場から、働く者の権利獲得や労働者の団結、人権尊重を訴えている。むろんマルクス主義の路線とは、はっきり一線を画している。「社会信条」の実践として、その年八月の日本基督教連盟その他の主催による社会問題研究会には、片山哲・杉山元治郎・賀川豊彦らとともに講演し、労働法規の不備を衝きながら、労資協調、福祉増進を説いた。翌三〇年五月、日本基督教連盟の「神の国」運動の社会問題協議会でも、賀川らと「失業問題及び其資料に就て」を論じた。次いで同年一〇月の第二回キリスト教社会問題協議会の「資本主義経済組織と互助組合運動」でも、生活権擁護手段としての互助組合の結成を訴えている。しかしキリスト教会で、「社会信条」の精神が強調されたのは三一年夏までで、満州事変以降は「なしくずしに精神の崩壊過程」をたどっていく（佐々木敏二「『社会信条』の精神にもとづく実践とその崩壊過程」同志社大学人文学研究所編『戦時下抵抗の研究』一九六五年）。

生江は三一年の日本キリスト教連盟第九回総会で、「社会信条の改正及び運用について」を提案したが決定されず、翌三二年五月の連盟主催の「工場問題協議会」でも「基督教社会信条に就て」を演説している。このほか次に触れるS・C・Mの三二年七月の夏期学校で、「現代基督教会の諸問題」を講演したが、夏期学校は混乱し、中止解散となった。生江はこうした中で、三一年に次男健次の共産党入党を経験している。生江はこれを「私を裏切って」（前掲『自伝』九頁）と表現している。

賀川豊彦『貧民心理の研究』　賀川（一八八八〜一九六〇年）の発言は多様多彩（労働運動・農民運動・協同組合運動等）で、いわば社会事業の体系からははみだしている。賀川の原点は一九一五年一一月に出版された『貧民心理の研究』である。本書は著者の神戸新川における四年八ヶ月の体験に基づいたもので、賀川二七歳の著述である。本書の特色は、第一に若者が「経済と経営計りの慈善事業や社会改良策ではなくて、一層心理的な、一層人間らしい、人間中心の科学的のやり方があるだろうと思へるので御座います。そして此出発点は、どうやら貧民心理の研究にある様に考へられるのであります」と、都市スラムにおける人間科学的研究の立場を打出している。この立場は『賀川豊彦全集』の解説者武藤富男がいうように、人類の救済、キリスト教的贖罪、救いの中心としてのキリスト教、の三つに裏打ちされ、第三者的観察でなしに、賀川の全存在をかけてスラムに取りくんだ著作であるところに重要な点がある。

第二は米田庄太郎が「序文」でいうように、幾多の学問的欠点はあるものの、「貧民心理」そのものを対象とし、組織的に研究した著作は欧米にもほとんど例がなく、日本ではむろん最初の研究であったことにある。第三には「宇宙悪」を根元悪とみながら、「社会悪」としてのスラムの中での全人格的応答、即ち賀川はスラムの中にも「どん底にも一種の固い道徳と、愛と、相互扶助」があることを見逃していないことである。

第四は調査のための調査ではなく、スラム住民とともに生活する者の立場で捉え、したがって従来の政府その他の調査と異なり、ニーズの解決を前提に置きつつ、昭和以降にはじまる社会事業調査の先どりをしていることである。第五は、賀川個人にとってこの著作が、その後の賀川一生の原点になっていることである。「総論」でも述べているように、賀川は「経済生活と心理生活交渉」を問題解決的観点から見ているが、本書ではこれが一貫されている。

本書で賀川は貧困を、身体を保持し得る程度、相当の教育を受ける富の程度、公民権を受くべき税金支払高、体面を相当に保つべき装飾をなし得る富の程度、自由生活の富の程度と、賀川独特の五つの区分をしている。また「経済的貧民」と「社会的貧民」に分けているのも注目される。特に末尾で、下層貧困者が騒擾の中心となる場合があるとして、「日本も行く行く之等の人々が大騒ぎをやる時代が来るのであろう」と結んでいるのは、一九一八年の米騒動の予言ともなっている。本書にみえる賀川の貧民に対する厳しさは、評論家と違って、貧民問題の解決を信仰的に、さらに社会的使命として課しているからであろう。貧民のニードをスラム生活の中で捉えたことが、本書の地位を高からしめたのである。

賀川豊彦と社会事業　賀川は『死戦を超えて』(一九二〇年)、『太陽を射るもの』(一九二一年)、『壁の声きく時』(一九二四年)は破天荒の売れ行きを示したが、武藤富男はその理由を、労働者に対する深い愛情と、労働への尊重と労働者のために資本家と闘って行く勇気、スラムにおける贖罪愛の働き、の三つを挙げている(前掲『全集』第一四巻、一九六四年)。

賀川の社会事業に関する著書や論文は非常に多い。まず『精神運動と社会運動』(一九一九年)、その続篇ともいうべき『人間苦と人間建築』（一九二〇年）等はともに神戸のスラムで執筆された。前者では救貧策の徹底には、結局労働組合の健康な発達を図ることが急務とし、後者では「児童虐待防止論」その他を展開している。

また、賀川社会事業はキリスト教中心で、その根拠となっているのは「人類は救わねばならぬ」「キリスト教は贖罪教である」「キリスト教は救の中心である」の三つである（前掲『全集』第九巻解説、一九六四年）。そこに浮ぶ賀川社会事業論の基本は、社会連帯責任で、多くの論文にそれがみえる。「労働者崇拝論」（前掲『全集』第一〇巻、一九六四年）でも「私は資本家という階級を全く認めぬし、そんなものの必要をも認めぬが、労働者が、階級闘争の外に、社会問題の解決は無いと考えることには絶対に反対である」と、社会連帯を強調している。

賀川社会事業の中心はセツルメント運動であるが、その賀川セツルメントが、この期のセルツメント運動の潮流の一つを形づくっている。「セツルメント運動の理論と実際」（『社会事業研究』一九二六年三月号）で、セツルメントの根本思想を「人格の交流運動」と規定し、救済事業的なセツルメントと区別した。賀川のセツルメントからは日本農民組合や関西労働総同盟が生れ、労働組合との関係が深かった。賀川は教化運動の対象である労働組合と、救済の対象である貧民階級とを区別し、四貫島セツルメントの創設についても、労働組合に人道主義を吹きこむことに目的があるとしている。賀川は日本の社会運動には互助運動が欠けていると考え、セツルメントと協同組合運動を結合しようとした。労働者の互助運動をセツルメント理念の基礎においたのも、社会連帯的社会主義の実現を考えたからにほかならない。

賀川は一九三三年三月時点で、全国一一ケ所の社会事業施設を経営、一九二九年には東京市長堀切善次郎の懇請により、市の嘱託になっている。賀川の社会事業はいずれも互助組合―協同組合の線が強い。「社会事業の永遠性」(『社会事業研究』一九二七年五月号)では、社会事業は生理的・心理的・道徳的・社会的必要から出発し、経済的・唯物思想で考えるのは第二義的であり、生命・労働・人格を引上げるのが、基本的使命であるといっている。したがって社会主義社会になっても、形態は個人的から社会的になるが、社会事業は消滅することはないとしている。

賀川は一九三三年『農村社会事業』(農村厚生叢書)を著したが、その中で社会事業の協同組合的基礎を説いている。同じ年の『非常時日本と社会事業』でも同じことをいっている。賀川は東京の本所キリスト教産業青年会をはじめ、指導下の多くの社会事業に組合形式の経営を実現させた。また、賀川は一九三二年前後から共産主義からファッシズムに転換しつつあるとの時代認識を持ち、「神を離れた共産主義は、銀行ギャングと変化する、神を離れたファッショは悪魔である。あざむかれるな。十字架の道のほかにわれらの進むべき道はないのだ」(横山春一『賀川豊彦伝』一九五九年)と強調している。

賀川の私案を骨子として、一九二九年「神の国運動」が展開された。「イエスの一生を貫いての神の国運動はイエスの社会運動であった」という趣旨のもと、日本基督連盟の主催で各地に運動が展開されたが、その中心が賀川であった。

社会的キリスト教運動（特にS・C・M）　キリスト教の社会運動は、日本資本主義の危機を背景に盛んになった。その中心に前述の賀川豊彦や中島重がいる。同志社の教授であった中島重（一八八八―一九四六）の「社会的基督教」から、同志社系の竹内愛二・中村遥・三浦清一・竹中勝男らの社会事業研究者、実践家が生まれている。中島は吉野作造、海老名弾正から人格的学問的影響を受け、『社会的基督教概論』（一九二八年）、『神と共同社会』（一九二九年）を出版している。門弟田畑忍の整理によれば、その「国家論」（「中島重博士の国家論」『キリスト教社会問題研究』一九六四年）は、宇宙の大生命たる神との共同社会である「神の国」であり、それは「贖罪愛」のキリスト教の「社会化愛」であり、それによって階級対立をも超えられるものとしている。そしてその「神の国」にはマッキーバー理論が使用されている。武邦保は中島重の理論や、その「社会的基督教」運動を調査研究したが（「『社会的基督教』における中島重」一九七二年三月号、「社会的基督教と弁証法――バルト思想との関連――」一九七四年三月号、「雑誌『社会的基督教』の一研究」一九八九年三月号、いずれも前掲『キリスト教社会問題研究』収）、中島は神との共同連帯社会を、市民法的でなく社会主義的な社会本位の法哲学によって、キリスト教的に受けとめており、その「神の国」の社会連帯的な共同哲学には、大乗仏教の哲理も使用されているという。

S・C・M（Student christian movement）は中島を中心に発展したもので、その居城は同志社大学である。月刊雑誌『社会的基督教』（後に『社会基督教』）を一九三二年五月から一九四一年一二月まで発行した。発行人中島重、書記局に竹内愛二等、協力者に溝口靖夫・三浦清一・竹中勝男・

今中次磨・菅円吉・中村遥等がいた。そこでは「神の国」実現の主張、「贖罪愛」の社会主義、「国際社会主義」等々が論じられた。そのメンバーの顔ぶれからして、社会事業も多く取り上げられた。マルクスとバルト流行の中で、一定の位置を保った運動であった。

しかしこのS・C・M運動には、社会的罪と宗教的罪に明瞭な区別がなかった（竹中正夫「日本におけるプロテスタンティズムと社会問題の関係について」キリスト教社会問題研究会編『日本におけるキリスト教と社会問題』収）。とくに中島重・賀川豊彦の門下でありながら、卒業論文に「弁証法神学における社会倫理の基礎」を選んだ嶋田啓一郎は、バルト的な終末論の欠落を批判した（「発展する全体と社会的基督教――中島重とその時代――」（一九六九年三月号）、「一九三〇年代への道――賀川豊彦の場合――」（一九七六年一二月号。いずれも『キリスト教社会問題研究』収。あるいは「中島重の社会哲学と社会的基督教」前掲『日本におけるキリスト教と社会問題』）。嶋田の批判点は「聖書の終末論的理解の軽視」「地上的なものと神学的なものとの安易な妥協」（「キリスト教と社会福祉の接点」『社会福祉体系論』一九八〇年）にあった。

昭和のはじめは、カール・バルトを頂点とする弁証法神学の隆盛期であった。昭和初頭の資本主義社会の危機時代に、社会的キリスト教が論ぜられるのは必然であった。しかし同時にその安易な人間主義、特に大正教養主義的ヒューマニズムに対し、神の「啓示」の全的承認に基づく福音主義から、批判が生じてくるのも当然であった。そこに「宗教と社会」が厳しく問われる。しかしここでの注目的は、むしろS・C・Mがファシズムの嵐の中で、容易に解体していった点にある（高道

「同志社の抵抗」同志社大学人文科学研究所編『戦時下抵抗の研究』収）。

六　戦時厚生事業とキリスト教社会福祉思想――竹中勝男と竹内愛二

社会事業から厚生事業への移行

日中戦争から敗戦にかけての八年間は、次のように区分できる。①日中戦争勃発から一九三九年までで、まだ自由主義の残照があった時期。②四〇年から四一年にかけて、日中戦争が泥沼化し、新体制運動が発足した時期。③太平洋戦争勃発から四二年にかけての緒戦期で、生活の矛盾が現れるが、戦時統制によりその矛盾が抑えられていた時期。④四三年から四四年前半にかけて、国民生活の疲労困憊が目立ち、四四年後半から四五年八月に至る崩壊混乱の時期である。この期の厚生事業の二つの命題は「国民生活の安定」と「人的資源の確保」である。

キリスト教社会事業に対する戦時下の評価点は、どこまで社会事業の社会性を維持できたか、いつまで禁欲的にその信仰を護り得たか、また、ファシズムや全体主義的状況の中で、ヒューマニズムを護り得たかである。また、敗戦後にあっては、戦時厚生事業に対する戦争責任、そしてそれに対する贖罪感や告白を通じて、いかに社会福祉を再生復活せしめ得たかの点であろう。

竹中勝男や竹内愛二には、私自身直接指導を受けたが、その戦後の活動については、ここでは触れない。竹中の思想について嶋田啓一郎は、キリスト教的友愛と、マルクス主義的科学主義と、西欧的民主主義であるという（『人文学』一九六〇年二月号）。「社会的基督教」から出発した竹中の思想は、マルクス主義的社会思想を除けば、たしかに嶋田のいう通りであろう。

竹中は一九二六年C・A・エルウードの『基督教と社会科学』を訳し、「序に代えて」で、宗教と社会科学は接近し、補足し合う必要があると述べている。さらに一九三〇年賀川豊彦と、ステッドの『キリスト教社会愛史』も共訳している。ステッドはイギリスの賀川の友人である。竹中は翌三一年前項の「社会的基督教」の同人竹内愛二とともに、『現代の基督教会と社会問題及社会事業』を著した。そこでは「人間の共同社会関係は、国家より広く深く、人間生活に基本的存在である」と述べ、そこに中島重の影響をうかがわせている。また三七年にはヒューマニズムにあふれる社会事業家の列伝『福音の社会的行者』も著した。

竹中社会事業論の出発は「社会事業概念構成の基準に関する一研究」（『基督教研究』一九三四年一〇月号）で、社会学理論・社会改良・社会主義・プロテスタント倫理等、いわば社会科学と宗教の「複眼」的研究の中で成った。ここでは宗教的隣人愛による法的強制的規範の及び難い社会事業対象に対し、自主的な主動性による社会事業対象への保護助長が説かれている。翌三五年一〇月の「基督教の社会哲学と社会事業」にも、「宗教は絶望者にも神によって与えらるる能力の希望を与えうる唯一の力である」と述べている。さらに四〇年社会思想史的視点を中心とした『日本基督教社会事業史』（第一分冊、思想篇）を著したが、そこではまだ、自由主義社会の発展におけるキリスト教（プロテスタント）の関係が論じられ、リッチェル（一八二二～八九年）を引用しつつ、「『神の国』思想を倫理的社会的共同体《ゲマインシャフト》の概念に結合することによって、基督教の社会的実践方法を基礎付けたのである」といっている。

キリスト教的友愛と、西欧民主主義的社会科学に基礎づけられた竹中社会事業論が、戦時厚生事業論に移行するのはいったいいつごろからか。竹中は一九三八年一二月にはすでに新しい用語として「厚生事業」の使用を提唱している（『社会事業』という名称」『社会事業研究』一九三八年一二月号）。一九三八年一月には厚生省が発足していた。また、「社会事業における科学性」（『社会事業』一九三九年一月号）で早くも、自由主義的社会連帯思想を排しつつ、「国民協同体」の理念を提起している。そして「社会事業における協同体の意義」（『社会事業研究』一九三九年七月号）では、ナチス社会事業の国民協同体理念を紹介し、時流に敏感な一面をみせている。しかしそこには、まだ生活協同体的発想も残されているが、そこにみえる「国民の労働力の維持培養育成」には、かつての「希望なき自己の能力に絶望」した要救護性に対するキリスト教的友愛や、「神の国」共同体は影を薄くし、「人的資源論」への移行がみえはじめている。

竹中は戦時中キリスト教社会事業に関する二、三の論文を執筆している。一九三八年四月「社会事業家の養成」（『基督教世界』）では、時局が要求する全体のために、自己を捧げる資本と実力を備えた人間の養成を主張し、一九四〇年三月「基督教社会事業の再検討」（『新興基督教』）では、日本がキリスト教社会事業に、国民協同体の完成という課題を要請していると述べ、戦時下の新体制とキリスト教的愛の結合を主張している。竹中の「神の国」共同体から、「国民協同体」への思想的道筋は明らかでないが、この「国民協同体」論には、まだ論理的主張が残っており、特殊「日本型」のような無理論ではない。

厚生事業論の成立から戦後社会福祉論へ　竹中厚生事業論の中核は、「国民協同体」理論と、「生産力の保護育成指導」論で、その成立は、同志社大学厚生学研究室『厚生学年報』第一集（一九四二年七月）に登載した「社会事業における『厚生』の原理――国民厚生事業序説――」である。竹中は厚生事業を「協同体の最も重要な財産である国民の労働力を維持培養育成することを重要視する政策」と考え、要保護者をも生産政策的視点から、「人的資源」に育成することが重要とした。そして国民共同体の各メンバーも「赤子としての臣民」が、国民協同体という全体の分身であるという認識が基本だと説明した。また、厚生事業の分野を国民優生および国民保健、経済保護および労働保護、社会教育・教化の三つに集約分類している。本論文と姉妹関係にあるのが「社会政策における『厚生』の理論」（『厚生研究』一九四四年）である。竹中は社会政策を「協同体組織化」の政策と考え、「労働者は home Oeconomiccus としての労働者が雇傭者に売渡すべき『物』ではなくて、勤労者たる社会人 home Sociologicus が、共同生活の現実体から受取った社会的構成物であり、生活の製作である」とした。この論理は、戦後の竹中社会福祉論に受け継がれていく。

竹中厚生事業論の二つのキーは「人的資源論」と「国民協同体論」である。前者には大河内一男の影響があるが、大河内生産力説は、戦時中も合理性が貫徹していた（前掲『日本社会福祉思想史』五一四〜五頁、等）。

竹中の門下小倉襄二は、竹中と同じ「社会的基督教」から出発した現業家水上隣保館の中村遥について、中村には要保護者に対する実践人の「十字架」があると述べている（「キリスト教社会事業の論理――厚生事業体制と『抵抗』の問題」『戦時下抵抗の研究』収）。それは社会事業「対象」と運命共同体関係にある実践人には、まだ「十字架」が残されているということであろう。同様に竹中の先輩キリスト教的社会事業人牧野虎次も、「厚生事業の思想」（『社会事業研究』一九四二年六月号）で、「最後の一人」の救済を訴えている。しかし、戦争の矛盾の頂点において、おおかたのキリスト教徒は、小倉が指摘するように、社会科学はむろん、信仰的次元でも、「批判と理性と抵抗」を失っていった。

竹中は欧米社会事業理論にも深く通じ、キリスト教と社会科学を専攻したので、山口正のようにはじめから、特殊「日本型」厚生事業論を論じたのではない（拙著『社会事業理論の歴史』一九七四年、二九七～八三頁）。それにしてもその「国民協同体論」と、無理論な「赤子として臣民」の結合の理由は明らかではない。そして「神の国」共同体→ナチス協同体→天皇制的協同体への遍歴にも、あまり「悩み」や告白が感じられない。われわれはやはり生江孝之の「愛の実践としての厚生事業」（『基督教世界』一九四一年四月号）や、田崎健作の「神より受けた愛に対する感謝の捧物」（「精神的社会事業」前掲号）を考えざるを得ない。それは社会的極限状況における日本キリスト教の思想が問われることでもあったからである。

竹中は決戦段階には「厚生の理念と政策」（『厚生事業研究』一九四三年八月号）、「生産増強と厚生問題――戦時労務者厚生の諸問題――」（前掲誌一九四四年一月号）、「厚生事業の日本的展開――決戦下の新課題に対処して――」(『厚生問題』一九四四年一〇～一一月号、一・二月合併号）等を執筆している。最後の論文では、「人的資源の確保」のカテゴリーの中に、「要保護性」等は否定され、厚生事業を「皇室を大宗家と仰ぎまつる国民の家族共同体的組織化」と規定し、皇室の仁慈、一君万民発想が全面を覆うようになった（小倉襄二「キリスト者の社会事業実践と戦時厚生事業――抵抗と挫折について――」『キリスト教社会問題研究』一九六六年四月号)。それは主観性の色濃い協同体論で、かつての一般型ファシズム的協同体より、「日本型」の特殊的全体主義が色濃く、論理の放棄であるばかりでなく、キリスト教的主体性も陰の薄いものとなっている。

竹中は戦後は誰よりも早く『社会福祉研究』（一九五〇年）を著した。その社会福祉理論は、すべての社会的方策における共通な目的概念、上位概念であり、その福祉の社会理論は、中立理論でなく、社会主義化への発展段階的特質において理解さるべきとしている。この論理は社会科学的認識より、思想的価値観が濃厚で多くの批判を生んだ。しかしそれより注目されるのは、その「序」において、戦時中の二つの論文「社会事業に於ける『厚生』の原理」および、「社会政策における『厚生』の理論」と、この新たな総合認識目標により、社会政策や社会事業の基盤における「社会的」なものを把握し、その「社会的」なものについての理論的展開を試み、それが『社会福祉研究』における「社会理論」に体系化されたと、その論理的連続性を主張している点である。しかし、戦時中の国民協同体的厚生事業論と、戦後のこの民主的社会福祉理論は、理論的にはともかく、思想的に連続しているとはいえないだろう。

太平洋戦争はプロテスタンティズムにとって、「愛」「義」等々の「十字架」の実験を試みる好機であった。また、戦後の社会福祉においても戦中における時代との妥協を否定・克服し、「贖罪」観を形成し、「再帰」「復活」を通じて、戦後「社会福祉」への連続を期待さるべきであった。しかし、国民が敗戦塗炭の苦しみの中にあるとき、キリスト教が敗戦後の占領、特にアメリカによって、敗戦からの「明るさ」をとり戻したことは、「矛盾」というほかないであろう（海老沢有道・大内三郎『日本キリスト教史』一九七〇年、六〇四頁）。

竹内愛二のケースワーク論　竹内愛二は敬虔なクリスチャンであり、日本の「科学的」社会事業の開拓者であった。戦時下においてはケースワークは敵性用語であり、また自由主義的思想が基本にあると見なされ、代って指導性の強い「個別生活指導」の用語が使用された。

戦時中の竹内ケースワーク（個別生活指導）は、日中戦争期と太平洋戦争期の二期に分けることができる。一九三六年一月「ケース・ウォークの職能と其遂行過程の研究」（『社会事業研究』）を発表し、社会事業の中心はケースワークにあると主張しながら、当時その担当者とみられていた方面委員制度におけるアマチュアリズムの清算と、処遇における合理化・技術化を提言した。S・C・Mのメンバーである竹内は、ケースワークの職能を、第一に個人の救済を自立独立の回復まで行うこと、第二に科学的社会事業であるケースワークを、デモクラティックな民衆運動に発展させ、最終的には社会問題の原因を除去し、ケースワークを要せざる社会の実現を理想とする、と楽観論を展開している。

竹内ケースワークの成立は『ケース・ウォークの理論と実際』（一九三八年）で、従来の啓蒙的直訳的紹介に対し、日本では最初のまとまった著述である。竹内はここで、社会事業を要せざる時代招来の努力と、科学的社会事業（ケースワーク）の超時代的価値を論じている。ここで注目されるのは、ケースワークの対象とする個性とは、従来とられてきた人格主義や人格完成主義ではなく、新人格主義ないしは社会的人格主義でなければならないとしたことである。そして社会的疾患の大部分は経済的なもので、新時代（社会主義社会）の到来とともにこれは消滅するが、科学的技術的社会事業はいずれの時代にも存在し、それは資本主義国より、むしろソヴィエト等社会主義国で威力を発揮すると論じている。しかしここではラジカルに捉えられた社会事業における社会問題性と、ケースワークの超歴史性の関係は明らかでない。また竹内はリッチモンドの社会診断的ケースワークに対して、心理学的精神衛生学的傾向のケースワークを紹介し、社会事業の行詰りの原因をアマチュアリズムに求めている。

本書各論には「軍事扶助に於けるケース・ウォーク」その他が収められている。前掲論文では「非常時来れば非常の手段を採る、戦時到れば戦時特別方策を講ずる、之はあたり前の事である」と状況適応の態度を示している。そして軍事扶助は物質的扶助では解決しないとし、被救済者の欠陥や原因をあげるより、その特徴等を発揮させ、処遇には内面的方法である deeper therapy が重要であり、そのため最大の役割を演ずるのは「友情」であるとしている。さらに軍事扶助事業は機構や制度より、被救済者の長所を中心とした精神的・人格的処遇が中心となると力説している。

このほか「失業救済に於けるケース・ウォーク」「傷痍軍人に対するケース・ウォーク」等が収められている。本書はケース・ワークに関する日本最初の著述であり、従来の日本のケースワークは生活問題が主であったが、竹内の場合は人格やその個別化に焦点が当たっている。また従来のリッチモンドによる診断主義に対し、より心理的・精神衛生的ケースワークも紹介されている。

一九四〇年八月「方面委員の技術的再編成」（『社会事業』）、一九四一年九月「社会事業技術と従事者の養成」（前掲誌）を執筆している。前者では家族ケースワークの重要性の指摘とともに、各区には専任ケースワーカーを配置し、方面委員は地区委員とすべきと、早くも方面委員を補助機関として再編成すべきことを論じている。社会事業の空虚な新体制づくりが鳴物入りで叫ばれている中で、竹内はここでもまた「科学的」社会事業を主張しているのである。

竹内愛二の「個別生活指導論」　太平洋戦争勃発後、竹内は、「教育的個別厚生事業序説」（『社会事業』一九四二年一二月）で、第一に、厚生事業は個人を無視するものでなく、全体の中の職能奉仕者としての個人を尊重するものである。第二に、「人格の発展」を目標とするケースワークは、積極的厚生事業に発展する性格を内包する。第三に、ケースワークは経済方面のみを局部的に取り上げるのでなく、個人を全人格的に取り上げるから、あらゆる階層の人が対象となるとして、「厚生事業は全国民を総力戦に於ける人的資源と観て、その生活の安定・刷新・向上を計らんとしているものであるから、ケース・ウォークは此点に於てその厚生事業的性格を非常によく現わしているといわねばならない」と厚生事業とケースワークの結合を主張している。またケースワークを「個別処遇法」と訳さなかったのも、処遇という用語は処置や修復を意味して、教育的でなく、人的資源の維持培養に不適当であるから、教育的個別厚生事業と称したいと提唱している。また、ケースワーク課題として、労務者厚生事業や家族の生活指導、青少年指導も挙げている。竹内はケースワークの持つ教育的機能を拡大し、厚生事業と結びつけた。

「厚生事業に於けるケース・ウォークの位置」(『第一回社会事業研究発表報告書』一九四二年三月)でも、ケースワークを国民全体の全生活向上刷新という、教育的積極的目的を持つものと主張している。竹内の教育的厚生事業の柱は、職能奉仕者の人格主義的規定である。

竹内の戦時中の代表論文は「厚生事業に於ける個別生活指導法」(『厚生学年報』一九四二年七月号)である。竹内は、厚生事業は人的資源の維持、即ち最高国家目的完遂の人的要素となるための積極策であり、国民全体を客体とすると考え、個別生活指導法(ケースワーク)を定義して「個別生活指導法とは、個々人をして社会的環境に適応せしむることに依って、其生活を全うせしめ、且つ国家目的完遂に於る職能奉仕者としての人格を向上発展せしむるために用ひらるる科学的認識に即したる方法及過程を謂う」と説明している。この定義の重要点は、①全体国家の中での職能奉仕者としての個人の尊重、②「人格の向上発展」は積極的社会事業を志向し、その人格は個人的人格でなく、全体社会の職域奉公をする人格で、職能的個人である。③経済的貧困者対策が目的なのではなく、総力戦における人的資源の生活安定刷新向上をはかることに眼目がある。そして個別生活指導法の分野として、人口政策遂行の一翼としての家族問題、産業福利、労務者の生活の科学的指導、青少年指導を挙げている。

そして、この考え方を具体的に適用したのが「厚生技術としての青少年工の生活指導」（『厚生研究』一九四三年六月号）で、犯罪青少年工員の激増を背景に、現行の工場補導委員制度は治安警察的で生活指導からみて問題があり、また集団指導や錬成のみ強調されて、個別生活指導は省略されていると批判した。竹内のいう「社会治療としての生活指導」は、社会病の原因除去、被指導者自らの力の動員と才能の発揮、被指導者の持つ問題が被指導者自身に理解されていること、環境調整等であった。そして指導は「頓服」薬ではなく、また「勘」によるものでもなく、専門的教育をうけた厚生技術家が、工場で指導に当るべきだと力説している。

また、「人口政策と家族生活指導」（前掲誌一九四三年九月～一〇月号）では、結婚生活指導の必要を訴え、出産率の増加や乳幼児死亡率低下、あるいは結核撲滅が、量的・機械的に取扱われているが、「真の家族生活指導は国民としての人間の尊厳性と、その構成の複雑性と発展性とを充分考慮に入れた、活きた人間の科学的認識に即した技術として存するものである」と主張している。

太平洋戦争中の竹内の「個別生活指導法」には、全体主義的な職能奉仕者としての人間、キリスト教的ケースワークの「人格」としての課題の、二頭立ての思考が見え、その結合はあまり明瞭でない。また、その基礎科学である社会学と、その指導法の中心である教育的ケースワークの論理も明らかではない。しかし、厚生事業論を主張しながらも、最後まで「人格」や「技術」としての厚生事業を追求した点は見逃さるべきでない。竹中勝男・特に竹中愛二はクリスチャンとして長い社会福祉活動を行ったが、それについては拙著『社会事業理論の歴史』(一九七四年)に譲ることにしたい。

七　戦後の旅立ち——糸賀一雄

本編は研究を意図した執筆ではない。いわば糸賀没後にかいた同時代人としての弔辞である。敗戦後社会事業の新しい旅立ちは、糸賀が代表しているように思う。一九七二年七月『精神薄弱問題史紀要』第一〇号「巻頭言」に「糸賀一雄——思想と社会福祉——」として報告したものを多少修正した。用語は当時のままとした。

社会福祉思想　早逝し、余り多くの年月を経ていない人を述べることは困難である。糸賀は自己の思想や理論を充分実験することなく、五四歳で世を去った。世を去ってから日が経たず、まだ糸賀を研究するには資料的準備も整っていない。糸賀は研究者ではなく、実践的思想家である。敗戦直後に社会福祉思想の形成をはじめ、高度成長期に一応その体系を完成して世を去った。糸賀の思想は敗戦後の社会福祉を代表している。糸賀は戦後社会福祉の可能性を創造した一人として記憶される。

糸賀は社会福祉の従事者としては稀にみる思想家であった。思想が実践化され、事業の根元に思想があった。糸賀の社会福祉思想形成を知るには、糸賀が宗教哲学の専攻者であったことと、敗戦後精薄児教育に挺身した動機を探ることが重要である。

糸賀は旧制松江高校時代に洗礼を受けたキリスト者である。糸賀の社会福祉思想は、単なる理想主義やヒューマニズムではない。「汚濁の中に身を置き」「絶対者の審きと深い愛」という言葉にみえるように、根元的なものを持つキリスト者であった。

同時に糸賀の思想や実践には、仏教的色彩や仏教用語がちりばめられている。生涯の実践の姿勢となった「一隅を照らす者」は、近江学園近くの比叡山の最澄のものだし、平素好んで用いた「一期一会」も仏教用語である。福祉の実践を仏教の「行《ぎょう》」と呼んでいたし、その最後も仏教の「七施」を説きながら世を去っている。

糸賀の教育思想の核である「自覚者＝自己実現の教育」には、「覚者」が投影されているし、糸賀の社会的認識の根元にある「共感＝自他共に活かされる」「同心同円」は、ともに仏教縁起観と関係が深い。

糸賀が日常仏教に関心を持っていたことは、その著述を読めば容易に気がつく。それではキリスト教信仰との関係はどうであろうか。糸賀は「自覚者＝責任者」「一期一会＝出あい」等と、仏教用語をキリスト教的に解釈している。西田幾多郎その他による仏教的雰囲気が強かった京都大学で、宗教哲学を専攻した糸賀が、「仏教的自覚」と「キリスト教的責任」を、実践活動の中に併有駆使していったとみるには無理があろうか。

しかし糸賀の宗教思想が、社会福祉に持つ意味を探ることがより重要である。糸賀と対比的に思い起こされるのは、一代のカトリック神学者で、神山復生病院長としてハンセン病問題に献身した岩下壮一である。しかし岩下のカリタスにないもので、糸賀にあるものは、宗教的な思想が、資本制社会との弁証的関係の中で行われていることである。糸賀は「人と生れて人間となる」という「人間」の意味を「社会的人間」と理解した。この主張についてはむろん糸賀がはじめてではないが、糸賀は知的障害児教育の実験の中でそれを試みた。

従来、社会福祉に挺身する動機を宗教に求めた者は多く、戦後にもその例にこと欠かない。しかしそれは動機的情緒に終り、糸賀のように社会的実践の中で持続され、その実践が跳ね返って、宗教哲学的に整序されながら、知的障害児童の教育思想となった例は稀である。それは糸賀が宗教哲学を専門的に修学した教養にもよるが、宗教が観念的あるいは感性的レベルに留まらず、宗教⇅社会福祉実践の往復作用となっているという意味でも注目される。

次に糸賀の思想で重要なのは、知的障害児教育者となった動機である。そこには池田太郎・田村一二等との出会いがあったことは周知のところである。しかしここでは、敗戦状況との関係の中で、その動機を尋ねてみたい。戦時中、俊敏で将来を約束された行政官であった糸賀が、一転して知的障害児教育に従わせたのは、むろん天性の教育的資質に恵まれ、また経営的才能があったからでもあろう。また役人稼業への反省も含めて、戦後責任をどう引き受けるかという問題があったに相違ない。愛国の哲学者フィヒテに私淑した木村素衛を生涯の師として持ち、国家再建をいかにすべきかという課題があったからであろう。それがたまたま「浮浪児狩り」等に出会い、知的障害児教育一筋に進んだものと思われる。糸賀は敗戦後の国家荒廃の中で知的障害児教育を選びとり、国家再建の途を内側から探求しようと決意したのであろう。

ところで敗戦後の社会福祉に、教育に関心を持った人びとの活躍が目立ったのは、まさに民族的創造の時期であったからであろう。事実、児童養護をはじめ知的障害・教護等、教育的関心を持つ人材が社会福祉に集まった。それは戦後の浮浪児童問題をはじめ、戦争が生み出した児童問題を戦争責任の一つと受けとめたからに外ならない。戦前に多少教育の経験があった糸賀もそうした一人であった。それは戦争協力などの負い目を持った戦前社会事業従事者に対する、新しい社会福祉従事者の誕生であった。

糸賀の社会福祉論　糸賀の社会福祉論を社会福祉論、児童福祉論及び実践論に分かち、さらに福祉理念の基礎としての、「療育理念」「発達保障」に触れ、最後にその福祉施設論を紹介してみたい。

糸賀は資本主義と社会主義という、基本的に対立する二つの社会の存在を認め、社会福祉を社会の欠陥を補完する実践的努力とみて、その努力を通じて新しい社会を生むことができると考えた（『福祉の思想』一九六八年）。それは社会科学の大河内一男・孝橋正一らが、社会福祉を社会政策の「補完」と規定づけたのとは異っていた。知的障害児問題を通じて、社会の内面的変革をはかり、生命の無限尊厳と人間の実存を考えようとした。その構想は教育の変革→社会の変革、国家責任と福祉立国→福祉権・生存権→発達保障と拡大されていくのである。

糸賀は児童福祉法の公布に感激し、さらに多くの新しい児童福祉理念をつけ加えた。いわゆる保護→自立→差別の克服→ともに生きる者としての人間をみつめる愛と共感の世界の提示である（『愛と共感の教育』一九六九年）。知的障害児童が生き甲斐を求めんとすることに友愛的共感を持ち、そこから社会福祉の新しい価値の発達創造を求めたのである。従来考えられてきた対象者と主体者間の give and take を、重症者にも give の喜びを知らせ、過去の take のみの児童福祉を否定する。宗教哲学者の面目躍如たるものがある。

対象と主体の平等な相互作用、知的障害児童も作業労働を通じて、自己実現の生きる喜びがあると考え、発達保障を福祉理論に導入した。即ち「人と生れて人間となってゆく」という対象者の自己実現の過程の中に、主体的でしかも社会的な社会福祉の途を探し求めた。それは社会科学的社会福祉に対して、今一つのあるべき戦後社会福祉理論を創像し、それを実験したものであった。

糸賀は理論を重視したが、その本領は実践家である。むしろ実践的福祉理論家というべきであろう。糸賀は実践を「自覚と行為」と考え、それを仏教的な「行《ぎょう》」と表現した場合もある。そして多くの実践家と異なるところは、理論や思想が実践の動機や指針となるとともに、実践によって理論がためされるというところにある。日本のようなしめった風土の中では、理論と実践は、相互の主体性を喪失したまま、「のめり込み」がちであった。糸賀の場合は、両者が緊張をはらみつつ、統合が行われたところに、社会福祉における最も良質な思想形成がなされたというべきであろう。

糸賀社会福祉の実践の特色は、特殊→普遍一般化が各処に現われていることである。「一隅を照らす」ことから出発した知的障害児教育は、行政、さらにソーシャル・アクションに飛翔している。そして知的障害児の社会保障を求める根底に「同心同円」観があった。社会福祉協議会活動に関心を持ったのもこの点からである。大津社協の場合も「地下水型」を提唱し、社会福祉協議会は自覚者の訴えが基本であり、それを整序理論化し、今一度すべての住民の自覚的なものにするところに、その任務があると哲学的に説明している。

糸賀の社会福祉の理念は「療育」や「発達保障」によって内容づけられている。それは糸賀を取り巻く優秀なスタッフの研究成果にもよっているが、糸賀も『施設養護論』（一九六七年）の中で、今世紀における児童処遇の発展を「児童について考える」「児童に対して何かしてやる」「児童のために何かしてやる」「児童とともにはたらく」の四期に整理している。about → to → for → with の四段階である。糸賀が処遇の中心においた著名な「療育理念」の内容は、専門的治療と教育で、それは生れながら持つ能力の保障という教育的角度が濃厚であった。東京の小林提樹による島田療育園の医学的治療に対し、教育的治療に特色があり、従来の伝統的処遇にある「保護」に対し、「療育」と呼ばれるものであった。

糸賀の福祉思想の中の、特に発達保障はその後の社会福祉に影響を与えている。教育学者の鯵坂二夫は、糸賀の「この子らを世の光に」は、欠如態の持つ否定を更に否定して、絶対的肯定の立場に還ろうとする教育弁証法だという（「父親としての糸賀さん」糸賀記念会編『糸賀一雄』一九七〇年）。

糸賀がすべての人の自己実現のためには、発達が保障さるべきであると考えた前提には、内における「共感」の思想と、実践的には琵琶湖学園における体験があった。そして発達保障の理論は、多くの研究者に継受されて「発達権」として実を結んだ。発達保障は閉鎖的なコロニー等の中では実現されず、社会の中で育てる社会的人格の尊重によってこそ可能であるとの結論に達した。

糸賀の「社会の中で育てる社会的人格」の前提には、「共同体の病」という認識がある。それが「愛と共感の教育」→「発達保障」へと進んでいったのである。そこには従来の知的障害児施設従事者に比し、はるかに「社会性」が強く求められている。その方向を社会事業史に即していえば、まさに高度成長期の社会福祉に対置される思想となっているのである。しかし「社会的人格」の理論的整序や、現場における実験については、余り多くを試みることなく、糸賀は世を去った。

最後に糸賀の社会福祉施設論である。糸賀は施設を社会形成の縮図であり、核であると考えた。即ち縦には学園↓地域福祉↓社会全体、横には「同心同円」的に、知能の低いものと高いものが手をつなぐ共同体と見た。福祉施設は共同体的な結合によって、よい結果をもたらす。しかし運命共同体的な結合は、施設が大きくなれば挫折しがちである。

糸賀が当初三条件と呼んだ、「四六時中勤務」「耐乏生活」「研究」も、施設創始期には可能であったが、時間とともに情熱が冷めていく。それが糸賀にとって耐えられない悲しみであったことは、『日記』によく現われている。糸賀はそれを親鸞の「愛欲の玄海に沈没し、名利の大山に迷惑」と比較し、悲歎している。この悲しみは敗戦後多くの優秀な社会事業人は味わっている。特に戦前からの施設経営者はそうであった。しかしその歎きは、糸賀には施設の「自閉」への反省と、社会への解放となった。そして施設⇅社会の往復は、糸賀施設論の重要な柱となった。共同体的ではあるが、とかく閉鎖的になりがちな施設現場と、解放的ではあるが、「共感」の乏しい社会との架橋を試みた糸賀施設論は、後世に残るであろう。「同心同円」という、どちらかといえば土着的な共同体哲学が、いかに社会性を獲得するかという、日本社会福祉施設論に糸賀は一つの答えを与えた。

糸賀は戦後日本の社会福祉に、開拓性に富んだ多くの問題を提起した。それはいずれも戦前社会福祉と切れている戦後派糸賀にふさわしい、晴れやかな展望を抱かせるものであった。

第5章　社会事業と労働運動の分岐
——片山潜の場合——

市民的社会事業の成立まで　明治期の社会改良・慈善事業に最も多くの貢献したのはプロテスタントである。しかし産業革命初期の牧歌的時代が過ぎると、労働運動を梃にキリスト教から離れ、経済的な社会主義にいく片山潜らの方向と、純粋信仰の中に慈善をとらえようとする内村鑑三の方向、そして多少日本国家の方向と妥協しながら、前章の日本慈善事業の成立に寄与する留岡幸助等、三つの方向に分かれる。片山潜の研究については、隅谷三喜男らによる『労働世界』の完本出版（労働運動史研究会編『明治社会主義史料集』補遺第一〜四、一九六三年）、片山自体の記憶違いもあった『自伝』（一九五四年）に代って詳細な伝記であるハイマン・カブリン『アジアの革命家片山潜』（労働運動史研究会編『明治社会主義史料集』補遺第一—四、一九六三年、一九七三年）その他が出版された。

片山の生家は庄屋であるが、貧農の生活を経験し、また活版工等の労働もし、勉強をしているので、その体験上から労働問題に興味を持ったという（『自伝』七六、二一六頁等）、日本では珍しい形の社会主義者であった。かつて内藤絲夫は「労資調和論者としての片山潜」（月刊『大原社会問題研究所雑誌』一九三六年三月号）で、明治三〇年前後の片山を「反社会主義的傾向」と評したことがあった。しかしまだ幸徳秋水型の「志士仁人」的社会主義者が多く、また横山源之助が、日本の労働問題の端緒序幕を、日清戦争に求めているような（『内地雑居後之日本』一八九九年、五四―五頁）、充分に近代労働者が成立しない時代であった。片山が単なる貧富問題としてではなく、初期労働者としてとらえ、その教育や「市民的」社会事業を考えたことは、評価できるであろう。松沢弘陽が片山を「社会の健康な生理のメカニズム」（『日本社会主義の思想』一九七三年、四三頁）として、「志士仁人」型のアナーキーを克服する方向であったといっているのはうなずける。以下、片山の「市民」社会事業成立のコースを整理してみたい。

(1)　カブリンは、片山は儒教によって教えられた価値体系や人間観を、完全には捨てきれなかったといっている（前掲『アジアの革命家片山潜』四九～五〇頁）。確かに片山も『わが回想』（上、一九六七年、一一六～七頁）で、蔵本塾（山田方谷）で、塾生を羨しく感じ、学問で身を立てる決心をしたと述べている。方谷は幕末陽明学の学者で『全集』もある。しかし片山に儒教的教養がないとはいわないが、それは漠然としたもので、同時代の士族出身者に比すれば問題にならない程浅かった。

(2)　片山のキリスト教は、岡山教会の金森通倫牧師の説教に感動した経験はあるものの、一般的には、片山が神を求めたのは、渡米後のサンフランシスコ地方での失業・飢餓・病気のどん底の中であり、また社会的キリスト教への開眼も、アメリカ生活の中においてである（隅谷三喜男『片山潜』一九七七年)。マルクス主義者となってからの『自伝』(一四四頁)も、割引して考えなければならないが、アンドーヴァ神学校時代、聖書を八つ裂にして研究したが、耶蘇は感激と力を与えてはくれたが、神とは思えなかったといっている。見栄やずるさを持たず、勤勉一筋の片山に、信仰や回心のきらめきを求めることは困難である。『自伝』(四四頁)で、キリスト教徒となっても、熱したことも冷めたこともないと述べ、回心事情も詳細には語っていない。しかし神学研究も長期にわたり、人類同胞主義やヒューマニズムを学び、社会事業や資本と労働の調和を考えたのも、キリスト教からである。

(3)　片山潜が社会問題を学んだのは、アメリカ生活の中においてである。滞米生活は一八八四(明治一七)年一二月から、一八九六年一月まで足かけ一三年に及んでいる。アメリカでは一九世紀後半の貧困問題、労働問題が深刻化し、新しい神学として社会的キリスト教が広がっていた。片山ははじめ労働に従事し、身をもってアメリカの社会問題を体験した。学校はホプキンス・アカデミー、メリーヴィル大学、グリンネル大学、アンドーヴァ神学校、イェール大学神学部と遍歴した。グリンネル大学時代、神学と社会学を相補関係と見たイリーの“Social Aspect of Christianity”を読んで興味を持ち、さらにドイツ社会民主主義運動の創始者ラサールに触れ、魂を奪われて社会主義者となったと『自伝』で述べているが、カブリンはこれを無条件には信じられないという(前掲書七七頁)。しかし片山は『六合雑誌』に長文の「独逸社会党の創始者フェルヂナンド・ラサール」(一八九六年一二月号〜一八九七年二月号)や「フェルヂナンド・ラサールの社会主義」を執筆しているのを見ると、ラサールに心酔していたことは明瞭である。

片山がアンドーヴァ神学校において、学生を労働者に触れさせながら、社会的正義や平等を教育していた自由神学者タッカーの指導を受けたことは、特筆すべきである。タッカーは弟子ロバート・ウッズ（"The Settlement Horizon" の著者、セツルメント研究の権威、来日の経験あり）に、トインビー・ホールの調査をさせたり、ボストンの南端地区に、一八九二年アンドーヴァー・ハウスを建設させたりした。片山はつぶさにその活動を見聞し、キングスレー館にも、その影響が見える（カブリン前掲書、九二頁）。帰国後の「米国に於ける社会学の進歩」（『六合雑誌』一八九六年五月一五日号）も、大学セツルメントを紹介し、「貧富両者の楷梯」という、トインビー以来の著名な思想をうかがわせる内容となっている。一八九五年六月イェール大学に卒業論文「欧米の都市問題」を提出した。片山には「社会学の綱領」（『六合雑誌』一八八六年八月一五日）に見えるように、まだ社会学的視点が濃厚である。
(4)　片山社会事業理解にとって不可欠の書は、『英国今日之社会』（一八九七年、『片山潜著作集』第一巻、一九五九年収）である。片山は一八九四年六月から九月にかけて、イギリス社会問題の実地見学に出かけた。目的は救世軍の社会事業、監獄懲治監及び感化院、貸し長屋、労働者及び独立政党、市中の観光である。しかし片山社会事業にとって特に重要なのは、トインビー・ホールのベリオール・ホールに住み込み、セツルメントにいたく関心を示したことである（前掲『全集』一巻、一四四〜五頁）。そのほか社会事業、特に救世軍の社会事業の視察、またグラスゴーその他の水道・

下水等の公共施設視察等、いわゆる片山の都市社会事業主張の基礎は、ここで得ていることである。

都市的市民的社会事業――キングスレー館　都市的市民的社会事業の用語は、キングスレー館の目的「当市民ノ幸福進歩発達ヲ図リ」の「都市的生活ノ進歩」から引用したが、この言葉は片山にふさわしい。片山は特例を除き、意識的に「慈善」ではなく、「社会事業」を用いたが、それは日本人としてはじめてといってよいものである。この用語は十数年間の米英生活から学んだ結果であった。育児院・感化院・盲学校等施設が主流の明治慈善事業に対し、片山のキングスレー館は地域が中心であることも特筆される。

日本セツルメントの流れは幾つかあるが、片山のセツルメントの特徴は、ようやく見えはじめた「市民」や、初期労働者を対象とした教育機関であった点にある。その「条款」の形式が、前述のR・ウッズによったとしても、その思想はアメリカ流セツルメントより、トインビー等の「貧富両者の楷梯」によるもので、明治三〇年代の日本にふさわしいものであった。

組合教会アメリカン・ボードは、東京にセツルメント設立を決議し、D・C・グリーンがその責任者であった。一八九七(明治三〇)年三月、労働者や貧しい学生たちの街、東京神田にキングスレー館が設立された。聖職者の道を得られなかった片山が館長に就任しその経営を一任された。グリーンが月給二五円を支給した。イギリス系の多くの社会施設も見学し、友人にも留岡幸助・原胤昭らの慈善事業家はいたが、無資力、経営未経験の片山にとって、これは「大胆」(『自伝』二一五頁)というものであろう。

キングスレー館は「基督教社会事業ノ本営」を目的としたものであったから、社会問題の解決に主眼があった片山と教会との乖離は、はじめからあった。片山が労働運動に深入りするにつれ、「反対を受け」（『自伝』一九一―三頁）、教会は手を引き、片山個人の仕事に移った。

キングスレー館の「条款」は、思想的に重要なので、片山の労働新聞社から発行された横山源之助『内地雑居後之日本』（一八九九年五月）の広告から引用してみよう。

第一　本会ヲきんぐすれい館ト名付ク

第二　本会ノ目的ハ

(イ)　東京神田ニ一ノ会館ヲ開キ当市民ノ幸福進歩発達ヲ図ルノ目的ヲ以テ尽力シ現社会ノ実相ヲ研究セント欲スル大学高等学校ノ卒業生及其他有志者ノ中心トナルヲ期ス即チ本会ヲ以テ基督教社会事業ノ本営タラシメント欲ス。

(ロ)　本会ノ近傍ニ在ル市民ヲ種々ノ方面ヨリ輔助誘掖シテ基督ノ国民タラシム。

(ハ)　文明ノ結果即チ優美ナル高等教育ノ花実ヲ市民ニ附与シテ共ニ楽シムニアリ。

(ニ)　近傍ノ市民ヲシテ相互親ミヲ結ビ友交ヲ厚カラシムルノ仲立トナリ以テ都市的生活ノ進歩ヲ計ル。

(ホ)　将来這ノ種ノ事業所々ニ興ラン事ヲ奨励ス。

第三　本会ノ主義ハ基督的ナリト雖モ之レヲ実行スルニ至リテハ務メテ其事情ヲ斟酌シテ其境遇ニ適切ナル方法シ取ルヘシ。

第四　本会ノ会員ハ其目的ニ向テ同情シ持スル者会員トナルニハ委員会ノ協賛ヲ要ス。各会員ハ毎年金三円以上ヲ本会ノ事業ニ投スヘシ。

委員長植村正久、会計丹羽清次郎、館長片山潜、委員伊藤為吉・松村介石・綱島佳吉・横井時雄である。

キングスレー館が栄えたのは一九〇一年までの四、五年間で、その後は労働運動が主となり、館の青年会が、警官と衝突する事態も生じた。隆盛ごろの館を中心にした略年表を作製してみよう（次頁表参照）。

この年表でもうかがえるように、キングスレー館は社会事業施設であるが、底辺労働者を中心としている。しかし初期労働運動は「一種の道徳運動」（片山潜・西川光次郎『日本の労働運動』一九〇一年、九七～八頁）で、池田信が「片山潜の理論」（『日本社会政策思想史論』一九七八年収）でいうように、教育機関的役割、相互経済的機関的役割が大で、その方針は分配主義的調和論より、生産主義的調和論である。また隅谷三喜男は前掲『労働世界』完本版の解題で、労働階級の向上のために、労働者の人格的向上が要請されていた（七～九頁）と述べている。その役割を担ったのがキングスレー館であった。

この労資協調時代の片山の思想をうかがうため、片山と関係の深い『六合雑誌』『労働世界』から、二、三の論文を引用したい。『六合雑誌』では、「日本に於ける労働運動」（一九八七年八月一五日）で、労資調和による労働者の進歩をのべ、「独逸に於ける社会共和党の発達」（一八九七年一〇月一五日）で、ビスマルク社会政策を評価し、「経済学の新現象」（一八九九年九月一五日）では漸進

キングスレー館と片山潜

西暦	年齢	キングスレー館関係事項	年譜（片山潜）	主要関係著述
一八九六	三七		○帰朝　○管太郎を潜と改名、片山家養子　○『六合雑誌』編集員	○「米国に於ける社会学の進歩」○「社会学の綱領」○「独乙社会党の創立者フェルヂナンド・ラサル」(一)(二)(三)
一八九七	三八	○キングスレー館開館、幼稚園、小僧夜学校、市民夜学校付設、後事務所、研究会会場にも使用　○アンドーヴァ・ハウス等に『労働世界』を送る　○このころ青年クラブ設立	○横塚フデと結婚　○社会問題研究会に参加　○労働組合期成同盟会幹事、鉄工組合幹事　○期成会機関誌『労働世界』創刊　○社会政策学会入会	○『英国今日之社会』○「社会学と社会改良との関係」(上)(下)　○「フェルヂナンド・ラサールの社会主義」(一)(二)(三)○「同盟罷工と社会」○「独乙に於ける社会共和党の発達」
一八九八	三九	○横山源之助と貧民研究会創立　○砲兵工廠等共働店　○従弟夜学会　○矯正会に禁酒会　○国民貯蓄銀行に関係　○オルデン来朝	○村井知至、安部磯雄、幸徳秋水らと社会主義研究会結成　○高野房太郎らと鉄道矯正会の東北地方巡歴	○「社会主義」○「工場法と工業」○「日本の運動運動は一種の特性を有す」
一八九九	四〇	○大学普及講演会（毎土曜）○料理人進徳会結成　○職工教育会の工業幻灯会○クリスマス集会（例年）進徳会組合員のプレゼントあり	○『労働世界』に社会主義欄　○活版工組合名誉会員　○活版工懇話会で金井延、桑田熊蔵と講演、対立	○「桑田学士の社会改良主義を質す」○「欧州に祈ける社会主義の大勢」(一)(二)○「金井延氏に答ふ」
一九〇〇	四一	○社会主義研究会を社会主義協会に再組織（会長安部磯雄）、事務所をキングスレー館におく　○「日曜の楽み」を開く○都市問題研究家に加わる	○『労働世界』片山個人の所有に○普通選挙期成同盟会幹事　○国際社会党本部員　○治安警察法制定公布	○「社会改良と革命」(一)―(四)　○「貧富の戦争」(一)(二)(三)
一九〇一	四二	○西洋料理教室　○進徳会組合を日本料理人組合に改称　○共同家屋建築会趣意書　○青年クラブの動き活発　○社会主義協会をユニテリアン教会に	○社会民主党結成禁止　○社会主義協会を強化　○『労働世界』一〇〇号で終刊　○信州普通選挙同盟会に出席	○『日本之労働運動』西川光次郎共著○『学生渡米案内』○「『ダスカピタル』と其の著者マークスの地位」○「新《ニュー》海国《ジランド》と社会主義の実行」(一)―(七)
一九〇二	四三	○疾病救済会設立	○労働同盟会成立　○西川光次郎と東北地方遊説　○労働者懇親会禁止	○「労働問題の解決」(一)―(三)　○「資本と労働の関係」○「借家問題の解決」(一)―(四)
一九〇三	四四	○キングスレー館青年花見会禁止	○『労働世界』改題　○『社会主義』発売禁止○社会主義非戦論大演説会○第二回渡米	○『都市社会主義』○『我社会主義』○『渡米案内』○「労働運動の過去現在及将来」

的平和主義を主張し、ストライキ等を否定した。さらに「都市問題に就いて」(一九〇〇年三月一五日)では、公私の「社会的慈善」の重要性を認めている。『労働世界』では、まず創刊号社説で(一八九七年一二月号)、

労働世界の方針は社会の改良にして革命にあらず

と宣言し、「社会主義」(一八九八年二月一日)では、社会主義・無政府主義・虚無主義を否定した。

ヒューマニテーの光明を仮て我労働運動の前途を照さんと欲するのみ

という有名な言葉がある。一八九九年一月、社会主義は二〇世紀の人類社会を救う新主義との考えから、雑誌にも社会主義欄を設けたが、半年前の「吾人の地位」(一八九九年五月一五日)では、依然博愛、慈善が奨励されており、「同情」(一八九九年一〇月一日)でも、同情相哀れみ、相親しむのを人間の性質とみている。キングスレー館時代の片山の思想には、労働問題に関心があったが、むろん社会事業も否定されていなかった。

社会事業と労働運動の分岐　社会の現実の歩みに規定される片山の思想に、この両者の分岐点をはっきりさせることは困難である。労働運動プロパーとなってからも、社会事業や社会改良思想

が存在している。

労資協調論を克服しはじめ、改良主義に疑惑を持ちはじめるのは、隅谷が指摘するように、一九〇〇（明治三三）年一月、社会主義研究会を社会主義協会に改組するころからで（『片山潜』八〇頁）。これはほぼ研究者の共通の見解であろう。グリーンがキングスレー館から手を引くのは、一八九九年前半で、労働運動に社会主義が論じられはじめた時期である。

片山における両者の分岐を、外部的要因と内部的契機に分けて述べてみたい。むろんこの二つは不可分の関係にある。外部的要因は治安警察法発布、社会主義の科学的進歩、そして日清戦争後の生産力発展に伴う労働事情の変化である。一九〇〇年三月九日法律第三六号で発せられた治安警察法（『官報』第五〇〇四号）は、労働運動ばかりでなく、社会事業とも関係が深い。特にその第一〇条は、まだ幼い労働運動の弾圧や、ストライキの非合法化を図ったもので、これ以降労働運動は、いわゆる「暗黒時代」に入る。片山は「治安警察法と労働者」（『労働世界』一九〇〇年三月一日）で、労資衝突や地主小作関係は経済問題であり、警察権の干渉範囲外であると法に反対している。『官報』同号は、法律第三七号感化法、同三八号精神病者監護法、さらにその三日前には同三三号で未成年者喫煙禁止法を公布している。

片山は法律が労働運動に厳しく、政治活動には比較的ゆるやかであったので、一九〇一年、社会主義協会の同志六名（内キリスト教社会主義者四名）とともに社会民主党を設立したが、即刻禁止された。片山はまた普通選挙同盟にも関係している。

社会主義の発達や労働事情の変化は、本稿の直接テーマではない。また、片山のドラマ性の少い思想の中に、分岐の決定的転機を探るのは困難である。「今後の労働運動」（『六合雑誌』一八九九年九月号）では、ストライキを是認している。一九〇〇年一月研究会を実践団体社会主義協会と改称したことは、労働運動と社会主義の結合という点で重要である。しかし「欧洲に於ける社会主義の大勢」（前掲誌一八九九年一二月号～一九〇〇年一月号）でも、社会主義運動を人類的運動とみなし、すべての社会改良を歓迎している。

社会事業と労働運動の分岐とは、社会問題解決、ひいては社会主義実現を、社会事業においてでなく、労働階級に見いだすことであるが、しかし産業革命下の初期労働者は、まだ細民（貧民）から離陸しはじめたばかりである。したがって思想として、まず革命と改良の区別が重要となってくる（「社会改良と革命」『労働世界』一九〇〇年五月一日～七月一日）。片山が貧民や職人でなく、賃金労働者に注目する記念論文は「貧富の戦争」（『六合雑誌』一九〇〇年五～七月号）であるが、私は社会事業と労働運動の分岐を、本論文の「慈善と労働政策」にみたい。片山は全般的にスラム住民と賃金労働者の区別が困難な現実を踏まえつつ、社会主義を労働者の原動力、方針が基盤と論じている。そして貧民問題は慈善によって解決できるものでなく、その目的は貧民状態の廃止にあるとしている。さらに賃金労働こそ、資本制制度の基礎と主張している。分岐を示す重要部分は、

看よ今日の資本家に支配せらる丶学者、宗教家、経済家、政治家異口同音に社会改良を唱ふるも其目

的や貧民を廃止するにあらずして貧民救助にあり、感化監獄を起し、出獄人保護に、貧民教育に、孤児院に於て皆其目的は資本家が其暴利を貪るを妨げざる範囲に於てするのみ、決して斯る不幸なる貧民を廃止するに努むる者にあらず……彼等慈善を営業とせる徒は如何に沢山の貧民が出来るも、如何に悪少年が増加するも監獄人が多きも貧民が増加するも関する所にあらず、却って其営業をなすに好口実を得るを喜ぶの風あり……宜なる哉彼等は皆社会主義に反対す、社会主義を信じ之が為に力を尽す者に向かっては彼等暴言し且つ反対の色を示し、社会的事業は慈善事業にあらずなど我田引水の言論を喋々し吐露して其営業なる下等の慈善に汲々なり。

むろんここでの批判対象は「慈善」であって、片山の考える「社会事業」ではないかもしれない。しかし以前の片山は慈善事業をも社会主義の一種に数えていた。ここではそれが全面否定されている。しかしこの論文も実践運動論であり、その理論的掘り下げもそれほど深くはない。そして「社会主義者の反対者に答う」（『六合雑誌』一九〇二年一二月一五日）でも、慈善事業・社会改良を「一時的弥縫策」とし、労資間の分配公平が先決と主張している。

片山はこの前後に多くの論文を執筆している。「『ダスカピタル』と其著者マークスの地位」（前掲誌、一九〇一年三月一五日）では、「社会主義の真意義是に於て乎初めて世に顕わる」といっているが、また「資本と労働の関係」（前掲誌、一九〇二年六月一五日）には、労資衝突を避けるためにも、労働を貴ぶべしとの、やや矛盾的言辞もある。

さらに一九〇三年には「都市社会主義」「我社会主義」を著したが、いわゆる「ガス・水道」の社会主義で、その矛盾を指摘するのは容易である。アメリカを主とし、イギリス視察を含む海外生活も一〇年に余り、労働者や都市市民の現実を膚で知っていた経験から、「都市社会事業」や、「都市社会主義」を考えたのであろう。片山は自分で『我社会主義』によって、従来のキリスト教社会主義から、革命的社会主義に移行した（前掲『わが回想』下、一〇六頁）といっている。「志士仁人」的社会主義に対し、片山の思想は、明治日本のもっとも進んだ社会主義思想であった（カブリン・前掲書一六四～五頁）。そしてキングスレー館も短い存在ではあったが、片山社会主義の一里塚であった。

第6章　福祉と信仰
――内村鑑三――

福祉と信仰　本章は前章でみた片山潜のキリスト教の社会主義化に対し、福祉と信仰の関係を考究するのが主題である。日清戦争前後から二〇世紀の初期にかかる時期は、近代信仰の樹立期であり、内村鑑三はその代表的人物の一人である。内村は「目的の進歩」（『聖書の研究』一九一三年九月）で、自己の生涯を回想して区分し、第三期が米国に渡って慈善事業家になろうとした時、第五期が『万朝報』時代で、社会改良家にならんとした時であるといい、並々ならぬ関心を慈善事業に示している。

内村は在米中の一八八五（明治一六）年六月九日、日本人として初めてワシントン全米慈善矯正会議第一二年会で演説し、日本人の優秀性を主張するとともに、

日本ハ物質ノ成長ニ成功シ過ギルガタメニ盲目トナリ、又智識上ノ早熟ニ依テ高ブリテ、ソノ寡婦ト孤児ヲ顧ミルコトヲ怠リシニアラザルヤヲ考エナケレバナリマセン……銃剣ト鉄艦ハ国家ノ力ノ不充分

ナル「インデッキス」デアリマス……諸国ヲ支配スル真ノ感情ト貧者困窮者ニ対シテ示サレタル慈善事業ニオケルソノ結果トヲ吟味スルコトニ依テノミ、我々ハ基督教ノ文明ト異教徒ノ文明トヲ区別スルコトガ出来ルノデアリマス（『内村鑑三著作集』第一八巻、一九五四年。以下『著作集』）

と、殖産興業国策強行の中で、福祉や愛から遠ざかりつつある日本国家の本質を見破っている。そして七〇歳で世を辞する最後の床（一九三〇年三月二六日（二八日没））で、一子祐之に、「汝が院長で黒人の看護婦を連れてアフリカにいったら」（『著作集』第二一巻、一九五五年）と述べ、晩年傾倒したアルバート・シュヴァイツァーの姿を思い浮べつつ世を去っている。

内村のように歴史的洞察力を有しながら、信仰の中で福祉をとらえ、それを実践していった思想家は極めて珍しい。そこでこれを米国滞在を中心とした慈善期、明治後半の社会改良期、晩年の「社会事業」批判期、の三期に分けて説明してみたい。本章は主として『内村鑑三全集』（旧版）を使用したが、特にしばしば引用する『聖書之研究』は『研究』、『東京独立雑誌』は『独立』と略称した。『著作集』並びに新版『全集』で補正した場合は『著』『新』とした。

私は、基本的には社会福祉を社会科学の一環と考えているが、福祉実践の内面的な深いところで、信仰と社会が緊張を保ちつつ、社会福祉に歴史的現実的に寄与してきたこともまた疑わない。それは近代社会の「現世幸福主義」「身辺幸福主義」「形式的合理主義」「管理主義」等々にいろどられ、シニカルな状況が蔓延している福祉状況へのプロテストであり、なによりも衰弱した「福祉価値」

の再生を願うからである。いかなる信仰も社会との妥協はあり得ないが、その現実社会の否定によって、逆に社会や人間がすくい上げられ、信仰的な社会的発言となるからである。親鸞の「往相」と「還相」の論理もそうであるが（拙稿「親鸞の福祉思想」『日本仏教福祉思想史』二〇〇一年）、内村もまた反近代的姿勢をとりつつ、近代信仰の樹立者となり、「富国強兵」政策を批判しつつ、しかも愛国者であったのである。

本論に入る前に、次の三点を述べておきたい。

第一は内村の信仰は「事実」や「実験」を通しており、単なる教説ではないことである。自然科学を専攻したので、哲学的演繹法は得意でなく、また理念型でもなく、常に現実的解答が同意されている。またその社会批判が直ちに自己批判や自己否定になっている場合も多い。その慈善思想も合理的に準備されたものより、宗教的実践が先行している。

そしてまた内村は、歴史に興味を持った思想家であった（内村鑑三筆記、片山亘訳「モース教授『歴史講義』」『内村鑑三研究』一九七三年一二月号）。あるいは大久保利謙「内村鑑三とナショナリズム――『他人論』と『興国史談』――」鈴木俊郎編『回想の内村鑑三』一九五六年、八七頁）。ただ内村には歴史は神の働く場であったので、そこにはさまざまな矛盾を伴う言辞や行動が見えるのも否定できない。

第二は、内村には儒教や武士道的キリスト教が特徴となっている。影響を受けた儒学については異説もあるが、もともと佐幕藩出身であり、薩長出身者のような権力の目的化から遠く離れている。

確かにプロテスタントは宗教であり、儒教はむしろ倫理であろう。したがってプロテスタント的「隣人愛」と儒教的「仁愛」は思想的に異る。しかし信仰は単なる教義的優劣でない以上、近世二五〇年の間に庶民化し国民化した儒教の「仁愛」思想、特に内村にとって「志士仁人」的福祉は、その性格からいっても、またその出身の武士的教養からいっても、若い時代の糧の一つであろう。儒教的「仁愛」を克服し、近代的信仰へ昇化するには、内村にとってさらなる経験が必要であった。

内村が著者『代表的日本人』で選んだすべての人が福祉と関係がある。ここでは「やまとだましい」(中野節子訳「日本精神の道徳的特質――日本人による――」前掲『内村鑑三研究』一九七五年六月号)も、本来「志士仁人」型の代表佐倉宗吾さえも「もっとも気高い殉教者」として、アメリカに紹介している。この儒教的武士道的教養に育てられた慈善が、いかにキリスト教的回心を通じて、論理的慈善から、キリスト教的宗教的慈善に深まるかは一個の思想的テーマである。

第三は、内村のキリスト教的慈善思想は、文明開化的欧化主義的慈善思想とも、啓蒙主義的キリスト教慈善思想とも、段階を異にしている。すでに歴史の現実を媒介としながら、「義」や「神愛」が人類的普遍性を持って、内村の「個」の内実に一体化しつつある。同時にこの内実的普遍性が内村が愛国者であることに齟齬がない。「世界」的であるとともに、「日本」的なのである。その近代批判も、海外の歴史を周知し、欧米近代精神の苦悩を自分のものとして受け取った上での、激しい批判なのである(森有正『内村鑑三』一九五三年、五～六頁)。この近代批判や愛国思想が、いずれも福祉思想とかかわり合っている。

最後に内村の「指導者民主主義」（渋谷浩『近代思想史における内村鑑三――政治、民族、無教会論――』一九八八年、八五頁）は、その無教会主義にあっても、内村の主義に耐えうる弟子等が厳選される。いわゆる「少数義人」なのである。内村の終末と再臨は、親鸞の末法を背景とする「往相⇅還相」と類似しているし、その無教会傾向も同じである。しかし親鸞が「悪人正機」観により、限りなく福祉対象に「平等」化し、近ずこうとしたのとは異なる。

倫理的慈善からキリスト教的慈善へ　内村は「余の初期の教育は儒教的」（『余は如何にして基督信徒となりし乎』四一頁、岩波文庫版）という。すなわち儒教的「志士仁人」的時代から、札幌時代以降のピューリタニズム的倫理性、さらにエルウィン生活を経過し、アーマストのシーリィ等の影響を受け、回心《コンバルジョン》の緒につくのである。内村にしたがえばこの期は、「慈善は Philanthoropy より Agapanthoropy とするを可とす」（前掲書、一八〇頁）と知るまでである。

一八八四（明治一七）年一一月渡米し、ペンシルヴァニア州立エルウィン精薄児施設長ケルリンの庇護を受けるようになるのは、その二ケ月前の破婚もその理由の一つに挙げられている。儒教的武士道的、あるいはピューリタン的潔癖感からいっても、破婚は重大事件であったに違いない。しかしこの離婚事件の真相は、不明の点も多く、それだけでエルウィン入りは説明できない。

内村はエルウィン入りの前、意外と思われるほど慈善関係の書物を読み、特にジョン・ハワードの伝記を読んで「使命観」を持った（前掲書、一二九～三〇頁）。しかしもっとも影響を受けたのは、ローリング・ブレースの『基督行績論 gesta christi』で、「宗教とは慈善を云ふなり」（『求安録』一八九三年）とまでいっている。ブレースの死に「慈善家チャーレス・ローリング・ブレース氏逝く」（『六合雑記』一八九〇年一一月一五日）を執筆し、人生の目的は慈善にあると知った（「過去の夏」『独立』一八九九年八月一五日～二五日～九月五日）。

内村の初期の著述『基督信徒の慰』『求安録』『余は如何にして基督信徒となりし乎』『後世への最大遺物』には、慈善家の事項が多い。米国の威力の源は慈善にあり、慈善の本国にその結果を見ようと考え、米国に渡った（『流竄録』一八九四年）のは事実であろう。内村の性格の特徴は「実行的」（鈴木俊郎『内村鑑三伝――米国留年まで――』一九八六年、四三四～五頁）なところにあった。エルウィンの実行を通して、アメリカ・キリスト教社会事業の本質を知り、その後 Agapanthropy に達するわけである。破婚も主観的には重要であるが、また慈善を契機として、回心に進んだことも重要であろう。

内村のエルウィン精薄児施設生活は八ケ月にすぎないが、院長I・N・ケルリンの厚遇を得て、思想的にも貴重な経験をした（長谷川八郎「白痴の教育と内村鑑三」『天理大学学報』一九五五年三月号）。その経験は回心への準備ともいえるものであった。日本知的障害児教育の父石井亮一が、孤女学院をはじめる六年前のことである。ここにおいて日本で将来を嘱望された官吏であった内村が、知的障害児施設の一看護人となったわけである。

『流竄録』中の「白痴の教育」（『国民の友』一八九四年八月号）によれば、収容児童の汚物の世話をし、非行矯正のため、断食して神に祈っている姿が見える。神は一人の無益な人間も造らないというケルリンの教えを身読しているわけである。いわば律法的道徳的修業としての自己犠牲によって、神の前に清潔たらんとしたものであった。しかし、この倫理から発した戒律的修道も、信仰的課題である「罪」との闘いにおいて敗北する。「心の清き状態」の持つ倫理的修道の「利己」性を悟ったのである（『余は如何にして基督信徒となりし乎』第七章「基督教に於て――慈善家の間にて――」一五八～九頁）。この七ケ月間の施設体験は、内村の回心コースに即していえば、儒教的倫理的「仁愛」の持つ人間的利己的動機、人間行動の底にひそむ自己本位な「罪」に目覚め、キリスト教的動機へと転回したのである。近代慈善事業の実態や、深い教養に裏付けられた儒教的「仁愛」の否定を通じて、キリスト教的慈善を発見したのである。そしてその経験は、内村の「アーマスト回心」の前提となるものでもあった。

内村は『求安録』中の「脱罪術　其四　慈善事業」で次のようにいっている。

慈善は我等の心中に存する慈善心を鼓舞するものに相違なし。然れども噴水は水源の平面より高く登る事能はざるが如く慈善も我心中に存する愛心を越ゆる事能はざるなり。若し愛心に超ゆる慈善を実行せんとすれば慈善は変じて偽善となり、慈善の快楽全く去て不平傲慢功名心等の悪霊来て再び我を悪魔に引渡すに至る。信仰不相応の慈善程危険なものはあらざるなり。慈善は幾多の基督信徒の躓石となりし事は悲しむべき事実なり。

一八八八年帰国し、五年後に出版された『求安録』のこの言葉は、エルウィン生活の体験中に知った慈善中心のアメリカ・キリスト教に対する反省であり、早くも内村のアメリカ・キリスト教慈善への批判が見えている。そしてキリスト教慈善がとかく陥りやすい「信仰不相応の慈善」をキリスト信徒の「躓石」とし、深刻な「罪」意識こそが「人の義とせらるるは信仰によりて立法の行に由らず」（『余は如何にして基督信徒となりし乎』一六七頁）と断じているのである。さらに前掲書一八〇頁に、

「慈善」「愛人」事業、此は余の「愛己」的傾向が余の中に全く根絶せらるゝ迄は、我が有となり得ざることを識った。霊根の治癒は肉体の治癒に先立たねばならぬ。尠くとも余の場合に於て然り。そして「慈善」はそれだけでは前者の目的の為には無力であった。……諸君がもし愛という二つのギリシヤ語の相互の意味を喧しく言はるゝならば「慈善」は Philanthropy より Agapanthropy を可とす。

と述べるに至る。「愛己 love-self」を乗り越えるのは、ヒューマニズムや博愛《フイランソロフイー》でなく、「神愛」であり、「贖罪の信仰」であり、「霊根の治療」であったのである。

内村は慈善を理想とし、その理想国であるキリスト教国アメリカに渡ったのであるが、そのアメリカは神を忘れた慈善や、事業中心の教会神学が盛んであるにもかかわらず、アメリカ社会は社会不安が渦巻いているのを見破ったのである。実行的キリスト教である慈善によって平安を得ようと

したが、実際に従事してみて、心の平安を得ることができないことを知ったのである（鈴木俊郎前掲書五七四―五頁）。後に「慈善事業とは放蕩息子の梅毒を治癒してやる様なものだ」（「第二回夏期講説会講演大要」『研究』一九〇一年八～一一月号）という激しい言葉がある。内村のエルウィン実践は霊根の深いところに、歓喜と満足をあたえなかったのである。プロテスタンティズムと儒教の「対決」は、日本ではこのような態度をいうのであろう。むろん内村は生涯儒教を離してはいない。

内村の倫理的愛から「神愛」への回心は、儒教的倫理の家族→郷党→国家という秩序的「愛他」から、罪人・貧者・患者等々あらゆる人間が神の前に平等であるということである。いわば内村回心によって、はじめて「慈善」が近代的普遍性への途が信仰的に開けたといえよう。一八八五年九月、選科生としてアーマスト大学に移り、学長シーリィからキリスト教の真髄を学んだ。この三年半の滞米中に、人間中心の一九世紀後半アメリカ慈善事業の虚構を見抜いた。また白色人種の掠奪の犠牲になった「土人」（「亜米利加土人の教育」『国民の友』一八九五年一月号）の状態をつぶさに見て、欧米帝国主義と日本のアジアへの責任という、生涯の課題をつかみはじめた。これらの幻滅から、アメリカにないものが日本にはあると思いはじめた（小原信『評伝内村鑑三』一九七六年、七三頁）。

内村のキリスト教は、理論や教義ではなく、絶えず実人生とかかわり合っているところに悲劇がある。それは「内と外の矛盾する主張が同時に主張する」（原島正「事実の信仰（上）――内村鑑三の根底にあるもの――」『内村鑑三研究』一九七六年六月号）という悲劇である。信仰が実人生を媒介にしているため、絶えず矛盾の中におかれることになる。一八八八年五月帰朝してから日清戦争前にかけての、社会や教育からの迫害は、「涙の谷」といえるものであったし、九一年一月の「第一高等中学校不敬事件」以後の生活はまさに悲劇であった。肺炎を患い、妻加寿子の死去。衣食の道を求め、三二歳から三七歳までの漂泊、すべてを失った内村の「孤独」の告白は『基督信徒の慰』(一八九三年二月)であり、『求安録』(同年八月)である。次いで翌九四年八月から『流竄録』が『国民の友』に連載されはじめ、一ケ月前の七月には『後世への最大遺物』も講演された。日本国中、身を託するところとてない中で、これらの代表作がなったのは内村の三三～四歳の時である。『基督信徒の慰』における勇気と信仰とを持って耐え忍ぶほかないという発言、あるいは『最大遺物』の金や事業や、そして思想からさえ見放された内村の「勇ましい高尚な生涯」という主張は、それらを背景にしている。すべてを喪失した内村の孤独と贖罪の姿が『基督信徒の慰』である。愛する日本や、同じキリスト教徒からの迫害からくる内村孤独を見逃しては、内村の宗教的自由、個的信仰、無教会、そして愛国者内村や、キリスト教的社会改良や慈善も不明になるであろう。キリスト教的真理による社会改良、伝道こそ霊的慈善という主張も、この孤独な内村を除いてはみえなくなり、明治後半の内村に、何故一挙に社会改良が噴出するかも理解できなくなろう。

非戦と福祉　内村による福祉思想への最大の貢献は、非戦と福祉の関係である。もともと平和なくして成立しない福祉であるが、社会事業や慈善事業プロパーから余りそれは論ぜられず、むしろ部外者ともいえる内村から提出されたことは、不思議といわねばならない。むろんここでは内村非戦論全体にふれるのでなく、福祉と関係する場面にとどめたい。また日清・日露戦争を中心とし、終生の非戦論と福祉の関係は、拙著「内村鑑三の非戦論」(『日本近代仏教社会史研究』一九六四年)に譲る。

内村は周知のように、日清戦争が勃発した一八九四(明治二七)年『国民の友』に、"Justification of the Corean War" を執筆し、同誌九月号にその日本文の「日清戦争の義」を発表。次いで一一月 "Japan and Japanies" を刊行した。そして日ならずして「世界歴史に徴して日支の関係を論ず」(『国民新聞』一八九四年七月二七日)がだされた。「日清戦争の義」では、日清戦争を「義戦」と規定し、「結論」で、

吾人の目的は支那を警醒するに在り、其天職を知らしむるにあり、彼をして吾人と協力して東洋の改革に従事せしむるにあり。吾人は永久の平和を目的として戦ふものなり。

と記している。内村は日清戦争を「義戦」としたのは、欧米の植民地政策からのアジアの被圧迫民族の解放、旧態依然たる東洋の改革、日本が戦勝しても利権獲得を図るべきではないなどとしたからである。国権的立場でなく、かりに日本が敗戦になれば、東洋五億の生霊が依然迷夢を続けなければならないと考えたからであった。内村に儒教的武士的モラルを持つクリスチャンとして、アジアの救い主、日本が、「仁愛」的立場で日清戦争に臨み、キリスト教国でありながら、非キリスト教

的な優勝劣敗政策をとるヨーロッパから、アジア開放が大目的であった。

しかし日清戦争は、内村の「義」と相違して、日清戦争勝利による台湾の獲得、償金をとって狂喜する日本、さらに国民の投機心、奢侈、軍人の放埒、特に待望していた朝鮮の独立がかえって失われていく中で、非戦論へと転じていった。これは内村の「誤算」であったが、倫理学者大内三郎は、その「不義の日本」（海老沢有道・大内三郎『日本キリスト教史』一九七〇年、三八〇〜四頁）に対し、内村はむしろ神の義による孤独に徹し、個人の自由な独立を得たと述べている。政治学者丸山真男は、内村非戦論は、キリスト教的福音主義の演繹でなく、帝国主義の経験から学び取った「歴史的現実への洞察力」（『内村鑑三と非戦の論理』前掲『回想の内村鑑三』一〇七頁）といっている。

一八九六年、内村は「寡婦の除夜」（『福音新報』一八九六年一二月号）を発表したその中で

人には春の晴衣、軍功の祝酒、我には仮の侘住、独り手向る閼伽の水、我空ふして人充ち、我衰へて国栄ゆ、貞を冥土の夫に尽し、節を戦後の国に全うす。

とうたっている。それは戦争未亡人の現実であるとともに、愛する日本に背かれた内村の「孤独」を寡婦に仮托したものであろう。しかしこの詩に「明治二十九年歳末、軍人が戦勝に誇るを憤りて詠める」の「詞書」があることが重要である。戦勝軍人とは逆に、戦争未亡人や戦争孤児の悲惨な実状を内村はよく知っていた。そこに内村非戦論が孤独な信仰とともに、社会的拡がりを持った。

内村が義戦論から非戦論に転ずるのは一九〇〇年であるが、日清戦争への期待が裏切られて反省するのはそれよりも早い。先の「寡婦の除夜」もそうであるが、それより早く一八九六年八月、読書界の反響を呼んだ著名な長編論文「時勢の観察」を『国民の友』に発表した。それは戦争を「義戦」とし、「日本国の天職」とした、自己の楽観主義を打ち砕いた書である（長谷部弘「内村鑑三の国家論」『内村鑑三研究』一九八七年三月号）。この五、六年前、前述のように自分を「涙の谷」に突き落とし、その上、日清戦争で権力国家の実態を示した祖国に裏切られた。それが愛国者であり、かつ戦闘的クリスチャンであった内村をして、愛国的非戦論をとらせる契機となった。それは日清戦争の勝利に、嬉し泣きした啓蒙家福沢諭吉と対比的であった。

日清戦争後から日露戦争前にかけての内村非戦論には、とくにかつての義戦論に対する反省が濃厚である。「罪の結果」（『独立』一八九九年五月二五日）では、戦争は驕奢、淫逸、精神の倦怠、同胞の不和、失意絶望の五罪を生んだと、戦争の「罪」を指摘している。

内村が日清戦争を「義戦」としたのは、列強帝国主義に対する指弾からであった。日本でもっとも早い「帝国主義」（『独立』前掲号）論で、

帝国主義は統一の精神なり、専制、独裁、暴虐の精神なり……人権を蹂躙し、個人の発達を妨害し、自由を其要髄に於て毀損せし者は概ね皆此主義を奉ぜし者なりき。帝国主義に思想、文学、美術、宗教の埋葬を報ずるの鐘の声にして、国民此主義を奉ずるに至て其死期は既に邇づけりと称ふべし。

このほか幸徳秋水の『帝国主義』にも序文を執筆している。これらは社会科学的な帝国主義批判ではないが、無抵抗主義的キリスト教的帝国主義論としては、意を尽くしている。しかもこれは、日清戦争に対する深刻な反省が裏づけとなっているだけに、歴史的洞察力に富んだものである。日本がアジアの諸国と同様、植民地的危機からの脱出に苦しんでいる間は、日本を中心とするアジアの解放を考えたが、一度日本が列強の地位を獲得し、アジアの解放を唱えながら、実質的には侵略をはじめたときも、多くの日本人はほとんどそのことを自覚しなかったが、だれよりも早く、その「帝国主義」性を見破った思想史的意義は大きい。とくに近代における宗教的「罪」と、戦争の関係の日本的系譜点を提供した点が重要である。内村が西洋の平和愛好国と考えたイギリスが、南阿戦争では期待を裏切り、「不義の戦い」を強行したとし、一九〇二年の帝国主義国イギリスと日本の同盟をも罪悪としている。内村の無抵抗主義的非戦論は、一九〇二年のクリスマス演説「平和と争闘」(『研究』)にもそれがよく表われている。

内村の非戦論転移の「時勢の観察」と並んで、もう一つの重要論文は、一八八九年九月から『独立』に連載しはじめた「興国史記」である。本論は日本の亡国の兆しを回避し、日本をまことの興国の道に引き戻そうとした真のナショナリズムを提起したものである。内村は日韓併合に不賛成であったし、その門弟には朝鮮半島の人びともいた。

内村は一八九九年『万朝報』に招聘された一九八八年六月『東京独立雑誌』を創刊したが、やがて廃刊し、代って一九〇〇年一〇月『聖書之研究』を創刊している。『万朝報』に入社してからは堺利彦らと理想団を結成したが、『万朝報』が一九〇三年一〇月日露開戦論に賛成するや、社長黒岩周六と袂を分かった。この前後は内村非戦論のもっとも輝かしい時期である。万朝報退社に際しての、『万朝報』に掲げた「朝報社退社に涙香兄に贈りし覚書」（一九〇三年一〇月一二日）は周知であるが、それは内村の衷情であり、その非戦の立場もきわめて明快なので抜出する。

小生は日露開戦に同意することを以て日本国の滅亡に同意することゝ確信いたし候。然りとて国民挙て開戦と決する以上は之に反対するは情として小生の忍ぶ能はざる所に御座候。然りとてまた論者として世に立つ以上は確信を語らざるは志士の本分に反くことゝ存候。殊に又朝報にして開戦に同意する以上は（其意は小生の充分に諒とする所なれども）其紙上において反対の気味を帯ぶる論文を掲ぐるは之れ小生の為すに忍ばざる所にして又朝報が世に信用を失ふに至るの途と存候。

と、社会的反戦論というより、「情」と「志士の本分」としての「論者」という、胸間の葛藤を披瀝している。『万朝報』理想団の会合でも、クリスチャンとして開戦に同意できないから除名してほしいと申し出ている。

内村非戦論はむろん社会主義者のそれではない。福音が目的で社会は手段である（『研究』一九〇二年三月号）。帝国主義批判や非戦論を採り、『万朝報』時代に堺や幸徳秋水らの僚友も持ったが、それも社会主義や殉教者的改革精神からではなく、別に労働階級の歴史的使命を自覚したわけでもない。はじめからキリスト教は天国の教えであり、社会主義はこの世のものと内村は認識していた（「基督教と社会正義」『研究』一九〇三年三月二五日号等）。いわばキリスト教的価値体系の社会への応用であり、個の良心を外化して行く『遠心的改良論』（渋谷浩「『遠心的改良法』をめぐって」『近代思想史における内村鑑三』一九八八年）であろう。しかし歴史的洞察を下敷にして出されるその非戦論は、政治や社会と妥協に妥協を重ねていく社会思想より、はるかに的を得ている。

内村の社会福祉思想を特色づけるのは、富国強兵国家やその路線下の人間観に対する挑戦であり、一般的意味での幸福増進や生活向上のための福祉ではない。ヒューマニズムは人の情けであり、キリスト教は神の義であると峻別した（「ヒューマニチーと基督教」『研究』一九〇六年七月号）。特にその出自等からして、その社会思想は国家政治に対する抗議として出されている。指導階級に対する批判として『万朝報』（一八九八年二月一八日）に、

> 万国無比の国体を有する日本に、無能、貪欲、薄情なる貴族の存在すべき理由あるなし。世界の君子国に詐欺師に類する紳商。博徒に類する実業家の跋扈するあるなし。

とあり。この主張は古河市兵衛・平沼専蔵ら資本家による金銭の施与的慈善への批判となっている（「金を要せざる慈善」『万朝報』一九〇二年一一月一三日）。また普遍的人類愛が教えられていない日本

で、一般国民が福祉への理解が乏しいことも指摘している（「日本に於て慈善事業の揚らざる理由」『独立』一八九九年七月一五日）。

内村の社会福祉への功績は、非戦論と慈善事業の関係である。内村自身「余が非戦論者となりし理由」（『研究』一九〇四年八月一日）に、聖書の信仰、無抵抗主義の個人的実験、過去十年間の世界歴史“The Spring Field Republican”の平和主義の四つを挙げている。内村は国内の戦争犠牲者についても触れているが、非戦論と慈善の関係についての重要論文を紹介すれば、まず「孤児の敵」（『新希望』一九〇五年九月号）で、

一方には孤児の養育を唱へ、一方には戦争の利益を道ふ。斯くて一方には孤児を扶けながら一方には盛んに孤児を作る。笑止千万とは主戦論者の孤児救済事業なり。彼等は孤児の敵たり、其友に非ず

と慈善家を激しく非難している。

次いで「日露戦争より余が受けし利益」（前掲誌、一九〇五年一一月号）では、生きた歴史を目撃できたこと、いっそう戦争の非を深く悟ったこと、戦争は友人の真偽を別つ試金石であったこと、の三つの利益を挙げ、

酒を飲んでは悪い、然かし人を殺しても宜しい。姦淫を犯しては悪い、然かし血を流しても宜しい孤

児を憐むべしである。然かし幾万の孤児を作りても宜しいと。世に多くの矛盾はありまするが、然かし慈善家の主戦論の如きはありません。若し戦争が可いと云ひますならば慈善は全く之を廃止するが可からふと思います……私は今より後、斯かる人とは慈善又は救済に就て一切共に語るまいと決心しました……私には今や全世界に二種の人があるのみであります。即ち戦争を好む人と戦争を嫌ふ人とのみであります。前者は縦令彼が基督信者であらふがあるまいが、慈善家があらふがあるまいが、私の友ではありません。

と。この文章に対しては、戦争が生み出す「戦争弱者」を世話する慈善事業の側にいい分もあろう。しかし慈善事業の「対象」を生み出す最も大きな原因は戦争である。そしてその「対象」を世話するのも外ならぬ慈善事業である。しかしこのギャップをえぐり出したのは部外者の内村であり、慈善事業の中から非戦論を唱えたものはほとんどいなかった。内村には慈善事業家の友人もあったし、またキリスト教徒の大勢は戦争協力であった。この慈善や福祉の持つ悲劇性の指摘が重要である。

社会改良思想　内村の社会改良で、第一に挙げられるのが足尾銅山鉱毒事件批判である。内村はこの運動に参加し、現地を訪れ、「鉱毒巡遊記」(『万朝報』一九〇一年四月二五～三〇日)を執筆した。

足尾銅山鉱毒事件は大日本帝国の大汚点なり。之を拭はずして十三師団の陸兵と二十六万噸の軍艦を有するも帝国の栄光は那辺にある。之を是れ一地方問題と做す勿れ。是れ実に国家問題なり。然り人類問題なり。国家或は之が為に亡びん。今や国民挙て眼を西方満州の野に注ぐ。我の艨艟は皆な悉く其舳を彼に対して向ん。然れ共何ぞ知らんや。敵は彼にあらずして是にあるを。

前田多門の追憶によれば、毎日新聞社主催による東京の学生達の鉱毒被害地視察に同行した内村は、四囲の被害を指し、「ヒューマニチーとはこの事ですよ」と繰り返えしたという（「内村先生と私」前掲『回想の内村鑑三』収）。むろん内村のこの事件への批判は、社会運動家とは異なっている。特権実業家古河市兵衛を攻撃はしたが、国家の責任として追求したのであり、古河個人を階級的立場で非難したのではなかった。そして論調の特色も、鉱毒地被害者救済より、この事件に対する日本人の態度に対してであった。

第二の功績は禁酒禁煙、廃娼である。禁酒を運動として取り上げた代表的論説は「国家禁酒論」（『万朝報』一九〇二年一〇月九日～一〇月一一日）、「日本国の二大敵」（前掲紙一九〇二年一〇月二五日）で、ともに題名に見られるように、ここでも愛国者としての国家禁酒論となっている。後者には著名な、

若し日本国を滅す者ありとすれば夫れは露西亜の海軍でもなければ亦仏蘭西の陸軍でもない。それは必ず酒と黴毒の二つである。其勢力の強大なる我が二十万噸の軍艦と十三師団の陸兵を以てしても到底

禦ぎ切れるものではない……酒を廃めずして黴毒を絶つことは出来ない。禁酒論は実に愛国論である。苟も此日本国を愛する者にして此論に賛成しない者はない筈である。

と国家的立場での論である。一九二六年聖書研究会の会員資格にも禁酒禁煙を条件とした（「秋気清し」）。

廃娼にも幾つかの重要論文がある。神の創造した女童を醜業婦としたとする非難が根底にあるが、いずれも日本民族の運命に関する問題として取り上げられている。「姦淫の世」（『研究』一九二五年三月号）には、「日本が娼妓の供給国であることは恥づべきの極みである」とある。

第三に、飢饉や災害を神の劫火や啓示と受け取った。そこにはキリスト教的罰とともに東洋的な天譴思想がみえる。日清戦争後、日本は外では東洋平和の攪乱、内での相場的政治家の充満に対し、神罰として「飢饉よ。来れ」（『万朝報』一九〇二年八月一五日）と叫んで、世論の激しい攻撃を受けた。時を同じうして一九〇二年、〇五年は東北大飢饉であった。内村は一九〇三年五月の東北地方凶歉救済演説会で「飢饉の福音」（『研究』一九〇三年五月二八日）を述べ、政治家の無能怠慢を指摘しながら、予言者的気魄を込め、自然科学専攻者らしい演説を行っている。それは関東大震災でも同じく、神は地震と火で芸術と恋愛の都を崩壊させたといっている。内村の「災害の福音」には、政治への不信と、近代物質文明万能に対する激しい憤りが根底にあった。

晩年の「近代」社会事業批判　内村は晩年の入口である一九一八（大正七）年、再臨運動に従事した（柴田文明「内村鑑三における再臨信仰」前掲『内村鑑三研究』一九八八年二月号）。そしてその点から社会改良を批判した（「基督再臨の兆」『研究』一九二七年一〇月一〇日）。さらに大正デモクラシー批判にも及ぶ。その根底には近代主義や、デモクラシーの祖国アメリカへの批判がある。日本近代社会事業の成立は、大正後半期であり、アメリカ社会事業からもっとも多く影響を受けている。「社会事業として見たる聖書研究」（『研究』一九二九年一〇月一〇日）では、社会事業を生活改善・幸福増進と見る間違いを指摘している。遠藤興一はそれを宗教的深化ではあるが、「慈善の社会的性格が一層稀薄化」（「内村鑑三の慈善思想」『明治学院論叢』一九七九年七月号）と見る。それには違いないが、それは神から離れて行く社会事業や、近代的退廃への批判であることも間違いない。要はその否定の中に、終末を背景とした社会や歴史への洞察が、どれだけ働いているかどうかである。

内村は慈善事業が社会事業に発展するにつれ、逆に慈善に帰って行く。その理由の一つに、アメリカ教会社会事業を含めた、アメリカへの失望がある。米国の移民に対する態度、帝国主義政策、第一次世界大戦への参加、特に第三次排日法（一九二四年）に大統領が署名するや、憤慨と失望はその極に達した。一九二四年のクリスマス演説では、闘いの相手として近代人とアメリカを挙げている。神に対する、現代主義とアメリカ主義の二つの有害を指摘し、日本の救いを祈っている姿がある。それはアメリカ・デモクラシーの根底にあるデューイ哲学に対しても同様であった（下程勇吉「内村先生とデモクラシー」前掲『回想の内村鑑三』収）。

「私の基督教」（『研究』一九二三年四月号）で、目的を社会事業においているアメリカ流キリスト教の浅薄を攻撃し、また「基督再臨を信ずるより来りし余の思想上の変化」（『研究』一九一八年一二月号）では、世界最大の軍備を持ち、最大の飲酒喫煙国である米国を激しく非難した。そこには神からすでに離れた「生活幸福主義」や「身辺幸福主義」的社会事業や、近代主義的退廃に対する告発的予言がある。しかし、かつてのような信仰の深いところでの社会との「緊張」はあまりみられない。

優れた近代宗教家は、近代にありながら、しかも近代を否定して、近代信仰を確立するものであろう。仏教の清澤満之、キリスト教の内村鑑三、みなそうである。

内村が近代化され社会化された社会事業を否定する論文は、「ガリラヤの道」中の「隠れたる宗教」（『研究』一九二三年七月号）である。

今や善行は益々組織化又は制度化されて、隠れたる善の実行は益々稀れになった。善行はすべて事業と成りつゝある。慈善事業、伝導事業、社会事業はすべて此類である。故にすべてが公的であって秘密的なるは益々稀なくなった。……現代の社会事業としての慈善は甚だ微弱である。恰かも社会化された家庭の如くに、家庭が家庭でなくなるのである。斯く言ひて私は社会事業の不用を唱へない。之を補ふに旧式の施済を以てする必要を主張する。よきサマリア人であってこそ社会改良家になり得る。

社会的性格の後退とみるべきか、ボランタリズムが痩せ、真の慈善が不明である日本に対する問題提起とみるべきか、所詮社会福祉は「社会」と「宗教的慈善」の間の緊張なしには成立しない。泉治典はこの期の内村を「歴史の動性を内的受動的受けとめ」（「『ガリラヤの道』『十字架の道』」前掲『内村鑑三研究』一九八一年一〇月号～一九八二年四月号）と評価している。

内村は社会化した社会事業に疑問を持ったが、信仰に裏づけられた慈善を喜び実行した。救世軍への寄捨、中国内地伝道会《チャイナインランドミッション》を通じての中国奥地の医療伝道協力、鎌倉保育園等々への義捐、シュヴァイツァーへの敬愛と、アフリカ医療伝道への寄付等々、慈善は私の趣味（「私の趣味に就て」『研究』一九二五年一二月号）というように、慈善は一生続いた。内村の終末的色彩や再臨待望からの信仰的福祉は、大正中期以降昭和初頭の危機社会が背景になっている。それにしても、満州事変勃発一年前の一九三〇年に没した内村が、日中戦争をいかに見たか、語らないまま終った。

おわりに——履歴と著作目録

一　履　歴

　私が生れた頃は、母の親鸞信仰への回心期であった。家は豪雪地帯越後の山村の農家であるが、父は句を作り、九歳上の姉は短歌を読み（遺歌集『むらさきの』あり）、弟は医師となった。小学校は分校であったが、そこでは大正デモクラシーの申し子のような大谷寛治という先生に出会った。晩年になり気づいたことであるが、この幼少年時代の生活や教育が、私の生涯の性格や思想の基本となっているようだ。

　私の生涯はそれほど起伏に富んだものでないが、経験した事項を挙げると、旧制中学時代のストライキのリーダー、仏教大学である旧制大正大学六年間の学生生活とセツルメントのボランティア活動、卒業後の長谷川良信先生のもとでの勤労少女の教育、応召による沖縄戦争での兵営生活や沖縄びととの交流、応召中の父の事故死と戦後の農地解放、研究生活を開始してから一〇年にわたる貧乏生活、戦後三〇年間の越後に独居する母の看病と村びととの交流、六〇歳終末での生死を別った大病、就職してからの六〇年安保や七〇年代の学園紛争等々がある。幾度かの死地の経験や、母の看病の心労、学究としての貧乏生活があったが、幼少年時代からの性格や、青年期からの思想にも余り変化がなく、母ほどの「意志」力にも恵まれなかったので、生涯「信仰」というほどのものを得ていない。

私が前線から帰還したのは、研究者としては遅い三〇歳であったが、そこに研究や思想の中心に据えた「社会福祉―宗教―平和」のテーマも幼少年時代と関係がある。

私は大学（旧制）の教壇ではじめて社会事業を講じたのは一九四九（昭和二四）年で、定年を迎えたのは一九八六年である。私はどちらかといえば、研究より教育のほうが得意で、好んで学生委員となった。そこでの教育の原点は、太平洋戦争下の学生時代のセツルメント経験や、卒業後の勤労少女教育の現場経験であった。やがて社会福祉の現場にでる学生達と、その現場に焦点を合わせ、常に「諸君の評価は利用者によってきまる」といい続けた。ゼミではたびたびエンゲルスの『イギリス労働者階級の状態』や、横山源之助の『日本之下層社会』を使用した。学生に「社会性」を身につけさせたかったからである。

それと裏腹の関係で、ウェーバーの『プロテスタンティズムの倫理と資本主義の精神』や、親鸞の『歎異抄』も取り上げた。前者では「緊張」や「禁欲」、ひいては「自立」や「自律」、後者では「寛容」や「共生」を重要と考えたからである。時には「レジスタント」と「トレランス」を方針としたこともあった。福祉従事者は社会を改良するにしろ、日々の生活改善にしろ、「改革」や

「改善」が重要であるし、また社会問題に悩む人々に対して常に「受け入れ」の「寛容」が大事だからである。

　同時に私の心の奥に、西洋が得意とする「自立」や「自律」、東洋の得意とする「寛容」と「共生」の統合というテーマがあった。しかしそれは学生にとってまだ無理で、このテーマは理解されにくかった。私は生涯のどこかで思いあたってくれればと思っていた。

　私はあまり学才に恵まれたとは思っていない。公の雑誌に投稿を求められた最初は『社会事業』（一九三七年八月、中央社会事業協会）の「明治社会事業史の一断面」であった。私の在学していた大学はクラシック系の学問には優れ、世界的な学者も揃っていたが、社会科学とは縁がなかった。したがってその方面の研究は独学に近かった。この学生時代、スピノザの研究者であり、日本社会事業史の開拓者であって四八歳（一九三八年）で亡くなられた、いわば「薄命の学人」谷山恵林先生の後を「運命的」に継がねばならなかった。当時は社会事業研究はまだいわば「野の学問」で、社会事業史もアカデミズムの本道から遠く、宗教研究者の興味を引く程度であった。出口がみえない錯綜したこの研究対象に向かって、ガムシャラに史料を博捜するより仕方なかったが、豪雪地帯生まれの私には、さほど苦とは思わなかった。後年私は自分の研究方法を密かに「篤農家の方法」、あるいは草取りが好きでたまらなかった母にならって、「草取り学問」と自称している。

　現在、私は自分の社会福祉研究を「歴史的社会的実践」と、余り明快でない規定をしている。それは私が学問をしはじめた昭和一〇年代前後は、いわば「変革」という実践時代で、三木清ら思想家の影響もある。また学生時代から卒業後のあしかけ九年に渉るセツルメント経験を、歴史的社会的経験に育てようとしたこともある。むろん太平洋戦争直後からの社会科学の学習も加っている。このような経験や研究コースも、研究室の中で徒弟時代をすごした一般研究者に比し、学問上の不足も多いであろう。しかし今はこのようなコースをとり、社会事業史のテーマを選んだことも、自分によく似合っていると「自画自賛」している。

私は長い人生の中で、優れた教育者に出会い、多くの人の世話になった。小学校分校時代の大谷先生についてはすでにふれた。旧制中学時代の岡島正平先生は、歴史を生涯のテーマとするキッカケをつくって下さった。沖縄戦争従軍中、粥や甘諸を提供して生命を繋いでくれた、八重山の崎山ヨシさんなども忘れられない。

研究者を志してから、指導者の矢吹慶輝先生が学部時代に逝去されたので（一九三九年）、研究上多くの指導者に世話になった。その中で半世紀以上に渉って世話になり、すでに亡くなられた方をあげれば、私の最初のライフワークであった『日本近代仏教史研究』（一九五九年、吉川弘文館）を世に出し、紹介された歴史学者大久保利謙先生。並びに戦争責任を生涯の課題とした歴史学者家永三郎氏。学生時代からその理論に馴染み、ご自身健康を害されている中で、私の大病快癒激励会に出席し、その直後亡くなられた社会政策学者大河内一男先生。私の『著作集』推薦者となられた印度哲学・仏教学者中村元先生等である。研究者ではないが、学生時代から指導をうけ、私の研究に興味を示し激励された矢吹先生の同門松島正儀先生（東京育成園）、同じく生涯学問に夢を持ちつづけ、励まして下さった木村忠二郎先生（日本社会事業大学学長）等である。

世事に疎い私を暖かく見守って下さった半世紀にわたる友人は数多いが、幽明境を異にした人では、社会福祉の岡村重夫・松本武子・篭山京・孝橋正一・隅谷三喜男・今岡健一郎・柴田善守ほかの諸氏。本書の関係では小澤三郎（日本プロテスタント史）、柏原祐泉（日本仏教史）、相良亨（日本近世儒教）氏等であるが、みんななつかしい。

最後に本書の校正は、家内すみによる。もともと病身がちであったが、明年傘寿をむかえる。

この書は友情をいただいた多くの有縁のかたがたに感謝の意をこめて執筆した（二〇〇二年初秋記。二〇〇三年六月五日加筆）。

二　著作目録

（雑誌論文は散逸のため収録不能。単著、共著、共編著、および単行本分担執筆論文名はあげた。辞典・事典類多項にわたる場合、一括して「社会福祉事項」としている。書名のゴチックは単著を示す。）

書名	発行所	発行年月	備考
東北社会事業と石川翁	大正大学社会事業研究室	一九四一・八	共著

満(現中国東北部)鮮(朝鮮半島)基督教及天主教社会事業年表	大正大学社会事業研究室	一九四七・二	謄写・現地調査
稿本八重山群島年中行事調査報告		一九四七・九	現地調査。成城大学柳田国男文庫蔵ときく
日本社会事業教育の系統	社会事業研究所	一九五一・二	謄写・後に「社会事業研究第一集」
近代社会事業の歴史	福祉春秋社	一九五二・五	
八重山戦記		一九五三	自費出版
日本社会事業研究史	社会事業研究所	一九五四・五	「日本社会事業総覧」
明治仏教	小学館	一九五六・九	「図説日本文化史11」
島地黙雷の宗教自由論の前提と大教院分離運動	山喜房仏書林	一九五七・三	「封建社会における真宗教団の展開」
明治維新史研究史講座2・3・5	平凡社	一九五八・六～一二	歴史学研究会編
Cultural exchange in the field of Social work	国際社会事業委員会	一九五八・一〇	一九五九年厚生省科学研究費。共著
日本貧困史(1)	有斐閣	一九五八・一一	「日本の貧困」文部省科学研究費
民間社会事業の発展	至誠堂	一九五九・七	講座社会保障3
日本近代仏教史研究	吉川弘文館	一九五九・三	文部省刊行助成費
明治維新における救貧制度	勁草書房	一九六〇・四	「日本の救貧制度」。厚生科学研究費
日本社会事業の歴史	勁草書房	一九六〇・九	
社会保障と社会事業	生活科学調査会	一九六〇・九	共編著
明治仏教の社会的活動	吉川弘文館	一九六〇・一〇	「国民生活史研究・4」

明治の宗教　角川書店　一九六〇・一〇「図説世界文化史大系・日本」
宗教の近代化　中央公論社　一九六一・四「図説日本歴史7」
清澤満之　吉川弘文館　一九六一・六　人物叢書
社会事業における「近代化」と「国民化」　勁草書房　一九六二・二「戦後日本の社会事業」
講座近代仏教（概説編）　法藏館　一九六三・八　編著
現代真宗史　平楽寺書店　一九六三・八「真宗史概説」
現代親鸞講座　普通社　一九六三・八　金子・西谷氏編
社会事業の歴史　誠信書房　一九六四・一　共著
足尾銅山鉱毒事件と仏教　平楽寺書店　一九六四・一「日本浄土教史の研究」
日本近代仏教社会史研究　吉川弘文館　一九六四・三　文部省刊行助成費
戦後日本社会福祉事業の展開　東京都　一九六五・三　編著
仏教（現代日本思想大系7）　筑摩書房　一九六五・五　編・解説
「社会事業とは何ぞや」について　淑徳大学　一九六七・二　長谷川良信追悼集
日本仏教史（Ⅲ）近世・近代編　法藏館　一九六七・九　共編著
仏教と近代文学　新潮社　一九六八・一「日本文学小辞典」
日本の近代社会と仏教　評論社　一九六九・二
明治宗教文学集（一）　筑摩書房　一九六九・一〇　編・解説
求道の人びと　春秋社　一九七〇・九　共著

近代日本社会事業史文献目録	日本生命済生会	一九七一・三	共・編著
人物でつづる近代社会事業の歩み	全国社会福祉協議会	一九七一・五	共著
昭和社会事業史	ミネルヴァ書房	一九七一・六	
明治仏教の社会事業思想	平楽寺書店	一九七二・九	「仏教と政治・経済」
解説・長谷川良信と社会事業	淑徳大学	一九七三・三	「長谷川良信選集」下
社会福祉辞典	誠信書房	一九七四・六	共編
社会事業理論の歴史	一粒社	一九七四・九	
解説『社会事業年鑑』	文生書院	一九七五・二	復刻
信仰と福祉――清沢満之と内村鑑三	大蔵出版	一九七五・三	「仏教の倫理思想とその展開」文部省総合研究
解説『救済研究』	文京出版	一九七五・五	復刻
戦後社会福祉の展開	ドメス出版	一九七六・一二	編著・「還暦記念論文集」
社会福祉の歩みと牧賢一	全国社会福祉協議会	一九七六・八	共編著
日清戦争と仏教	吉川弘文館	一九七六・一二	「日本宗教史論集」下
明治後期の仏教養護	仏教大学	一九七七・七	「奏隆真先生追悼論文集」
社会保障の近代化（社会福祉）	勁草書房	一九七七・七	文部省特定研究
解説・新島襄・植村正久・清澤満之・綱島梁川	筑摩書房	一九七七・一〇	「明治宗教文学集（二）」共編
高度成長期以降の社会とケースワーク	家政教育社	一九七八・八	「日本のケースワーク」

現代社会事業史研究	勁草書房	一九七九・九	
母を葬りて		一九七九	自費出版
解説・窪田静太郎論集	日本社会事業大学	一九八〇・三	厚生省科学研究費
解説・木村忠二郎日記		一九八〇・三	
原宿の二十五年		一九八一・二	自費出版
社会福祉の形成と課題	川島書店	一九八一・二	共著。日本社会事業大学定年退職記念
現代の貧困	ドメス出版	一九八一・六	「日本の生活問題と社会福祉」
講座社会福祉2	有斐閣	一九八一・六	共著
解説・渡辺海旭・矢吹慶輝・小沢一・高田慎吾	鳳書院	一九八二・二	編。「社会福祉古典叢書6」
日本社会事業史と留岡幸助	東京家庭学校	一九八二・六	
解説・昭和社会事業史の証言	ドメス出版	一九八二・一〇	共編
幕藩封建制における農民の貧困	川島書店	一九八二・一二	「社会福祉の課題と展望」
解説貧困と人間	ドメス出版	一九八三・三	「篭山京著作集3」
日本社会福祉とプロテスタンティズム	雄山閣	一九八三・三	「日本プロテスタント史の諸問題」
日本貧困史	川島書店	一九八四・一	
解説社会福利	龍渓書房	一九八四・三	復刻
社会事業教育40年		一九八四・三	自費出版

大正後期の山村生活　勁草書房　一九八六・三　「戦前日本社会事業調査会資料集成1」
社会福祉の日本的特質　川島書店　一九八六・三　編著。日本女子大学定年退職記念
社会福祉と仏教　岩波書店　一九八九・一二　「岩波仏教辞典」
日本社会福祉思想史　川島書店　一九八九・八　吉田久一著作集1
改訂版日本貧困史　川島書店　一九九三・一　吉田久一著作集2
改訂増補版現代社会事業史研究　川島書店　一九九〇・八　吉田久一著作集3
日本近代仏教史研究　川島書店　一九九二・九　吉田久一著作集4
改訂増補版日本近代仏教社会史研究（上）　川島書店　一九九一・一一　吉田久一著作集5
改訂増補版日本近代仏教社会史研究（下）　川島書店　一九九一・一一　吉田久一著作集6
社会福祉・宗教論集、同時代を語る　川島書店　一九九三・一〇　吉田久一著作集7
全訂版日本社会事業の歴史　勁草書房　一九九四・二　吉田久一社会福祉選書
日本の社会福祉思想　勁草書房　一九九四・一〇　吉田久一社会福祉選書
日本の貧困　勁草書房　一九九五・五　吉田久一社会福祉選書
日本社会福祉理論史　勁草書房　一九九五・一一　吉田久一社会福祉選書
現代仏教思想入門　筑摩書房　一九九六・二　解説編
近現代仏教の歴史　筑摩書房　一九九八・二
八重山戦日記　ニライ社　一九九九・一　復刻・解説三木健氏

福祉と仏教　平凡社　二〇〇〇　共著「現代日本と仏教Ⅳ」
社会福祉思想史入門　勁草書房　二〇〇〇・七　共著
日本仏教福祉思想史　法蔵館　二〇〇一・七　共著
社会福祉事項　吉川弘文館　「国史大辞典」（全一五巻）
社会福祉事項　吉川弘文館　二〇〇一・七　「日本近現代人名辞典」

人名索引

か　行

な　行

は　行

ま　行

や　行

ら　行

わ　行

著者略歴

1915年　新潟県中頸城郡板倉村（現上越市板倉区）生まれ．
1941年　大正大学文学部史学科（旧制）卒業．セツルメント・マハヤナ学園主事．太平洋戦争沖縄戦従軍．
戦後，日本社会事業大学，日本女子大学，東洋大学教授を経て，日本社会事業大学名誉教授．
2003 年　第 37 回仏教伝道文化賞授賞．
2005年　10月永眠．
主　著　『吉田久一著作集』（全 7 巻，川島書店）
『清沢満之』（吉川弘文館，1961）
『昭和社会事業史』（ミネルヴァ書房，1971）
『社会事業理論の歴史』（一粒社，1974）
『日本の社会福祉思想』（勁草書房，1994）
『日本の貧困』（勁草書房，1995）
『日本社会福祉理論史』（勁草書房，1995）
『近現代仏教の歴史』（筑摩書房，1998）
『社会福祉思想史入門』（共著，勁草書房，2000）
『日本仏教福祉思想史』（共著，法蔵館，2001）
『新・日本社会事業の歴史』（勁草書房，2004），ほか多数

社会福祉と日本の宗教思想
—仏教・儒教・キリスト教の福祉思想—

2003年 9 月10日　第 1 版第 1 刷発行
2008年 9 月20日　第 1 版第 2 刷発行

著者　吉《よし》田《だ》久《きゅう》一《いち》

発行者　井村寿人

発行所　株式会社　勁《けい》草《そう》書房

112-0005 東京都文京区水道2-1-1 振替 00150-2-175253
（編集）電話 03-3815-5277／FAX 03-3814-6968
（営業）電話 03-3814-6861／FAX 03-3814-6854
三協美術印刷・鈴木製本

ISBN978-4-326-65283-9　　Printed in Japan